야외 고고학 입문

야외 고고학

'야외 고고학 입문(Field Archaeology : An Introduction)'은 첫 출판된 이후 고고학에서 입문 과정을 맡게 되거나 처음으로 발굴에 자원하는 모든 사람들에게 핵심 핸드북이 되었다. 이번에 개정된 2판에는 가장 최신의 야외 실습 상태에 맞추기 위해 기술과 이론의 주요 발전 및 법률의 변경을 반영하였다. 발굴은 일반 대중에게 가장 즉각적으로 인식되는 고고학의 얼굴이며 종종 학생과 아마추어 모두를 이 분야에 매료시킨다. 그러나 야외에서 일하는 것은 파는 것 이외에 훨씬 더 많은 일을 동반한다. 피터 드리위트(Peter Drewett)의 전반적인 조사는 발견 및 발굴의 핵심 작업에서부터 최종 결과물인 고고학 보고서 출판에 이르기까지의 과정을 탐구한다. 주요 주제는 다음과 같다;

* 고고학 유적 형성 방법
* 고고학 유적 발견 및 기록
* 발굴 계획, 유적 발굴 및 결과 기록
* 작업 후 계획, 처리 및 발견 분석
* 증거 해석
* 보고서 출판

100개의 사진과 선 그림, 그리고 수많은 연구사례를 사용한 야외 고고학 2판은 고고학 학생들과 점점 더 늘어나고 있는 이 주제의 열성 팬들을 위한 필수적인 입문서로 남을 것이라고 확신한다.

야외 고고학 입문

Field Archaeology : An Introduction

Peter Drewett 지음

최성락 옮김

서경문화사

초판의 서문

야외 고고학은 발굴 현장에서 기술을 사용하고 고고학 잔존물을 바라보고 생각함을 통해서만 제대로 배울 수 있다. 그렇다면 야외 고고학에 대한 교재가 무슨 의미가 있을까? 내가 야외 고고학을 시작했던 35년 전만 해도 초보자로서 발굴 단장과 함께 단면 앞에 앉아 층서의 신비가 밝혀지는 모습을 지켜보며 오후를 보내는 것이 가능했다. 갈수록 신참자가 이러한 사치를 누린다는 것은 불가능해졌다. 그렇다면 야외 고고학자가 되고자 하는 사람들은 어떻게 기술을 배워야 할까? 수업 과정, 야외 학교(field school) 및 훈련용 발굴 등이 다양하게 존재하지만 여전히 대부분은 현장에서 직무 중에 배우게 된다.

야외 기술을 가르치는 수업을 듣고 야외 학교에 참석하는 것은 분명한 이점이 있다. 애석하게도 참석자들은 재정적인 이유로 대규모 그룹에서 다양한 기술에 대한 강의를 듣고, 시연을 보고, 연습하게 될 것이다. 이제는 저명하고 경험이 풍부한 야외 고고학자와의 일대일 교육은 찾아보기 힘들다. 당신은 자원 봉사자, 조사원 또는 저임금의 고고학 노동자로서 처음으로 발굴 현장에 참가하게 된다. 이 시점에는 누구도 발굴 과정에서 일어나는 모든 낯선 현상들을 설명해 주는데 할애할 시간이 없다.

이 책은 야외 고고학을 처음 접하는 모든 사람들을 돕기 위해 기획되었다. 야외 기술에 대한 첫 강의를 듣는 사람들, 고고학 야외 학교에 처음으로 도착한 사람들, 그리고 처음으로 실제 발굴 또는 야외 프로젝트에 참여하는 사람들에게 유용한 지침이 되기를 바란다. 입문 수준에서 야외 기술을 가르치는 사람들에게 유용한 교재가 될 수도 있을 것이다. 풍부한 경험자들에게는 재미있는 내용으로 다가갈 것이다: '이 사람은 정말 이렇게 한다고?!'

이것은 나에게 어떤 야외 기술을 소개해야 할지에 대한 고민을 하게 한다. 영국의 야외 고고학 기술이 세계 여러 지역에서 좋은 평판을 받고 있지만 접근 방식은 세계적으로 다양하다. 버클리에서 교육을 받은 미국 고고학자는 런던의 고고학 연구소에서 교육을 받은 사람과 다르게 일을 하게 되며, 베이징의 고고학 연구소에서 교육받은 사람과도 다르게 일을 한다. 본 것을 기록하지 않거나 결과를 출판하지 않는 것은 분명히 잘못된 관행이다. 그러나 발굴, 기록 및 출판과 관련해서는 서로 다른 좋은 관행들이 많이 존재한다. 미주, 유럽(특히 영국) 및 중국 고고학자들과 함께 동아시아에서 일한 경험으로 미루어 보면 많은 다양한 접근 방식이 야외 기술로써 똑같이 타당하다는 것은 분명하다. 따라서 이 책은 로마의 별장이나 당나라의 무덤을 발굴하는 방법을 설명하려는 것이 아니다. 그 대신 일반적인 원칙, 접근 방식 및 기술에 대한 원칙을 소개하고 싶다. 예를 들어, 기둥 구멍이 카리브해, 영국 또는 중국에 있는지 여부에 관계없이 기둥 구멍을 파는 방법에 대한 충분한 세부 사항을 제공하고자 한다.

그러나 주의해야 할 것이 있다. 처음으로 발굴 현장에 도착하면 '나는 이런 방법으로 땅을 판다', '이 방법이 "올바르게" 파는 방법이다' 또는 '이렇게 파는 것이 재정 지원 기관 또는 국가 고고학 기관(State Archaeological Service)에 의해 요구되는 방법이다'라는 말을 듣게 될 것이다. 당신이 그 프로젝트에서 요구되는 방법으로 발굴해야 하는 것은 분명하지만 일이 끝나고 저녁 시간에는 이 책을 읽으며 다른 방법을 알아갈 수 있는 기회가 되길 바란다. 최고의 야외 고고학자들은 접근 방식과 기술에서 유연한 측면적인 사상가(lateral thinker)이며 교리(dogma)의 노예가 되지 말아야 한다. 그렇지 않은 사람들은 유능한 야외 기술자의 수준 이상으로 올라가지 못할 것이며, 언젠가 당신이 되었으면 하는 진정한 야외 고고학자가 되지 못할 것이다.

2판의 서문

　　야외 고고학 입문의 작성을 의뢰받은 지 10년이 훨씬 넘었다. 그 동안에 세상은 변했고, 출판사들도 생기고 없어졌으며, 고고학도 변했다. 많은 고고학 책이 서점 선반에 나타났고, 몇 권은 팔렸고, 일부는 흔적 없이 사라졌다. 이들은 종종 고고학에서 새로운 아이디어를 이끌어내는 책들이었다. 이 아이디어 중 일부는 주류 고고학에 받아들여졌지만 대부분의 아이디어는 그렇지 못했다. 이 기간 동안 야외 고고학은 주로 개발 주도 및 재정 지원 프로젝트를 기반으로 추진되었다. 대학 학과의 야외 훈련은 더욱 줄어들었다. 아마도 이것은 '야외 고고학 입문(Field Archaeology: An Introduction)'이 그동안 꾸준히 팔렸고 2판을 요청 받은 이유일 것이다. 이 책은 야외 고고학을 시작하는데 직접적인 방법을 담고 있기에 발굴 현장에 도착하면 바로 적용할 수 있다. 고고학의 많은 부분은 지난 10년 동안 변하지 않았으며 실제로 지난 100년 동안에도 변하지 않았다. 즉, 찾기, 파기, 기록, 출판 그리고 과정 중 해석 등의 기본 원칙은 동일하게 유지된다. 그렇지만 지난 10년 동안 고고학에는 세 가지 주요 변화가 있었다(물론 이것들은 그 이전의 10년 동안 일어난 변화의 가속화이기는 하지만). 1999년에만 해도 나는 10개의 이미지를 플로피 디스크에 직접 저장하는 비싸고 큰 소니 디지털 마비카(Sony Digital Mavica)로 발굴의 디지털 이미지를 처음으로 기록하였다. 이제 디지털 카메라는 작고 저렴하며 어디에서나 쉽게 찾을 수 있다. 디지털 혁명은 또한 측량과 모든 공간 데이터의 취급을 변화하였다. 따라서 야외 고고학의 첫 번째 주요 변화는 기술에 있다. 그렇지만 나는 모든 비디지털 기록 기술들을 단순히 제거할 의도는 없다. 디지털 이미지의 장기적인 큐레이션(curation)은 여전히 문제로 남아 있고, 많은 기획부서의 고고학자들은 큐레이터된 기본 아카이브(archive)를 위해 여전히 전통적인 흑백 사진을 요구하고 있으며 잉글리쉬 헤리티지(English Heritage)는 전통적인 측량 기술이 때때로 첨단 기술(일부 형태의 측량을 위한 GPS)보다 훨씬 낫다는 매우 유효한 사례를 제시하였다(With Alidade and Tape, English Heritage, 2002). 따라서 문제가 많은 평판(plane table)도 이 책에 여전히 남겨 두었다. 두 번째 주요 변화 영역은 고고학 이론이다. 지난 10년 동안 고고학 이론에 대한 교재가 폭발적으로 증가한 것을 감안할 때, 나는 야외 고고학에 영향을 주었거나 참고해야 할 이 분야의 영역을 확장했다. 다른 모든 경우에는 다른 교재를 참조하길 바란다. 세 번째로 많이 발전한 영역은 고고학적 자원 관리와 법률이다. 영국의 새로이 제안된 유산보호법을 업무 처리 모범 규준으로 제시하면 좋았을 것이다. 불행히도 이 근거는 법률안 단계에서 중단되었기에 영국은 아직도 고고학적 유산을 보호하려는 시도에 또 다시 어려움을 겪고 있다. 마지막으로, 나는 이 책을 사용하는 여러 세대 학생들의 영향을 받아 책 곳곳에 부분적인 수정을 했다.

1장 서론

고고학이란 무엇인가?

고고학이란 무엇인가?

'고고학이 무엇인가?'라는 질문에 정확히 같은 답변하는 고고학자는 없을 것이다. 심지어 독립적인 학문으로 인정하지 않는 사람들도 있다. 물론 고고학이란 단어는 사전적인 의미를 가지지만 이것마저도 합의가 이루어지지 못하고 있다. 예를 들어, 옥스포드 영어 소사전(Shorter Oxford Dictionary, 6판, 2002)은 고고학이란 '발굴에 의해서 밝혀진 인간의 유물에 대한 체계적인 연구'라고 기술하고 있다. 이것은 전통적인 정의라고 할 수 있겠다. 한편 체임버스 사전(Chambers Dictionary, 1판, 2008)은 고고학을 '일반적으로 발굴에 의해 발견된 물질적 잔존물을 통해 고대 사람들을 연구하는 학문'으로 정의하고 있다. 비고고학자들에게 고고학은 3가지의 필수적인 요소를 포함한다: '과거', '물질적 잔존물' 그리고 '발굴'. 하지만 많은 고고학자들에게 고고학의 문자적 그리고 학문적 의미는 보다 융통성 있고 변화한다. '과거'란 정확히 무엇인가? 과거는 '지금'이 아니라는 것인데, 이전의 문장을 읽었던 시점은 확실히 과거이다.

대부분의 고고학자들은 고고학이 물질적 요소를 가져야 한다는 점에서는 동의한다. '고고학: 물질적 잔존물을 바탕으로 인간의 과거를 연구하는 인류학의 하위 학문'(Renfrew and Bahn 2008)과 '고고학: 인류학이나 미술사와 같은 다른 학문의 문제를 해결하기 위해 인간 잔존물의 사용'(Rouse 1992)과 같은 예들이 있다. 고고학이 단지 인간의 물질적 잔존물이 아닌 실존하는 물질적 문화를 연구하는 인류학과 다른 점은 인간이 남긴 물질적 잔존물에 대한 연구라는 점이다. 또한 고고학은 이러한 잔존물에 대한 문헌 기록만이 아닌 필수적으로 잔존물을 연구해야 한다는 점에서 역사학과 다르다. 그러나 모든 잔존물이 사라졌거나 묻혀 있고 그것을 밝혀내기 위해 발굴을 필요로 하는 것은 아니다. 중국의 만리장성(그림 1.1)과 아테네의 파르테논 신전은 잔존물이지만 사라진 적이 없고, 그것을 밝히기 위해서 발굴하는 과정이 크게 필요하지 않다. 분명히, 물질적 잔존물에 대한 연구는 인류학, 미술사학 또는 역사학과 같은 다른 분야에서도 사용될 수 있다. 그러나 고고학의 방법론, 이론 및 목표는 다른 분야들의 그것과 근본적으로 다르다. 경제학자들이 수학을 이용한다고 결코 수학을 경제학의 하위 분야로 보지 않는 것처럼 고고학이 인류학이나 역사학 연구에 자료를 제공한다는 사실 때문에 이러한 학문의 하위 분야라고 볼 수 없다. 고고학은 자체의 이론과 방법론 및 목표를 가진 독립적인 학문이다.

정리하자면 고고학자들은 과거의 사람들, 사회 및 문화가 남긴 잔존물을 다루고 있다. 잔존물들이 사라지고, 매장되고, 잊히는 경향이 있으므로 고고학자들은 불완전한 잔존물을 찾을 수 있는 다양한 방법들을 개발해 왔다. 다른 분야의 기술, 방법 및 이론을 빌리기도 하고 발전시키기도 하면서 자체적인 방법론을 성립해 왔다. 그에 더하여 경관 속에 있는 다층적인 의미(palimpsests, 거듭 쓴 양피지의 사본)를 연구하는 독창적인 방법과 독특한 발굴 방법을 발달시켜 왔다. 자체의 이론적 기초를 가지는 고고학 발굴은 교본으로 전수되기 보다는 흔히 한 발굴자에서 다른 발굴자에게 말로 전수되어 왔다. 또한, 고고학은 물질적 잔존물을 연구하면서 과거의 해석에 대한 이론적 근거를 채택하고, 적용하고 발전시켰다.

우리가 고고학을 물질적 잔존물의 연구를 통한 과거의 연구로 간주한다면, 그것은 인간이 존재한 순간부터 지금 현재까지의 엄청난 시간을 아우르는 학문이 될 수 있다. 지리적으로 보자면 지구 전체의 표면과 달의 표면 그리고 우주에

그림 1.1 중국의 만리장성: 사라진 적이 없는 고고학 유적의 예(사진: A. Drewett)

잃어버린 실패한 기계 조각들을 모두 포함한다. 그렇다고 고고학이 단순한 쓰레기 수집을 의미하는 것은 아니다. 모든 인간이 남긴 물질적 잔존물이 고고학자들에게 동일한 가치를 지니고 있는 것이 아니기 때문이다. 단순히 쓰레기를 모은다면 그것은 고고학자에게 가용한 자원의 낭비일 뿐만 아니라 그들이 잘 알지 못하지만 비용을 부담하는 많은 대중들에게 고고학이 나쁜 이름으로 인식되게 한다. 만약 고고학자들이 발굴 현장에서 콜라 병 또는 담배 호일을 모으고 발견된 위치를 기록하고 있다면 우스꽝스러워 보일 것이다. 이러한 물건에 부여할 수 있는 의미는 발굴 현장에 현대 문화가 영향을 미쳤다는 정도이지만 그 이상이 아니다. 그것을 기록하고, 새로운 고고학 맥락이 되도록 유적에 재매장한다.

심지어 유럽의 신석기 또는 북미의 원시시대의 고고학 맥락에서 모든 물질적 잔존물은 같은 의미를 가지지는 않는다. 예를 들어, 바닷가에서 발견된 조개껍질들보다는 수 백 킬로 떨어진 내륙에서 발견된 조개껍질들이 더 의미가 있다. 중세시대의 깨진 기와장의 무더기는 도자기나 철기의 더 작은 유물복합체보다도 더 많은 정보를 알려준다고 할 수 없다. 인간의 활동이 남기는 유적들이 과거를 해석하는데 모두 같은 중요도를 갖는다고 할 수 없으므로 고고학자들의 역할은 발견의 중요도를 평가하고 더 중요한 쪽에 노력을 집중하는 것이다.

그러므로 고고학자들의 일은 쓰레기로 보이는 것들 속에서 의미 있는 것들을 골라 기록, 수집하고 다양한 분석 방법을 통해 과거의 이야기를 만들어 내는 것이다. 고고학자들은 과거를 '복원'할 수 없다; 과거는 이미 지나가버린 것이다. 그들이 할 수 있는 것은 과거가 어떠하였을 것이라는 이야기와 해석을 추측할 수밖에 없다. 그들은 이야기를 만들 때 가능한 한 과거의 많은 '사실'을 수집하여야 한다. 항아리 한 개가 그러한 사실이라면 그것을 통해 어떻게, 무엇으로, 어디에서 만들어졌는지, 그리고 잔류물을 통해 무엇을 담았는지 알아낼 수 있다. 아마도 언제 만들어진 것인지도 추측할 수 있다. 이렇게 쌓이는 지식들로 예를 들어, 신석기시대의 삶이 어떠한지에 대한 이야기를 만들어 갈 수 있다.

과거의 이야기를 써 나가려면 고고학자들은 물질적 잔존물을 경관 속에 남아 있는 자연적 잔존물의 맥락에 잘 적용해야 한다. 연구의 대상인 사람들은 숲속, 초원, 강변, 이전에 바닷가인 곳에 살았을까? 이러한 환경적인 맥락은 환경고고학의 분야를 통해 연구되어야 한다. 비록 인간이 영향을 미쳤을 수도 있는 꽃가루, 조개껍질, 흙 등 자연적 잔존물의 연구를 통해 환경적 이야기도 누적되어야 한다. 인간의 이야기와 환경의 이야기 모두 '사실'을 바탕으로 하며 각각의 이론과 해석들이 존재한다. 이 책에서는 '사실'의 수습(즉 발굴)에 대해 집중적으로 다룰 것이지만 이것은 과거에 대한 이론이나 해석을 진화시키는 데 기여할 수 없다면 가치가 없는 것이다.

야외 고고학은 어떠한 분야인가?

야외 고고학은 말 그대로 고고학자들이 야외에서 하는 일을 의미한다. 하지만 이것은 많은 사전 준비 요소와 더 많은 야외 종료 후 요소까지 포함한다. 가끔 야외 고고학이라는 표현은 야외에서 고고학자들이 사용하는 발굴 이외에 기술만을 의미하기도 한다. 이렇게 사용되는 야외 고고학은 고고학 유적의 구역에서 사용되는 비파괴적인 일련의 야외 기술을 언급하는 것이다. 하지만 발굴은 야외 고고학에서 사용되어지는 하나의 기술인 것이며 야외 고고학 또한 고고학자들에게 하나의 연구 수단일 뿐이다. 그럼에도 불구하고 발굴은 야외 고고학자들에서 가장 자세하고 파괴적이지만 많은 정보를 제공해 주는 기술로 남아 있다.

야외 고고학은 고고학 유적에서 시작된다. 그렇다면 고고학 '유적'이 무엇인가라는 의문이 생길 것이다. 대부분의 고고학자들은 유적을 유물이 밀집되어 있는 곳이라 하겠지만 그들이 주로 연구하는 시대에 따라 인간이 만든 구덩이와 같은 구조나 유구와 결합되는 것이다. 유적 주변에서 자연 환경에 인간이 영향을 미치거나 변형을 주기도 한다. 그렇다면 유물의 밀집이 어떤 크기 이상이어야 유적으로 인정받을 수 있을까? 숲속에서 화살촉 하나가 발견되었다면 유적일까? 그곳이 경관에서 특별한 일이 있어난 아마도 사냥을 했던 장소라는 것을 알려주므로 인간의 특별한 활동의 물질적 잔존물로 볼 수 있지만 예를 들어, 근동지역에서 텔(tell, 고대 취락)과 같이 고고학자들에게 뭔가 많은 정보를 주지 못한다는 것도 사실이다. 아무런 잔존물이 없는 구역조차도 그 지역의 인류 역사의 부분이다. 특별한 구역은 왜 인간의 활동이 없었을까? 그러므로 야외 고고학자이라면 야외에서 다른 수준의 데이터를 바라보아야 한다. 빈 구역이나 단 하나의 화살촉이 있는 유적은 최소한의 데이터를 제공한다. 유물과 유구의 높은 밀집과 변형된 환경을 가진 유적은 과거에 대한 풍부한 데이터를 제공할 것이다. 야외 고고학자들은 이러한 유적에 집중한다.

그렇다면 야외 고고학자들과 아닌 사람들을 구분할 수 있는 요소에는 무엇이 있을까? 발굴 현장에 한 번도 들어가지 않고도 얼마든지 과거의 물질적 잔존물에 대한 고고학 연구를 할 수 있다. 영국에서 가장 큰 고고학과를 가지고 있는 런던 대학을 예로 들자면, 50명 정도의 교수진들 중 약 20명 정도만 발굴 현장 지휘를 할 수 있는 능력을 가지고 있다고 할 수 있다. 이러한 점은 그들이 야외 고고학자들이 아니라는 것뿐이지 그들의 고고학적 능력을 평가하는 데에는 아무런 의미가 없다.

야외 고고학에서 가장 중요한 요소는 '왜?'를 정하는 것이다. 아무 생각 없이 야외에 나가는 것은 의미가 없다. 가장 단순한 질문으로는 '어떤 고고학 자료가 있는가?'라는 것이다. 만약 건설 공사로 인하여 지형변경이 예정된 곳이 있다면 이러한 질문이 먼저 제기되어야 한다. 만약 고고학(Archaeology; 학문으로서 고고학뿐만 아니라 고고학 자료를 포함하여 넓은 의미에서 사용됨)이 없다면 더 이상의 질문을 진행하기 어렵게 된다. '고고학이 있는가?'라는 질문은 구제고고학 지역에서 진행되는 수많은 유적이나 경관 평가 프로젝트의 기본이 된다. 그러나 이러한 질문은 연구 프로젝트를 진행할 때도 마찬가지로 여전히 중요하다. 만약 고고학이 없다면 더 이상의 질문은 없다는 것이 분명하다.

그 다음 프로젝트는 계획되어야 한다. 이것은 연구 계획을 포함한다. 각 연구 계획의 실질적인 내용이 매우 다를 것이지만 어떤 요소들은 모든 연구에 공동적인 것이다. 첫 번째 요소는 프로젝트에 대한 일반적인 개요이다. 이것은 프로젝트 지역을 국가 그리드와 연구 계획에 적합한 지도에 표시하는 것이다. 개요에는 그 유적의 소유자와 유적 주변의 법적 규제에 대한 정보가 포함되어야 한다. 영국에서는 1979년 고대 기념물과 고고학 지구법에 의해 등록된 고대 기념물로서 보호받는 유적인지 알아보아야 한다. 당신의 연구 계획이 준비되기 전에 땅의 주인이나 그 지역 담당자와 먼저 이야기를 하는 것은 매우 중요하다. 만약 당신이 땅에 접근하는 것이 허용되지 않는다면 연구 계획의 준비 과정은 필요가 없다.

두 번째 요소는 그 지역이나 유적에서 이전에 행해진 모든 고고학 연구에 대해 알아보는 것이다. 발굴은 아무리 잘 행해진다고 해도 일부 얻을 수 있는 반면에 다른 고고학 지식이 어쩔 수 없이 파괴된다. 유적이 발굴됨으로써 제자리(in situ) 증거는 보고서에 기록된다고 하더라도 파괴된다. 농업 활동 지구에서의 유물 수집과 같은 지표 고고학(surface archaeology)조차도 고고학 자원을 사라지게 하는 것이다. 그러므로 만약 당신의 의문에 전부 혹은 일부 대답할 수 있는 충분한 고고학 조사가 이미 그 지역에서 이루어졌다면 당신은 파괴적인 프로젝트를 진행할 책임이 있는가? 당연히 이전의 작업이 있었을 때 그 품질은 평가되어야 한다. 프로젝트는 잘 진행되었고 출판되었나? 비록 좋은 프로젝트라 하더라도 그 당시에 사용할 수 없었던 현재 가용할 수 있는 새로운 기술이 있나? 유적이 환경 샘플을 채집하기 전이거나 탄화된 물질이 방사성탄소연대가 측정되기 전에 조사되었는가? 이전의 모든 작업을 기반으로 그 지역 혹은 유적에서 점유의 순서를 제시하는 것은 연구 계획의 세 번째 요소로 가능할 것이다. 이러한 것들은 프로젝트의 시작점을 구성한다.

네 번째로 가장 중요한 요소는 프로젝트의 목적과 목표이다. 이것은 모든 경우에서 다를 것이고, 광범위한 질문부터 세세한 질문까지 포함한다. 당신은 부족한 정보를 가지고 프로젝트를 계획해야 하지만 만약 발굴을 할 수 있는 기회가 생긴다면 발굴과정에서 유적을 파괴하기 때문에 딱 한 번밖에 기회가 주어지지 않는다.

연구 계획이 아무리 치밀하여도 야외에 나가면 수많은 예상했던 정보와 더불어 새로운 질문이 쏟아지게 될 것이다. 이러한 점은 고고학이 역사학이나 인류학과 다른 점이다. 예를 들어, 역사학자가 15세기 유럽의 양모 무역에 대한 증거를 찾으려고 한다면 17세기 양모 무역이나 15세기 도자기 무역에 대한 자료는 무시할 수 있다. 야외에서 연구하는 고고학자는 이렇게 할 수 없다. 만약에 발견된 증거를 제거하고 기록하지 않으면 영원히 사라지는 것이다. 역사학자들은 기록 자료들을 필요할 때 다시 찾아볼 수 있지만 고고학자는 재해석하기 위하여 발굴된 유적에 가서 제자리 자료를 찾을 수 없다. 그러므로 목적과 목표는 프로젝트의 진행에 따라 계획이 허용될 만큼 어느 정도 유연하여야 한다. 야외 작업에서 전혀 예상치 못한 새로운 질문들이 생기므로 야외 고고학은 유연성이 요구된다. 너무 융통성 없는 연구 계획은 잘해야 재앙이고, 나쁘면 고고학적 무책임이다. 안타깝게도 영국과 미국에서 이루어지는 일부 계약 발굴의 경우, 엄격한 연구 계획을 요구한다. 이러한 계획은 보통 올바른 고고학보다는 엄격한 재정적 통제와 더 관련되어 진행되는 경우이다.

연구의 목적과 목표가 정해지면 다섯 번째 요소는 방법이다. 목적과 목표를 달성하기 위해 어떻게 할 것인가? 어떤 기술을 유적에 적용할 것인지? 이 기술들이 그 지역에서 유용하고, 작동할 것인지? 만약 기술이 원하는 질문에 답하지 못할 경우, 당신은 세 가지의 선택을 할 수 있다. 당신은 새로운 기술을 개발하거나 새로운 질문을 하거나 야외 프로젝트를 포기해야 한다.

전체 프로젝트 진행 기간 중에서 실제로 야외 고고학 프로젝트로 현장에서 보내는 시간은 얼마 안 될 수도 있다. 오히려 대부분의 시간은 야외 작업 후 분석과 출판에 시간을 보내게 될 것이다. 그러므로 연구 계획의 여섯 번째 요소로 발굴 후 작업과 보고서 작성을 고려해야 한다. 아직 야외 조사나 유적 발굴을 하지 않은 단계이기 때문에 무엇이 발견되고, 무엇이 분석하는 것에 필요하고, 그러한 정보를 어떻게 출판할지 모른다.

그러나 경험이 쌓이면 무엇이 발견될 것인지 미리 꽤 정확한 예측이 가능하다. 예를 들어, 구석기시대 유적을 발굴한다면 석기는 발견되겠지만 토기는 발견되지 않을 거라는 예측이 가능하다. 건조하고 산성의 유적에서 탄화된 것이 아닌 유기체는 남아 있지 않을 것이다. 유적이 물웅덩이나 완전 건조된 지형에 있다면 유기체는 존재할 수도 있다. 일정한 조건 안에서 당신은 발견될 가능성이 있는 것으로 넓은 범위의 물질과 구조물을 예측할 수 있다. 프로젝트의 야외 후 요소를 위한 연구 계획은 예를 들어, 구석기시대 유적에 파고든 토기와 함께 신석기시대의 퇴적물과 같은 예측하지 못한 경우에 대비하여 유연성이 필요하다.

야외 고고학 연구 계획의 출판 요소는 여러 면에서 완벽한 마무리를 위한 다짐이며, 잠정적인 출판비를 지원하는 기관에게 알려주는 것이다. 인쇄된 보고서나 인터넷판 간행물 또는 CD-ROM 등 어떠한 형태의 출판은 야외 프로젝트의 가장 마지막 요소이다. 야외에서 얻는 데이터들은 당신의 것이 아닌 공공의 것으로 반드시 그 정보가 공유되어야 한다. 만약 다른 사람들에게 공유하지 아니하면 당신이 그 정보를 파괴하는 것이다. 야외 조사 결과를 출판하지 않는 자는 좋지 못한 고고학자이다. 물론 내가 말하는 결과물인 보고서의 형태는 공유를 위해 책 보다는 공공적으로 볼 수 있는 박물관 기록물 등의 형태를 이야기하는 것이다. 발굴의 결과를 정리해 알리는 것은 발굴자의 의무이며, 알리지 않는 것은 잘못된 행동이고 비도덕적이다.

마지막으로 야외 고고학 프로젝트를 위한 연구 계획의 마지막 요소로 필요한 인원, 시간, 자금을 고려해야 한다. 이것은 현실 세계에서의 요구이지만 간단한 것이 아니다. 만약 교량을 건설한다고 가정하면 당신은 여러 요인을 고려하여 물질의 양과 얼마 동안 걸리며, 얼마나 많은 사람이 필요한지 정확하게 결정하여야 한다. 발굴은 진행 상황에 따라 불확실성이 많아 계획을 넉넉하게 잡는 것이 좋다. 예를 들어, 건조한 지역으로 예상했는데 물웅덩이가 발견되고, 그 안에 유기물들이 있다면 발굴 비용이 순식간에 두 배로 늘어날 수도 있기 때문이다. 인원, 예산, 시간 계획은 자금 지원 기관이 허용하는 한 여유 있게 잡아야 한다. 그러고도 만일에 대비할 수 있도록 계획해야 한다.

야외 고고학을 하는 사람들은 누구인가?

야외 고고학을 하는 사람들은 크게 세 부류로 나눌 수 있는데, 순수하게 고고학 연구를 하는 사람들, 문화 자원 관리의 차원에서 발굴에 참여하는 사람들, 그리고 이 분야에 관심이 있거나 취미로 하는 사람들로 분류될 수 있다. 이렇게 세 부류의 사람들 모두 각각 고고학에 기여하는 점이 있다. 비록 한 부류가 다른 부류를 얕잡아 보기도 하지만 세 부류 모두는 좋은, 나쁜 그리고 무관심한 야외 고고학자가 있기 마련이다. 세 부류 모두는 학문적 호기심이 있다는 점에서 흔히 물건 그 자체나 이와 관련된 금전적인 것에 관심이 있는 보물 사냥꾼들과는 다르다. 야외 고고학자는 유물이 가지고 있는 의미에 대한 근본적이 관심이 있지만 보물 사냥꾼들은 그것이 유물의 금전적 가치를 높여줄 때만 관심을 보이고, 일반인들에게 그 지식을 널리 알리는 일에는 보통 관심이 없다.

순수 야외 고고학과 관련된 야외 고고학자의 집단은 사실 극소수이며, 이들은 보통 큰 프로젝트의 일부로 참여하게 된다. 그들은 보통 대학 강사이거나 교수, 혹은 박물관 학예사인 경우가 많다. 그들이 참여하는 프로젝트들은 영국의 브리티쉬 아카데미나 미국의 국립 과학 재단과 같이 국가기관의 지원을 받고 진행되는 경우가 많다. 자금은 제한적이고 경쟁도 심하다. 가끔 대학이나 박물관은 야외 고고학을 위해 자체적으로 어느 정도의 자금을 가지고 있기도 하다. 이러한 사람들은 특정한 연구 목적에 따라 진행되어야 하는 야외 프로젝트를 계획하고 이끌어가기 위한 지식, 지원(backup), 시간과 자원을 가지고 있다. 하지만 현실은 제한적 자원, 부족한 시간, 줄어드는 지원으로 매우 다르다. 그러므로 이러한 야외 고고학자들은 별도의 자금 확보를 위해 야외 학교(field school)를 운영하거나 위험에 처한 지역에서 구제발굴을 진행하여 이를 극복하고 있다.

미국의 경우 가장 많은 야외 고고학자들은 아마도 문화 자원 관리(Cultural resources management; CRM)와 연관된 사람들일 것이다. CRM은 미국에서 사용되는 문화 자원 관리와 관련된 전반적인 것을 모두 가리키는 용어이다. 여기서 문화 자원은 과거의 인간 활동과 인간 활동 유적을 모두 포함한다. 종교적인 의미를 부여한 바위나 동굴 등과 같이 인간이 영향을 미친 경관조차도 여기에 해당된다. 이러한 문화 자원들을 관리해야 하는 필요는 그것들이 제한적이고 계속해서 사라지고 있다는 인식 때문이다. 유럽에서 청동기시대의 유적은 다시 만들어질 수 없으며 매년 사라지고 있다.

야외 고고학은 문화 자원 관리나 속칭 고고학 자원 관리의 핵심 요소이다 (Hunter and Ralston 2000). 이것은 고고학의 어떤 다른 분야보다 많은 야외 고고학자들을 고용하고 있다. 문화 자원 관리에는 다섯 가지의 기본 요소가 있다. 첫 번째로 자원은 그것이 발견되기 전까지 관리될 수가 없다. 따라서 야외 고고학자들은 자원의 위치를 찾아낼 필요가 있다. 이것은 그 지역 항공사진들의 분석을 포함해 현존하는 지식의 검색을 필요로 한다. 새로운 조사는 앞으로 3장에서 다루어질 비파괴적인 기술을 이용해서 이루어져야 한다. 발굴과 같은 파괴적인 방법이 자원의 가치를 손상시킬 수도 있기 때문에 기술은 비파괴적이어야 한다.

자원의 위치를 파악한 후에 문화 자원 관리자는 다른 사람들이 쉽게 알아볼 수 있고 추가 기록이 가능한 방법으로 자원을 기록하여야 한다. 이를 위해서는 어떤 형태로 유적 기록이 작성되어야 한다. 이전에는 유적 및 기념물 기록(Sites and Monuments Records; SMR)으로 알려졌지만 이제는 일반적으로 역사적 환경 기록(Historic Environment Record; HER)이라는 보다 포괄적인 용어로 알려져 있다. 보통 여기에는 유적의 위치를 기록한 지도와 유적의 서면 서술이 포함된다. 영국의 대부분의 HER은 카운티 수준에서 운영되며 신속한 데이터 검색, 상호 참조 및 향상을 위해 컴퓨터화되어 있다. 영국은 또한 스윈던(Swindon)에 잉글리쉬 헤리티지에 의해 운영되는 국립 기념물 기록(National Mounments Record;

NMR)을 보유하고 있다. 영국 런던 사무소의 컴퓨터 단말기를 통해 스윈던에 접근할 수 있으며 현재 온라인에서 많은 정보를 볼 수 있다.

자원의 위치를 파악하고 기록을 남기는 작업을 계속하면서 문화 자원 관리자는 그 자원의 활용과 보호, 혹시 자원이 위협당할 때, 완화 절차를 생각해봐야 한다. 모든 요소들은 야외 고고학자를 요구한다. 자원은 법적 그리고 현실적인 보호가 필요하다. 대부분의 국가들은 이러한 문화유산을 보호하기 위한 어떤 형태의 법제를 가지고 있기 마련이다. 영국에서는 1979년 고대 기념물 및 고고학 지구법과 도시와 시골 계획법에 의해, 미국에서는 1979년 고고학 자원 보호법과 관련법 및 규칙에 의해 문화유산이 보호된다. 이러한 법안에 관해서는 5장에서 좀 더 다루게 될 것이다. 이러한 법안을 만드는 것도 중요하지만 현장에서의 실질적인 관리도 필요하다. 법이 현장에서 농사를 하거나 건물을 짓는 것을 막을 수 있지만, 현장을 방치해두면 식물이 지나치게 우거져 뿌리가 매장된 고고학을 파괴할 수도 있으며 동물이 고고학 퇴적물 속으로 굴을 파는 행위를 할 수도 있기 때문이다.

자원의 활용은 또한 관리되어야 한다. 예를 들어, 고고학자들은 발굴을 통해 연구하고자 유적을 활용하려고 하고, 교사들은 교육 목적으로 발굴을 통해 유적의 더 많은 정보를 얻고자 한다. 그리고 관광객과 방문객들은 유적에 접근하기를 원한다. 유적을 어떠한 형태로 이용하든 훼손의 가능성이 있기 때문에 관리자는 활용과 보호의 선택 사이에서 적절한 판단을 해야 한다.

활용으로 인해 유적이 위협을 받는 것 외에도 유적은 개발이나 자연 현상에 의한 위험에 항상 노출되어 있다. 아마도 개발의 위협이 고고학 유적에 가장 큰 영향을 주며 이 경우 야외 고고학자들이 가장 많이 고용 된다. '개발자들이 반드시 부담한다'는 원칙을 가진 나라에서는 개발에 앞서 야외 고고학이 수행할 수 있는 많은 자금이 마련된다. 야외 고고학자들은 알려진 정보를 바탕으로 하는 초기 기획에서부터 개발지역의 평가까지 관여하게 된다. 이것은 주요한 구제 발굴로 연결되는데 가끔 거대한 발굴 후 작업과 출판으로까지 이어진다.

야외 고고학을 하는 사람들 중에는 취미로 하는 사람들도 있는데, 영국의 경우 이들은 전통적으로 아마추어 고고학자들이다. 이들은 지역 고고학 협회를 구성하며 영국 고고학의 근본이 된다. 그 예로 서섹스 고고학회는 2,000명 이상의 회원을 가지고 있다. 그들 중 일부는 전문가와 함께 일하고, 일부는 자기만의 야외 프로젝트를 한다. 이들은 시간과 자금이나 전문가에게 적용되는 방침에서 자유롭기 때문에 영국 고고학에 미치는 기여도가 매우 크다. 하지만 안타깝게도 다른 나라에서는 이러한 아마추어 야외 고고학자들을 찾아보기가 힘들다.

이론을 바탕으로 하는 야외 고고학

마치 야외 고고학이 어떠한 이론적 바탕도 없는 것처럼 최근 들어 고고학 이론과 실행의 차이에 대하여 많이 언급되고 있다. 난생 처음으로 땅을 파보는 발굴에서 처음 참여하는 사람조차도 이론적 바탕을 가지고 일한다. 그렇지 않다면 그 사람은 단순히 보물 찾는 사람이 되어버린다. 이곳에서 최근 중요한 고고학 이론의 변화를 논할 자리는 아니지만 특히 문화-역사적, 과정적 그리고 후기-과정적 학파들이 야외 고고학에 영향을 미쳤거나 미치고 있다. 야외 고고학자에게 이러한 이론적 배경을 접근하게 하는 몇 권의 교재들이 있다(Trigger 1994; Whitley 1998; Hodder 2001; Johnson 2009).

야외 고고학자들은 무엇보다 최우선적으로 불탄 점토 파편; 깨진 돌의 파편; 원형, 선형, 타원형의 구덩이; 모르타르로 고정되어 있는 돌무더기 등의 데이터를 다룬다. 발굴자들은 이러한 것들을 발견하는 순간부터 그것들에 대한 해석이 시작된다. 예를 들어, 불탄 점토는 토기의 조각들로 볼 수 있고, 깨진 돌은 주먹도끼나 양면석기가 될 수 있고, 다양한 모양의 구멍들은 기둥 구멍이나 도랑이나 저장용 구덩이일 수 있다. 그리고 돌무더기는 벽의 일부일 수 있다. 이런 식으로 이론은 데이터에 적용되는 것이다.

이론 고고학의 시작은 추상적으로 시작되지만 결과적으로 야외 고고학자에 전반적으로 모든 면에 영향을 미친다. 방법의 제약과 타당성 그리고 지식의 배경(인식론)을 고려하는 것은 야외 고고학자가 어떻게 작업하는 지에 대한 근본이다. 근본적으로 야외 고고학자는 그가 주장하는 바를 증명하거나 부정할 수 있는 것인가? 흔히 '신고고학'이라고 알려지게 된 1960년대 미국의 고고학자들은 가설이 화학실험처럼 증명하거나 부정할 수 있다고 믿었다. 이들은 실증주의자라고도 불렸는데 고고학 이론을 실험하고 증명을 통해 진실과 거짓을 가려낼 수 있다고 주장했다(Binford and Binford 1968).

일부 고고학자들은 과거가 이미 지나갔으므로 과거에 대한 우리의 생각이 진실로 증명되거나 돌로 쌓은 원형 구멍(기둥 구멍)의 어떤 기능이 증명되거나 부정되는 것조차 불가능하다는 것으로 본다. 다른 이들은 과거에 대한 생각을 반증할 수는 있지만 진실이라도 확증하는 것은 불가능하다고 말한다. 돌로 쌓여 있는 기둥 구멍은 원형, 사각형, 직사각형 모양으로 여러 군데에서 발견될수록 목재 건물과 연관된 것이라는 추측이 더 가능해진다. 하지만 실제로 우리가 발견한 것이 돌로 쌓은 기둥 구멍의 원형, 사각형, 직사각형 모양이 아닌지 확신하는 것은 어렵다는 것이다.

문화-역사적 접근은 전통적으로 역사학자들에 의해 사용된 접근으로 초기 고고학자들에 의해 고고학에 적용되어 시도되었다. 그 당시 고고학은 단순히 문자가 없었던 시대의 역사를 예상하는 방법 정도로만 여겨졌다. 문화-역사적 접근은 인류의 역사 복원을 시도한다. 세계의 대부분이 국가의 형태를 가지고 있고, 고고학이 국가의 지원을 받아왔거나 받고 있는 경우가 많기 때문에 문화-역사적 접근은 여전히 중요하게 여겨지고 있다. 이러한 접근은 서술과 이론을 데이터에 적용하여 시험하는 것이 주류를 이룬다. 이 방법의 본질은 구체적인 문화적 데이터들, 즉 항아리, 금속 가공품, 주거지 평면 등을 모으고, 분류하는 것이다. 데이터 베이스를 바탕으로 '고고학적 문화'가 정의되었고, 이것들은 다른 사람들을 반영한다고 많은 연구자들에 의해 받아들여졌다.

문화-역사적 접근은 야외 고고학자들이 유물들의 시간적 순서와 그들의 지리적 분포에 대한 지식을 요구한다. 19세기 이 분야의 선구자였던 영국의 피트-리버스 장군의 지휘 아래 야외 고고학자들은 유적의 수직 단면을 알기 위해 구덩이들과 같은 유구들을 수직으로 잘랐다. 그 다음 유물들은 순서를 알아내기 위해 관찰된 층서에 따라 배치되었다. 문화-역사적 접근은 야외 고고학자들이 특정한 방법에 따라 일을 하게 요구함으로써 자연스럽게 이론적 틀에 맞춰 일하게 된다.

과정적 이론 틀에 따라 일하는 고고학자들은 같은 야외의 기술들을 이용하더라도 문화-역사적 틀에서 일하는 사람들과 좀 다른 방법으로 진행한다. 과정적 고고학은 인류 문화와 주변 환경의 상호 관계를 중요시하며, 상호 관계가 문화의 변화를 이해하는데 필수적이라고 본다. 이러한 이론을 바탕으로 작업을 하게 되면 바로 알게 되는 바와 같이 전통의 문화-역사적 고고학자들에게 그다지 중요시 되지 않았던 모든 씨, 조개껍질, 뼈 등은 필수적인 데이터가 된다. 과정적 고고학자들은 과거에 대한 가설을 시험해 볼 수 있다고 믿는 실증주의자들이다. 초기에 과정적 고고학자들은 그들이 발굴한 데이터의 이념적이고 상징적 의미들을 무시했으나 이 부분은 일부 과정적 고고학자들에 의해 인지-과정적 고고학으로 불리는 이론적 틀로 발전되었다. 과정적 고고학은 미국과 영국에서는 활동하는 대부분 야외 고고학자들 사이에 지배적인 이론적 바탕으로 남아 있다.

일부 고고학자들에게 과정적 고고학은 데이터를 바라보는 시각에 대한 너무 많은 제한을 두고 있다. 특히, 데이터를 바탕으로 광범위한 '법칙'을 찾는다는 것은 개인과 개별 활동의 중요성을 무시하는 것으로 보였다. 과정주의 방법에 대한 대규모의 자세한 비판은 '후기-과정적' 고고학의 우산 아래 뭉쳐졌다. 이 용어는 만족스럽지도 않을뿐더러 복수(후기-과정적 고고학들)로 표현되어야 한다. 일부 사람들에 의해 '해석학적 고고학'이라고 불리기도 한다. 처음 사용한 용어에 따라 나는 후기-과정적 고고학이라는 용어를 사용한다. 고고학자들에 의해 발견된 물질적으로 형상화된 문화의 상징적 의미는 후기-과정적 고고학자들에 의해 강조되었고, 실제로 이 영역은 근본적으로 과정적 틀, 즉 인지-과정적 고고학을 따랐던 고고학자들에 의해 중요시 되었다. 후기-과정적 고고학은 더 나아가 야외 고고학이 현장에서 행하여지고 있는 방법에까지 영향을 미치고 있다.

가장 단순하게 보면 후기-과정적 틀에서 일하는 야외 고고학자는 스톤 서클 (Stone circle)이나 석열(stone row)의 평면뿐만 아니라 그것이 자연석, 높은 봉우리, 낮고 높은 시야 등이 경관에서 어떤 관계로 놓여있는 지를 기록한다. 용어의 가장 넓은 의미에서 맥락(context)은 해석의 과정에서 적용된다. 마찬가지로 발굴할 때, 과정적 고고학자들은 제한된 퇴적범위에서 작든 크든 모든 뼈 하나하나를 모으는 것을 행복해 한다. 반면 후기-과정적 고고학자들은 어떤 뼈나 뼈 그룹이 서로 간의 관계와 유적의 다른 요소들과의 관계에서 어떻게 땅속에 퇴적되었는지 찾으려고 한다. 과정적 고고학자들은 큰 과정을 중시하고, 후기-과정적 고고학자들은 뼈와 도끼의 위치 등과 같이 개별적인 행위에 관심을 갖는다. 이처럼 야외 고고학자가 야외에서 하는 일은 그가 어떤 이론적 틀에 따라 달라진다. 그뿐만 아니라 고고학자의 나이, 성별, 인종, 종교 등의 요소에 따라 달라질 수 있다. 그 고고학자가 자라난 환경, 받은 교육, 일하는 환경 등이 야외에서 보고 믿는 시각에 영향을 미치는 잠재적인 편견의 요소로 작용할 수 있다. 이러한 편견의 요소를 완전히 배제한다는 것 자체가 불가능하지만 그렇다고(대부분의 야외 고고학자들과 같이) 무시해도 되는 것은 아니다. 데이터 수집과 해석에 이론적 배경을 충분히 설명함으로써 다른 배경이나 맥락에서 일하는 사람들이 대안적인 해석을 제시할 수 있도록 해야 한다. 잠재적 편견은 고고학자들이 현장에서 일하는데 어떤 영향을 미치는지에 대한 흥미로운 연구가 있다. 재귀주의 고고학(reflexive archaeology)이 그 한 예인데 고고학적 작가의 역할과 상황이 매우 중요하게 작용한다(Hodder ed. 2000). 야외의 데이터에서 대안적인 설명을 만들어 내는 과정은 영국 남서쪽 청동기시대 취락의 연구 중에 자세하게 이루어졌다. 야외 고고학자들 외에 다양한 전문가들로 구성된 팀은 '어떻게 매일의 발굴 과정이 그 후에 잊혀지고, 포기되고, 살아남거나 변형된 유적의 대안적인 역사를 만들어 내는지'를 고려하였다(Bender, Hamilton and Tilley, 1997 and 2007).

야외 고고학자가 활용하는 폭넓은 이론적 바탕 외에도 발굴 과정 자체에서 생기는 이론들도 상당하다. 밭에서 항아리 파편들을 발견한 순간이나 담의 기초 주변의 흙을 깨끗이 제거하고 있는 순간에 발굴에 참여한 누군가는 본인이 하고 있는 활동의 이론적 바탕에 대하여 항상 생각하고 있지는 않을 것이다. 하지만 실제로 이론적 바탕은 있기 마련이다. 이러한 이론이 야외 고고학자들에게는 중요하기에 2장에서 자세히 설명될 것이다. 고고학 유적은 어떻게 형성되며 그것이 지역 경관에 어떻게 자리 잡게 되고, 현대에 와서 발굴되는 지에 대한 이야기를 다룰 것이다.

야외 고고학에서 핵심적인 요소인 층서는 18세기로 거슬러 올라가는 탄탄한 이론적 바탕을 가지고 있다. 휴턴(Hutton)이 1795년에 에딘버그에서 출판한 '증거와 삽화가 함께하는 지구에 대한 이론'이란 저서가 층서 이론의 시초라 할 수 있다. 하지만 놀랍게도 많은 고고학자들은 지질학에서 일어나는 층서 이론의 발전을 간과해 왔다. 20세기 들어 미국 학자 알프레드 키더(Alfred Kidder) 그리고 영국 학자들인 몰티머 휠러(Mortimer Wheeler)와 캐서린 캐년(Kathleen Kenyon)의 연구 전까지 층서 이론은 크게 주목받지 못하였다. 현대에 와서도 일부 고고학자들은 유적 층서의 자연적인 등고선을 무시한 채 임의의 수평적인 분리(동일한 두께)로 발굴하고 있다.

고고학 층서의 가장 기본적인 이론은 원래 퇴적되었을 때, 아래쪽으로 갈수록 가장 이르고, 그 위쪽으로 갈수록 점차 젊다는 것이다. 순서의 가장 위층은 가장 젊다. 층은 어떤 것 위에 퇴적되면 어떤 것이 먼저이다. 하지만 고고학 층서는 단순히 토양의 퇴적층만이 아니다. 여기에는 벽, 도랑, 구덩이 같은 문화적인 접촉면이 있다. 이 모두가 층서의 일부로 이에 대해서는 6장에서 더 자세히 다루어질 것이다.

그러므로 발굴할 때에 야외 고고학자가 하는 모든 일은 이론 의존적이다. 넓게 봐서 과정주의와 같은 광범위한 이론적 접근과 층서와 같은 구체적 이론적 개념이 적용된다. 발굴 이외의 현장 작업들도 이론 의존적이다. 많은 경우는 현장 데이터를 해석하는 때에 해당되지만 만약 현장에서 작업 시 이론적 바탕이 탄탄하지 않으면 특정한 이론적 틀에서 해석될 수 있는 방식으로 데이터가 모아질 수가 없다.

예를 들어, 야외 고고학자들이 카리브해, 유럽, 아시아 등 다양한 지역에서 발견하게 되는 간돌도끼의 경우, 보통 경관에서 넓게 흩어져서 발견된다. 문화-역사적 고고학자는 이것들의 가치를 분류에 의한 연대를 파악하는 것으로 볼 수 있다. 과정적 고고학자는 농사를 짓기 위해 숲의 나무들을 자르기 위한 도구로 볼 것이다. 후기-과정적 고고학자는 연대 파악과 도구로서의 가치를 알아보는 동시에 흔히 사용되지 않은 상태로 발견된다는 점을 파악하고 그냥 버려진 것이 아니라는 것을 알아차릴 것이다. 그중 일부는 의식에 사용되었거나 상징적인 의미를 가지고 있을 수도 있다. 만약 그렇다면 그것들은 어디에 묻혔고, 날의 방향이 어디를 향하고 있는지가 중요할 수 있다.

란타우 섬의 만곡(Man Kok, Lantau Island) 지역에서 중국학자들과 함께 신석기-청동기시대 취락의 야외 조사 작업을 진행할 때, 우리들은 취락의 언덕 위에서 간돌도끼를 발견하였다. 과정주의 틀 안에서 연구를 진행하는 그룹은 경관에서 도끼의 위치를 잘 기록해 두었다. 그들의 해석은 단순한데 그것이 도끼이니 나무를 자르게 위해 사용되었을 것이고, 언덕 위에서 작업을 하던 중 잃어버린 것이라고 생각했다. 두 날이 모두 취락의 반대방향으로 놓여 있었다는 점은 공식적으로 기록되지 않았다. 돌도끼가 놓여있는 방향을 야외 조사 시에 표시하지 않는 것은 흔한 일이었다. 사용 흔적이 없는 날이 취락의 반대 방향으로 놓여 있는 것이 흔한 현상일까? 그것들이 그곳에 놓인 이유는 경계의 끝이나 경관에 대한 인간의 조절을 표시하나? 그들은 개척지와 야생을 구분하기 위한 것일까? 야외 데이터의 기록 방식은 나중에 해석의 깊이에도 영향을 미친다.

경관에서의 고고학 유구들을 기록할 때에도 마찬가지로 얼마나 기록을 남기는지에 따라 해석이 더 넓어질 수도 있고 좁아질 수도 있다. 그 좋은 예로 언덕 위에 있는 에워싸인 토지(enclosure)인 영국 서섹스 지방의 철기시대 작은 성 마운트 케이번(Mount Caburn) 유적을 들 수 있다. 이 언덕 위의 작은 성은 1877년 9월 피트 리버스(Pitt-Rivers) 장군이 첫 조사를 한 이후 수 많은 고고학자들에 의해 연구되었다. 이 유명한 언덕에 둑과 꼭대기를 둘러싼 도랑이 파져 있으면서 입구는 하나만 있다(그림 1.2). 분명히 방어를 위한 울타리, 즉 요새인 듯 보이지만 과연 그럴까? 언덕이라는 점과 도랑-둑이 존재한다는 이 두 가지 요소로 이러한 결론이 나왔지만 기존의 연구 보고서나 논문들을 보면 이 두 가지 외의 다른 요소들은 전혀 다루어지지 않았다. 전혀 기록되지 않은 것은 언덕의 모양으로 이 유적이 방어하기 좋지 않다. 에워싸인 토지 안의 돔 모양 언덕 꼭대기는 볼록한 경사면 때문에 울타리 안쪽 일부와 성벽의 일부가 보일뿐이다. 수 백 명이 방어하지 않는 한 오히려 방어자들에게 보이지 않게 공격당하기 좋은 지형이다. 축조물 안에 유물도 거의 없고 인구밀도도 낮은 것으로 보이는데 무엇을 방어했다는 것인지도 알 수 없다(Drewett and Hamilton 1999).

만약 둑과 도랑을 방어의 용도로만 보고 그 이론의 틀에 따라 작업한다면 그것들은 다른 용도라는 생각 자체를 하기가 어렵기 때문에 그러한 방식으로 기록된다. 하지만 건축물이나 유물들의 상징적인 의미를 가질 수도 있다는 이론적 틀에서 연구한다면 둑이나 도랑이 경관에서 다른 공간과의 단순한 경계를 의미한다고 볼 수도 있다. 이러한 공간이 자연 경관과 어떤 관계인지는 그것들을 이해하는데 매우 중요해 진다.

에워싸인 토지가 표면적으로는 유사하더라도 어느 경관에서 발견되었나에 따라 전혀 다른 기능을 갖는 경우도 있다. 영국 신석기시대의 둑길로 에워싸인 토지(causewayed enclosure)를 예로 들 수 있다. 처음 연구되었던 1920년대와 1930년대에 자세하게 조사한 결과의 평면을 보면 모두 한 개에서 네 개까지의 끊겨진 원형 도랑들로 구성된 놀랍게도 비슷한 모습이다. 이러한 에워싸인 토지 무리들을 경관의 맥락에서 지역적으로 검토하면 일부는 사실 밀집된 점토 삼

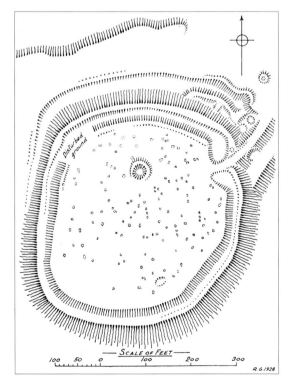

그림 1.2
철기시대 언덕 요새인 서섹스
마운트 케이번(Mount Caburn,
Sussex)의 초기 평면
(서섹스 고고학회)

림(clay forest)을 바라보는 거짓 정상(보이기에는 정상 위이나 실제로는 아래)임이 분명해진다. 반면 다른 것들은 신석기시대의 농경에 적합한 얇은 백악토를 내려다보는 언덕 위에 있다. 에워싸인 토지 안에서 보는 시각과 밖에서 보는 시야 모두 해석을 하는데 중요하지만 야외 고고학자가 어떤 이론을 바탕으로 하는가에 따라 이러한 데이터는 기록이 될 수도 있고 되지 않을 수도 있다.

어떤 야외 고고학자들은 객관성을 강조하며 보이는 모든 것을 기록해야 한다고 주장하지만 시간과 재정의 한계로 현실적으로 불가능하며 사실 모든 것의 기준도 모호하다. 1920년대에 둑길로 에워싸인 토지의 모든 것이라고 생각하고 기록했던 것이 현대의 기준으로 보면 훨씬 많은 것이 있다. 유적과 유물의 위치와 배치 방향 등은 점유 순서나 연대만큼 중요할 수도 있는 것이다. 그러므로 야외 고고학자의 이론적인 관점은 항상 언제 어떻게 야외 고고학을 실습하였는가에 따라 결정된다.

프로젝트 관리

전통적인 야외 고고학의 고전적인 교본들 어디에서도 '관리'에 관한 내용을 찾을 수 없었으니 야외 고고학 입문서에서 '관리'에 관한 부분이 있다는 것이 이상할 수도 있다. 하지만 야외 전체 총책임자부터 트렌치 감독까지 모두 결국 관리자인 것이다. 관리(management)는 마치 고고학의 개념처럼 전문가들마다 다른 것을 의미할 수 있지만 결과에 책임을 지면서 어떤 활동을 계획하고, 조직하고, 감독하고, 협력하고, 조정하고, 관리하는 과정인 것이다. 이것은 아이스크림을 만들어 팔거나 주택 단지를 건축하는 사업의 개념으로 보인다. 그러나 그 개념은 고고학 야외 프로젝트를 위해 중요하다. 각 프로젝트는 계획되고 실행되고 결과를 내야한다.

프로젝트 관리는 20세기에 미국의 산업가 프레데릭 테일러(Frederick Taylor)와 같은 사람들에 의해 발전되었다(Taylor 1911). 목표는 가장 효율적인 일 처리를 위해 특별한 작업 과정을 계획하는 것이다. 이는 일반적으로 전문가가 미리 정해진 방식에 맞춰 특별하게 작업하는 것을 포함한다. 군사적인 훈련을 바탕으로 한 피트-리버스 장군과 모티머 윌러 경을 포함한 영국 야외 고고학자들이 행해왔고 현재도 사용하고 있는 방법이다. 포수는 총을 쏘고, 보급 부대원은 물품을 보급하고, 토목 공병은 참호를 파듯이 발굴에서 노동자들은 파고, 사진사들은 사진을 찍고, 측량사들은 측량을 한다.

전통적인 프로젝트 관리는 가끔 과학적 관리로 알려져 있는데 객관성을 강조하는 과정적 고고학과 잘 맞아 떨어졌다. 야외의 각 요소들은 각 분야의 전문가들에 의해 처리되므로 모든 일이 잘 교육받은 기술자들에 의해 담당되는 것이다. 모든 것이 객관적으로 기록되기 때문에 프로젝트가 끝난 후 결과는 언제든지 해석될 수 있다. 하지만 야외 고고학은 아이스크림을 만들거나 주택 단지를 만드는 것과 다르기 때문에 어떤 고고학의 영역, 특히 영국이나 미국의 공공 고고학에서 과학적 관리법을 생각 없이 적용하게 되면 재미없고 반복적인 고고학과 지루한 노동자로 전락하게 된다. 산업계에서 '매트릭스 관리'와 같은 새로운 개념을 도입하기 시작하였을 때 고고학자들은 이러한 '과학적 관리'를 채용하였다. 고고학은 항상 다른 분야로부터 도입하고 적용하는데 활발했으며 받아들일 만한 요소를 받아드리고, 불필요한 요소들을 배제하면서 적절하게 변경하는 능력이 있었기에 성공적이었다.

야외 프로젝트의 관리에는 두 개의 주요한 요소가 있다. 하나는 과정과 관련된다: 어느 순서에 따라 어떤 일들을 해야 하는가? 어떤 기술과 장비들을 사용해야 하는가? 두 번째는 누가 누구와 작업할 것인가? 사람은 굴착기와 같은 장비처럼 단순하게 배치될 수가 없다. 굴착기는 고용하고, 구덩이를 판 후에 내보내면 된다. 인력도 비슷하게 취급할 수 있겠지만 사람들에게 이렇게 하면 프로젝트에 이득이 거의 없다. 사람들은 프로젝트에 직접 참여하여 책임감을 느낄 필요가 있다.

야외 프로젝트의 과정을 관리한다는 것은 상대적으로 간단해서 신중함과 조직 능력만 필요하다. 어떤 것은 분명히 다른 것보다 선행되어야 한다. 1991년에 잉글리쉬 헤리티지는 고고학 프로젝트에 적용되는 과학적 관리 모델인 MAP2를 발표했다(Andrews 1991). 이것은 MAP로 알려진 기존의 판을 발전시킨 것으로 고고학 프로젝트들이 명확히 제시된 단계를 따라 이루어져야 한다는 것이다. 각 단계마다 목표와 적절한 사람, 장비, 시간 그리고 그에 따른 비용이 정해져야 한다. 다섯 단계들은 다음과 같이 제시되었다(Andrews 1991).

1단계: 프로젝트 계획
2단계: 야외 작업(field work)
3단계: 분석을 위한 잠재성 파악
4단계: 분석과 보고서 준비
5단계: 결과 보고

진행 중인 프로젝트의 결과를 검토하는 중요성은 각 단계를 세심하게 기록하는 것과 같이 특히 강조된다. 야외나 예비 분석에서 나오는 정보에 따라 프로젝트의 계획을 수정할 필요는 특히 중요하고, 유연해야 한다. 프로젝트의 외부 감사나 어떤 형태의 품질 관리의 바람직함은 강조된다.

고고학 프로젝트 관리의 가장 중요한 면의 하나는 시간과 비용을 잘 활용하는 것이다. 프로젝트를 위해 시간표와 개별적인 요소들은 행해져야 할 순서와 함께 정해져야 한다. 이 정보는 프로젝트에 참여하는 모든 사람들이 분명하고 간단하게 이용할 수 있어야 한다. 가장 좋은 방법은 시각적으로 보여주는 것이다. 이러한 방법이 산업계에서 100년 가까이 이용되어 왔지만 고고학 분야는 1980년대가 되어서야 적용되기 시작했다. 가장 널리 쓰이는 것 중의 하나는 미국의 공학자인 헨리 간트(Henry Gannt, 1891~1919)가 만든 간트 차트(Gannt chart)이다. 간트 차트는 기본적으로 시간의 흐름에 따라 해야 하는 일을 표시하는 방식이다(Coventry and Barker 1981). 간트 차트는 x축의 시간에 따라, y축에 개별적인 업무를 표시하는 막대차트이다. 예를 들어, 전체 프로젝트 기간 중 30일이 발굴에 할당된다면 30일이 막대로 표시된다. 이것은 더 작은 시간 할당으로 나눠 표시할 수도 있는데 예를 들어, 3일 동안 기계를 이용한 굴착, 20일 동안 수작업 발굴, 5일 동안 마무리 기획과 사진촬영, 그리고 2일 동안 기계 이용해 흙으로 덮기이다. 각각의 활동에 인력 배치를 할 수도 있다.

간트 차트의 대안으로 최상경로분석(critical path analysis, CPA)이 있다. 네트워크 분석(network analysis)이라고도 불리는 이 방법은 화살표 다이어그램을 사용한다. 프로젝트의 시작부터 끝까지의 과정을 도식화된 모델로 그려내는 방법이다. 프로젝트에서 해야 할 일들의 미로 속에서 '중요한 경로'를 생성해 내는 것이다(Coventry and Barker 1981). 예를 들어, 발굴에 참여할 인력들이 사용할 숙소 및 시설을 설치하기 전에 먼저 현장을 정리하고 울타리를 세워야 하는데, 이 작업은 3~4일이 걸리고, 인원도 3~4명이면 충분할 수도 있다. 이 작업이 땅을 파기 위해 포크레인과 많은 인력이 도착하기 전에 해야 할 일도 표시될 것이다. 따라서 CPA 차트는 작업을 가장 효율적으로 수행하는 방법을 보여주는 그래픽 모델이다.

고고학의 경우 갑작스럽게 침수된 유적, 유물의 발견처럼 예상치 못했던 일들이 자주 일어나므로 또 다른 세 번째 방식인 프로그램 평가 검토 기법(program evaluation and review technique, PERT)이 더 적합할 수도 있다. CPA와 마찬가지로 PERT는 논리적 순서에 따라 모든 활동이 화살표로 이어진 네트워크 모델이다. CPA는 각 활동에 대한 시간이 한 번씩만 추정되지만 PERT는 그에 비해 더 유연한 계획이 가능하므로 고고학에 적합하다고 볼 수 있다. PERT는 모든 작업에 대해 1회가 아닌 3회의 예상 시간을 정의하는데, 가장 가능성 높은 시간을 설정하지만 그 외에 가능한 최소 및 최대 시간을 명시한다. 현장에서는 비가 와서 발굴 작업의 진행이 늦어질 수도 있고, 예상했던 것보다 유물층이 얇게 깔려 있다면 발굴의 진행이 빨라 질 수도 있기 때문이다.

그러므로 안정적인 야외 프로젝트는 그 목적을 달성하기 위해서 명확한 목표와 경영 계획이 필요하다.

2장

고고학 유적이란?

유적은 어떻게 형성되고 변형되는가?

고고학 유적은 본질적으로 활동 영역과 폐기물로 구분된다. 그것은 사람들이 과거에 일을 하고 무언가 남긴 잔류물로 마추픽추나 스톤헨지의 건축과 같이 위대한 것일 수도 있고, 플린트(flint) 도끼를 만들거나 조개류를 먹는 것과 같은 소소한 것일 수도 있다. 신성한 바위와 같은 일부 활동 지역은 자연석 이외의 생존 잔류물이 없어 활동 지역임을 확인하기가 어려운 경우도 있다. 성스러운 암석이라는 명백한 구전 전통이나 기록적 증거가 없다면 고고학 유적, 단순히 사용되었던 유적으로 인정받을 수 없다(Bradley 2000). 우리가 지금 보고 있는 고고학 유적은 물론 손상되지 않은 온전한 활동 영역은 아니다. 그것은 시간에 따라 많이 변화되는데 활동 영역의 수명에 따라 변하였고, 버려진 순간 그리고 그 이후로 계속해서 변화되었다. 그러므로 고고학 유적은 변형 또는 변화되어 온 활동 영역과 폐기물이라 할 수 있다. 미국의 학자 마이클 쉬퍼(Michael Schiffer)는 다른 누구보다도 변형 과정의 고찰에 큰 영향을 미쳤으며 그 이후의 연구 방식들도 그의 연구들(예, Schiffer 1976 및 Schiffer 1996)에 기반을 두고 있지만 변형 과정에 대한 고찰은 찰스 다윈(Charles Darwin)의 지렁이 활동에 대한 연구(Darwin 1881)로 거슬러 올라간다. 유적 형성에 대한 과정적 이해의 많은 부분은 특히 선사시대에서 사람들이 어떻게 의식이나 상징적 방식에서 전체적이든 단편적이든 유물들을 사용했는지를 이해하는 것이다. 이러한 문화 활동의 흔적이 우리에게 쓰레기 퇴적물로 보일 수도 있다. 예를 들어, 특정 자리에 배치된 항아리 조각은 쓰레기 퇴적물이 아닌 의식 활동을 나타내는 것일 수도 있다 (Chapman and Gaydarska 2006). 인간 활동에 의해 생긴 모든 변화는 문화적으로 고찰될 수 있고, 인간의 행위와 상관없이 일어난 변화들만이 자연적이다. 이것은 간단하게 C(문화적) 또는 N(자연적) 변형이라고 할 수 있다.

일차적 및 이차적 활용

대부분의 유물이나 유구는 한 가지 이상의 용도로 사용된다는 것을 기억해야 한다. 물체와 구조물은 모두 용도와 의미가 단기간 및 장기간에 걸쳐 변화될 수 있다. 변형 과정의 첫 번째 범위는 유물과 구조물을 만들고 사용하는 공동체의 생활 맥락에서 일어난다. 항아리를 예로 들자면 먹는데 사용되는 용기로 시작한다. 금이 가면 더 이상 식기로 사용하기에 적합하지 않은 것으로 간주될 수 있다. 부유한 가정이라면 이 단계에서 폐기될 수도 있고, 혹은 부엌에서 나무 스푼을 보관하는 용기로 사용될 수도 있다. 이보다 상태가 더 양호한 다른 항아리가 생기게 되면 밖으로 이동되어 닭 사료 보관용으로 다시 용도가 변경될 수 있다. 마침내 더 이상 저장 용기로 사용할 수 없을 정도로 부서지면 버려지거나 부서진 조각이 농장에서 밑돌로 쓰이거나 그로그(grog; 내열성 첨가물)로 분쇄되어 새로 만드는 도자기에 섞어 사용될 수도 있다. 따라서 이 항아리는 일차적 사용 용도와 다양한 이차적 사용 용도를 가지게 되었고 마지막으로 새로운 항아리를 만드는데 재활용이 되었다. 새로운 항아리에 들어있는 그로그가 사용 순환(circle)을 거친 것인지 제작 후 바로 두 번째 제작으로 직행하게 된 가마에서의 폐기물인지 알 수 있는 방법이 없기 때문에 이 과정이 고고학 기록에 남을 수가 없다. 그럼에도 야외 고고학자는 이차적 사용 가능성과 재료의 재활용 가능성을 인지하고 있어야 한다.

때때로 고고학 맥락에서 이차적 사용은 명백하다. 그림 2.1의 중세의 아래쪽이 불룩한(sagging-based) 요리 항아리의 예를 들어 보면, 이것은 발견 당시에 테두리가 없었고, 중세 집 뒤의 백악(chalk) 표면에 조심스럽게 묻혀 있었다. 그 안에는 밀, 보리, 귀리 및 야생 콩(vetch)씨 등의 탄화 곡물들이 발견되었다. 땅에서 수습된 항아리의 바닥에서 탄 흔적이 있어 이 아래쪽이 불룩한 항아리는 중세시대에 요리용 항아리로 만들어져 사용되었다는 것을 확인할 수 있었다. 그러나 발견된 상태로 보면 그것은 더 이상 요리용 항아리로 사용되지 않고 이차적 용도로 사용되었다는 것을 알 수 있었다. 농가에서 발견된 맥락으로 보면 농업용이었음을 알려준다. 아마도 그것은 닭의 먹이 사료용 사발로 재사용되었을 수 있고, 남아 있는 탄화 곡물은 건조 과정에서 우연히 탄 종자가 섞인 닭 사료의 잔류물일 수 있다.

건물 재료들은 이차적 용도로 사용되는 것을 흔히 볼 수 있다. 벽돌이나 타일과 같이 철거된 건물에서 나오는 모든 무기질 재료는 새로운 건물의 건축을 위

그림 2.1 동 서섹스의 불록 다운(Bullock Down)에서 농장 뒷마당에 묻힌 상태로 발견된 중세의 아래쪽이 불룩한(sagging-based) 요리 항아리. 닭 사료 담는 용기로 재활용 된 것일까?

한 밑돌로 재사용될 수 있다. 그와 다르게 특정 유형의 재료는 그것의 적합한 특성에 따라 특정한 목적으로 재사용될 수도 있다. 예를 들어, 구운 지붕 타일(fired roof tiles)은 열을 잘 견딜 수 있으므로 바닥이나 난로의 벽면에 사용하기에 탁월하다. 그림 2.2는 중세 성이 파괴되었을 때 납을 녹이는 화덕을 만들기 위해 16세기에 재사용된 중세 넓은 방(hall)의 지붕 타일을 보여준다. 물론 이 경우에도 지붕 타일이 사용되었다는 것은 타일마다 2개의 고정용(peg) 구멍이 있음으로 확인할 수 있지만 실제로 지붕에 사용되었다는 증거는 없다. 이것들은 가마에서 바로 나온 여분의 타일일 수도 있기 때문이다. 분명하게 이것들은 사용되었던지 아닌지 일차적 주요 기능이 있었지만, 이러한 방식으로 이차적 용도로도 사용되었다는 것이다.

새 항아리의 충진제로 오래된 항아리들의 재활용인 그로그(grog)는 확인하기가 쉽지만 다른 재료들의 재활용을 인식하는 것은 더 어려운 경우가 많다. 그 대표적인 예가 청동이다. 청동으로 만들어진 도구는 청동의 강도가 떨어지기 때문에 수명이 비교적 짧은 편이다. 자주 사용하는 청동 도끼는 빠르게 무뎌지거나 부서지거나 부러질 수 있다. 다시 날카롭게 갈 수도 있지만 손상이 너무 크면 다른 부러진 청동 도구와 혼합되어 녹여져서 새로운 도끼로 다시 주조될 수 있다. 이러한 경우 재료가 원래의 기능을 확인할 방법이 없도록 재활용 되어버렸다. 이것은 원래 도끼, 끌, 핀 또는 여러 가지 깨진 도구의 혼합물일까?

물론, 물체가 손상되지 않게 사용되는 경우도 있다. 예를 들어, 특별한 항아리는 사용되지 않는 채 선반에 조심스럽게 보관하거나 특별한 경우에만 사용되었을 수 있다. 세대가 지나면서 가치를 더 높여 소중한 가보가 될 수도 있다. 이러한 경우 고고학 기록을 남기지 못하게 될 수도 있고, 제작 후 수백 년이 지나 기록될 수도 있다. 시간이 지남에 따라 그 물건에 부여된 의미가 변할 수도 있지만 제조연대보다 수백 년 후에 고고학 기록에 나타남으로써 고고학 연대 측정에 혼동을 줄 수도 있다. 이러한 문화적 변형 과정이 인식되지 않는다면, 고고학 퇴적물의 연대 측정에 심각한 문제를 야기할 수 있다. 고고학 유적의 탄생을 고려할 때, 알아두어야 할 가장 첫 번째 문제는 유적의 생애(life) 동안 유적이 물질과 유구가 변화되는 용도의 결과라는 것이다.

그림 2.2 납을 녹이는 난로를 만들기 위해 16세기에 재활용된 중세의 지붕 타일

폐기물 및 우발적 손실

둘째로 고고학 유적은 사람들이 유적의 생애 동안 유물들과 유구들을 어떻게 폐기하였고, 마침내 그 유적을 어떻게 유기하였는가로 부터 초래한다. 생활 과정에서 더 이상 사용되지 않는 것으로 여겨지는 것을 의미하는 폐기물은 다양한 방식으로 폐기될 수 있다. 본질적으로, 폐기물은 그것이 생산된 곳이나 다른 곳에서 폐기될 수 있다. 활동은 폐기물을 생성할 수 있고, 그렇게 폐기물을 생성하는 사람들이 단순히 그곳을 떠나버릴 수 있다. 그에 따라 그곳을 폐기물의 일차적 위치로 간주할 수 있다. 그 대신에, 폐기물들이 모아져서 다른 곳에, 즉 이차적 위치에 폐기될 수도 있다. 일차적 위치의 폐기물은 최소한 두 가지 기본 정보를 제공한다: 어떤 활동이 일어났는지 그리고 어디에서 발생했는지. 다른 곳에 버려진 또는 이차적 폐기물인 두 번째 유형의 폐기물은 그 장소에서 어떤 활동이 있었는지 만을 보여줄 수 있다. 분명히 일차적 폐기물이 이차적 폐기물보다 고고학자에게 더 가치가 있다.

그림 2.3 최초 폐기물, 선사시대 플린트 도구 제작으로 버려진 제자리 조각들

　그림 2.3은 일차적 폐기물의 좋은 예를 보여준다. 이곳은 플린트를 만드는 사람이 도끼를 제작하고 폐기물, 즉 제조 과정에서 생성된 플린트 조각들을 두고 떠났다는 것을 보여준다. 만약에 이 재료들이 제자리에 남아 빠르게 묻힌 후 자연에 의한 이동이 일어나지 않고, 묻힌 맥락에서 변화가 일어나지 않는다면, 어디에서 어떤 일이 발생했는지 외에 더 많은 정보인 '어떻게'에 대한 답을 제공해 줄 수도 있다. 예를 들어, 돌 조각들이 흩어져 있는 형태가 제작자가 웅크리고 있었는지 앉거나 서 있었는지 등의 정보를 제공할 수도 있다.

　폐기물이 이차적 맥락에서 폐기되는 것은 어디에서나 일어날 수 있다. 물론 어떤 사회에서는 폐기물이나 특정한 폐기물 종류와 관련된 규칙이나 금기가 있을 수도 있는데, 각기 다른 종류의 폐기물이 어떻게 그리고 어디에서 처분되었는지에 대한 명확한 차별화가 보인다면 규칙이나 금기를 유추해 볼 수 있다. 그러한 규칙이나 금기 사항이 없더라도 폐기물은 다양한 방식으로 폐기될 수 있으며, 그 중에 어떤 것은 고고학 기록이 남아있을 수도 있고, 일부만 남아있거나 전혀 남아있지 않을 수도 있다. 종종 폐기물은 불필요한 구덩이를 채우기 위해 사용된다. 이것들은 흔히 '폐기물 구덩이'라 불리지만, 일반적으로 저장고로 파여진 구덩이, 물웅덩이 또는 채석장 구덩이 등을 이차적으로 사용한 경우가 많다. 폐기물들이 항상 같은 시대의 것들로만 발견되지는 않지만 주로 한 번에 또는 짧은 시간에 걸쳐 퇴적되는 경우가 더 흔하기 때문에 '폐기물 구덩이'는 고고학적으로 매우 중요하다.

폐기물은 다양한 방법으로 폐기된다. 예를 들어, 그것은 취락 가까이 또는 멀리 떨어져 '더미(middened)'가 될 수 있다. 제한적인 공간을 가진 구덩이와는 달리, 폐기물 더미는 오랜 기간 동안 계속해서 추가될 수 있으며, 지상에 있기 때문에 구덩이에 있는 폐기물보다 더 많은 변화를 겪을 수 있다. 또 다른 유형의 폐기물 처리 방법을 사용한 경우 흔적을 남기지 않거나 거의 남기지 않을 수 있다. 예를 들어, 폐기물을 들판에 골고루 뿌려 토양을 풍부하게 하기 위한 거름으로 사용한 경우, 유기 성분은 분해되어 새롭게 자라는 식물의 일부분이 되어버렸을 것이다. 토기, 플린트 조각 또는 금속과 같은 무기 물질은 들판 표면에 남아있을 수도 있지만, 벌레나 중력에 의해 흙 표면 아래로 내려갈 수도 있다. 거친 토기는 이 과정에서 완전히 깨져 버릴 것이다. 강에 버려진 폐기물은 고고학 기록에서 완전히 사라지거나 퇴적 지역에서 수 마일 떨어진 강 충적층에서 애매한 상태로 남게 될 수도 있다. 따라서 이차적으로 일어난 폐기물 처리는 보통 매우 다양한 방법으로 일어나며 종종 일반적인 방식으로 해석하기가 어렵다.

일부 물건들은 고의적인 폐기물 처리가 아닌 우연한 손실을 통해 고고학 기록에 도달하기도 한다. 우연한 손실의 첫인상은 아무런 공반 양상이 없는 임의적인 것으로 보일 것이다. 하지만 이게 사실이 아닌 것이 모든 손실은 그 크기와 가치 그리고 물체가 손실된 위치에 있어서 매우 강한 성향을 갖게 된다. 분명히, 크기가 큰 것들 보다는 작은 것을 잃어버릴 가능성이 높다. 예를 들어, 수레(cart)보다는 동전을 잃을 가능성이 높다. 큰 물건일지라도 잃어버리지 않는 물체와 잃어버리는 물체 사이에 강한 편견이 존재하게 되는데 이러한 점이 고고학 기록에 대한 편견을 만들게 된다. 교통수단을 예로 들자면 영국의 선사시대로부터 살아남아 있는 배가 수레보다 더 많다. 이것은 아마도 청동기 후반에 수레보다 더 많은 배가 있었기 때문이 아니라 강과 호수에서 잃어버린 배가 길에서 벗어난 수레보다 되찾기가 더 어려웠기 때문일 것이다. 일부 유물의 경우(예, 배) 유실 이후 보존에 유리한 '유실 함정(loss traps)'이 분명히 존재하고, 다른 유물의 경우 (예, 수레) 그렇지 않다.

작은 유물들의 손실에서도 크기가 손실에 영향을 미친다. 예를 들어, 큰 동전은 작은 동전보다 찾기가 쉽다. 작은 물체의 경우, 가치는 특히 중요한 요소가 될 수 있는데 그 예로 더 큰 구리 합금 동전보다 작은 금 동전을 잃어버린 경우 찾는 데 더 많은 노력을 기울일 것이다. 따라서 크기와 가치는 모두 손실을 고려할 때 중요한 요소이다. 이때의 가치란 당연히 고고학자가 추정하는 가치가 아니라 어떤 것을 잃어버린 사람이나 공동체의 가치를 말한다. 한 공동체에게 조상의 뼛조각은 어떤 금속 유물보다 더 큰 가치가 있을 수 있다. 만약 제사 중에 잘못 놓아 잃어버렸다면 뼛조각을 되찾기 위해 샅샅이 뒤질 것이다.

어디에서 잃어버렸는지는 되찾기 위한 노력의 정도가 달라질 수 있다. 중세 성의 변소 구덩이에서 발견된 시에그버그(Siegberg) 종형 잔(beaker)의 래런(Raeren) 사본을 예로 들어보자(그림 2.4). 종형 잔은 테두리가 없어졌지만 크게 손상되지 않았으며 여전히 물을 담아둘 수 있는 상태이다. 왕실 테이블에서 사용될 머그잔으로는 쓸모 없어졌지만 이국적인 수입품으로서 다시 발견되어 하인의 집에서 새로운 용도로 사용될 수도 있다. 재사용을 위해 다시 찾지 않은 이유는 아마도 잃어버린 장소가 물질적으로 풍부한 왕실의 변소 구덩이기 때문일 것이다.

야외 고고학에서 가장 어려운 문제 중 하나는 정말 폐기물인지, 의식적으로 배치되거나 묻힌 것('구조화된 퇴적물(structured deposits)')인지, 의식 활동 후에 버려지는 폐기물인지(일상생활에서 버려지는 폐기물과 다르게 버려졌을 수 있음)를 분류하는 것이다. 예를 들어, 위(그림 2.1과 2.4)를 보면 둘 다 중세의 항아리를 버린 것이다. 한 쪽은 버려진 요리용 항아리를 닭 모이통으로 다시 사용했다는 것으로 볼 수 있고, 다른 하나는 회수되지 않았다는 것을 맥락상 알 수 있다. 그러나 선사시대의 항아리와 조각은 단순히 요리하거나 마시는 것 이외의 다양한 의미를 가질 수 있다. 만약 그렇다면 그 상황을 해독할 수 있는 고고학자가 있어야 그

그림 2.4 변소 구덩이에서 발견된 이차적 폐기물

것들은 어디에 어떻게 퇴적되었는지에 대해 의미가 생길 것이다(Hill 1995). 동쪽 서섹스 지역 캐번산에서 발견된 유물은 초기 발굴자들이 단순한 가정 폐기물로 생각한 유물과 뼈가 나중에는 고의적으로 배치된 퇴적물로 더 잘 해석될 수 있었던 좋은 예이다(그림 1.2). 작은 유골 조각, 경미한 무기와 도구, 사용하지 않은 동전과 맷돌 조각과 같은 이곳의 특이한 퇴적물들은 구덩이에 반복되어 묻혀있는 패턴을 보였다(Hamilton 1998). 단순히 폐기물로 해석될 수 있었던 퇴적물들이 반복적으로 보인 특징은 고고학자들로 하여금 "구조화된" 퇴적물의 중요성을 깨닫게 했다.

매장

죽은 자의 매장은 매우 특정한 유형의 폐기물 처리로 간주될 수 있다. 죽은 자를 처리하는 방법에는 여러 가지가 있으며, 그중 일부는 고고학 기록에 남아 있는 반면 그렇지 않은 경우가 있다. 때때로 인간의 유해는 중세 성인들의 유골처럼 종교적 목적으로 재사용될 수도 있다. 보다 일반적으로는 매장, 화장, 육탈 (excarnation) 또는 수장의 방식으로 장례를 치른다. 분명히 어떤 형태의 매장이 다른 방법보다 더 선명한 고고학 흔적을 남긴다. 또한 그리스도식의 장례식과 같은 단일 행위가 아니라 죽은 자의 처분이 수년에 걸쳐 지속되는 과정일 수 있음을 기억해야 한다. 예를 들어, 중국의 일부 지역에서 전통 장례는 7년 동안 나무 관에 보관하는 것을 포함하며 이후 유골을 모아 특별한 항아리에 담아 바다가 내려다보이는 언덕 경사면에 놓는다. 이후 조상들에게는 적어도 일 년에 한 번씩 방문하여 제물을 바치고 의식을 거행한다. 중국인들은 동지 기준 106째 날에 열리는 칭밍 축제(Ching Ming Festival)에 조상의 묘지를 방문하기 위해 수천 마일을 여행하기도 한다.

장례 과정에 인체는 '부장품'이라 불리는 유물들과 함께 포함될 수도 있다. 모든 물체들은 같은 시기의 것이 아니더라도 일반적으로 시대별로 당대의 퇴적물을 대표하기 때문에 고고학자에게 매우 귀중하다. 가보를 무덤에 넣을 수도 있고, 더 이상 사용되지 않는 물건이라도 특정 물건을 매장하는 전통이 있을 수도 있다. 부장품이 실제로 얼마나 일상의 물건을 대표하는지, 매장용으로 특별히 만들어졌기 때문에 일상생활이 아니라 매장 관행인지에 대해서 얼마나 알려주는지 확실하지 않다는 문제가 항상 존재한다. 중국 황실의 옥으로 만든 옷(玉壽衣)처럼 일부 물건은 매장 행위를 위해 특별히 만들어졌지만 영국 청동기시대의 종형 잔의 경우 의식용일 수도 있고, 일상에서 술잔으로 쓰이던 것이 부장품으로서 이차적 용도로 들어갈 수도 있다. 그러나 실제 술잔은 일상적인 스타일로 부장하기 위해 특별히 제작되었을 수도 있다.

유적의 폐기

활동 영역의 생애 중 어느 단계에서 취락 또는 심지어 도시는 버려질 수도 있다. 이 단계에서는 모든 유구, 구덩이, 건물, 도로 등이 버려지고, 여전히 사용 가능한 다양한 유물들도 버려질 것이다. 워싱턴 주의 오제트(Ozette in Washington

State) 유적이나 자메이카의 포트 로얄(Port Royal, Jamaica) 같은 몇몇 유적들은 주민들이 가치 있는 유물들을 챙길 시간도 없이 들이닥친 자연재해의 결과로 버려질 수도 있다. 모든 것은 진흙탕이나 바다 밑으로 버려져 버렸다. 그러나 보통 유적은 오랜 시간 동안 천천히 버려지고 주민들이 무엇을 가져가고 무엇을 버릴지 결정할 수 있다. 이러한 중요한 결정들은 유물의 상대적 가치와 그들이 얼마나 멀리 이주하는가에 따라 내려질 것이다.

이동용으로 특화되어 설계되지 않은 한, 그리고 이동거리가 매우 가깝지 않는 한 구조물은 새로운 취락으로 이동되지 않는다. 이미 썩고 있을지도 모르는 오래된 목재를 회수하는 것보다 새 지붕 목재를 준비하는 것은 종종 더 쉽다. 그러나 장식적인 요소들은 가져갈 가능성이 높다. 이동을 계획할 때 거리는 의사 결정 과정에서 분명히 중요한 요소다. 만약 취락의 이동이 아주 짧은 거리에서 일어나는 것이면 벽돌은 다시 사용하기 위해 회수될 수 있을 것이다. 그러나 만약 매우 멀리 또는 어려운 길을 따라 움직여야 한다면 벽돌은 가져가지 않을 것이다. 유물들을 이동하는 것도 동일하게 적용되는데, 무겁고 쉽게 교체할 수 있는 것들은 가볍고 귀한 물건보다 버려질 가능성이 더 높다.

예를 들어, 직조 과정에서 사용되는 베틀 추(loom weights)는 흙으로 만들었든 돌로 만들었든 무겁고 교체하기도 쉬워 종종 버려진다. 영국의 청동기시대와 색슨(Saxon) 유적에서는 종종 줄에 매달린 베틀 추들이 발견되는데 그것들은 수직 베틀에서 그냥 잘려 버려진 것처럼 보인다. 더 많은 노동력과 제조에 기술을 들인 정교하게 장식된 뼈로 만든 직조 빗(bone weaving-combs)은 새로운 취락으로 가지고 갔을 가능성이 더 높다. 그러나 가치 있는 물건들도 그들의 폐기가 어떤 특정한 문화적 또는 종교적 의미를 가지고 있다면 의도적으로 버려질 수도 있다. 청동 유물들이 버려진 영국의 후기 청동기시대 주거지에서 발견되기도 한다. 어떤 것은 그냥 버려진 물건들일 수도 있지만 다른 것은 폐기 의식의 부분으로 봉헌품일 수도 있다.

일단 유적이 버려지면 주변의 다른 공동체는 그것을 장작이나 건물 자재의 유용한 자원으로 볼 수 있다. 원래 공동체가 장작으로 쓰자고 모든 목재들을 먼 거리 운반하기에는 적합하지 않다고 생각하지만 주변 공동체에게는 목재가 매

그림 2.5 버려진 건물에서 수거되는 과정에서 재사용될 만한 물건들

우 유용한 자원이 될 수 있다. 건물은 나무, 벽돌, 돌 등의 재사용 가능한 것들이 부분적으로 또는 전체적으로 제거됨으로써 현지 사용을 위해 체계적으로 파헤쳐졌다(그림 2.5).

마침내 취락이 평지가 된 후에도 인위적인 변화가 더 일어날 수 있다. 유적은 새로운 건물을 짓기 위해 평탄화되고, 집의 테라스를 만들거나 농사를 위해 땅이 더 깎일 수도 있다. 유적은 쟁기질되면 유물이 쟁기 흙으로 이동되지만 경사면 아래쪽으로 내려갈 수 있고, 또한 땅에서 인간의 행위가 더 많으면 많아질수록 유적의 요소들이 이동되거나 재퇴적된다.

자연적 변형 과정

한 공동체가 단순히 취락이나 활동영역에서 벗어나게 되더라도 그 유적은 그대로 남게 될 가능성이 낮다. 오제트(Ozette), 포트 로얄(Port Royal), 폼페이

(Pompeii)와 같이 자연재해가 일어난 지역에서조차 자연적인 과정은 잔존물을 변화시키고 있다. 이러한 과정은 이미 기술된 인간적 또는 문화적 변형 과정과는 반대로 자연적 또는 퇴적 후 변형 과정으로 알려져 있다.

바람은 파괴와 보존의 요인이 될 수 있다. 석조 탑(masonary tower)과 같은 유적의 노출 요소들은 연속적으로 또는 계절적 주기에 따라 바람에 침식될 수 있다. 예를 들어, 미세한 입자들이 석조 탑에서 날릴 수 있으며, 이 물질은 결국 인접한 석조 탑에 모래 폭풍의 역할을 하게 된다. 돌 사이의 모르타르처럼 부드러운 요소들이 먼저 마모되기 쉬우며, 결국은 돌도 느슨해져 떨어져 나가게 되고 새로운 표면이 바람의 침식에 노출되게 된다(그림 2.6). 그러나 이 모든 입자들은 결국 어딘가에 도달해야 하며, 만약 입자들이 유적의 다른 부분에 떨어진다면, 침전물로 쌓여 보호막이 되어 그 부분을 추가적인 바람 침식으로부터 보호할 수 있다.

물은 지역의 상황에 따라 파괴나 보존의 또 다른 자연적인 요인이다. 만약 유적이 영구적으로 물에 잠기면 유기체들이 살아남을 가능성이 높지만, 대개 물은

그림 2.6 바람에 의해 침식된 중세 석조물의 모르타르

파괴의 주체로 작용한다. 보통 강이나 해안 침식은 유적 전체를 강 하류나 심지어 바다로까지 씻어 내릴 수 있다. 빠르게 움직이는 물의 흐르는 작용은 석기인 유물들을 마모시킬 수 있고, 부드러운 도자기를 완전히 파괴할 수 있다. 마른 땅에 난 홍수는 역시 유적을 파괴하거나 이동시킬 수 있다.

물의 결빙은 역시 보존하거나 파괴할 수도 있다. 유적이 영구적으로 동결되면 유기체들은 마치 냉동 저장된 것처럼 살아남을 것이다. 그러나 급속하게 혹은 계절적이거나 반복적인 동결과 해빙은 극도로 파괴적이다. 유기물의 세포나 돌이나 도자기의 틈에 있던 물이 얼면서 팽창을 통해 물체의 작은 부분들을 갈라놓게 되고 시간이 흐르면 모든 물체들은 이런 식으로 해체되어 버릴 수 있다. 특히 저화도에서 만들어지고 다공성인 도자기의 경우, 그것들의 구성 요소인 점토와 충진제(filler)로 분해되어 토양 속으로 사라져버릴 수 있다. 이렇게 분해되어 토양 속으로 이동해 버리면 구성 요소들은 추적이 불가능해질 것이다.

동물들은 토양 안에서 이동이 일어나는 주요 원인 중 하나이다. 이것들은 굴을 파는 동물인 토끼부터 작은 지렁이, 심지어 아주 작은 흙 진드기 같은 것이다. 굴을 파는 동물들은 고고학 현장에 파괴적인 영향을 미친다. 모든 층은 굴로 구덩이가 파져서 표토에 쌓이기 때문에 나중에 굴이 무너지면 위의 층이 아래 퇴적으로 떨어질 수 있다. 굴을 파고 사는 동물들은 종종 군락을 형성해서 서식하는데, 이로 인해 매장된 고고학 자료가 대규모로 파괴될 수 있다. 대개 이러한 파괴는 고고학 기록으로 명확하게 남겨지는 경우가 많지만 수세기 전에 일어났거나 그 사이에 유적이 재통합 되었다면 어떤 일이 일어났었는지 분명하지 않을 수 있으며, 그 결과 잘못된 해석을 낳을 수 있다. 모래 퇴적이 느슨한 곳에 사는 육지 게들은 굴을 파면 즉시 위에서부터 모래가 채워지는 경우가 많기 때문에 더 큰 문제를 일으킨다. 한 층에서 다른 층으로 이동하는 모래를 따라 유물은 이동할 수도 있다.

지렁이도 바람과 물처럼 유적을 보존하거나 파괴시킨다. 지렁이는 2미터 이상 내려가며 굴을 판다. 지렁이는 앞쪽으로 흙을 먹고, 땅속에 따로 채워야 할 구멍이 없으면 그 흙을 표토로 끌어내어 지렁이 배설물로 뿜어낸다. 찰스 다윈(1881)은 일부 지역에서 10톤의 토양이 지렁이에 의해 한 해에 일 에이커 땅의 표토에 배출한다고 계산하였다. 이러한 활동은 물체를 아래로 이동시키는 효과가 있다. 표토에 버려진 물체가 있다면 그 위에 흙이 쌓이고, 벌레들이 만든 흙 속의 공간 아래로 떨어지게 될 것이다. 이 과정은 그 물체를 바람, 물, 서리에서 보호시켜줘서 물체의 보존에 도움을 줄 것이다. 그러나 이 과정은 개체를 더 낮은 층으로 이동시킬 수 있으므로 유적의 연대를 혼란스럽게 할 수 있다. 사실 물체는 놓인 순서에 따라 아래로 이동하는 경향이 있기 때문에 큰 문제가 없지만 비교적 얕은 토양에 단단한 암반이 있을 때 실질적인 문제가 생긴다(그림 2.7). 예를 들어, 영국 남부의 얕은 백악(chalk, 백색 연토질 석회암) 토양 지역 같은 경우 벌레들에 의해 모든 유물들이 석회암반 위에 같은 층으로 모일 수 있다. 이렇게 되면 돌(과 유물)이 없이 최상층, 지렁이 똥 층, 기반암 바로 위 돌이 많은 층(유물층) 등 특징적인 석회암지대(chalkland) 토양 단면을 띄게 된다. 즉 선사, 역사, 현대의 모든 유물들이 같은 층에서 발견되어서 모든 층서는 잃어버릴 수 있다.

화학 작용을 통한 변화는 지금까지 설명한 자연적 과정보다 훨씬 더 느리다. 산업의 발달로 산성비가 형성되기 전부터 빗물은 약간 산성이기에 건물에 사용

그림 2.7 얕은 석회질 목초지 토양에서 벌레 활동의 효과(아래는 기둥 구멍으로 추정됨)

되는 석회 모르타르와 같은 석회질 물질에 특히 영향을 미칠 것이다. 모르타르는 용해되어 씻겨 나가다가 마침내 구조물이 붕괴되는 결과를 초래할지도 모른다. 그리고 빗물은 토양으로 흘러 들어가면서 죽은 식물 조직에서 부식된 산을 흡수할 수 있고, 이 산성수가 땅에 묻힌 유물이나 구조물에 영향을 주어 용해시킬 것이다. 이 용해된 요소들은 토양에서 살아남아 화학적 흔적으로서 고고학자에 의해 잠재적으로 확인될 수도 있지만, 토양에서 강을 지나 마지막으로 바다까지 떠내려갈 가능성이 더 높다.

토양의 화학 원소들이 단면과 비탈을 따라 이동하는 것 외에도, 토양 자체는 끊임없이 움직이게 된다. 벌레에 의해 흙이 표토로 던져지는 현상뿐만 아니라, 토양 포행(soil creep) 현상인 중력에 의해 낮은 곳으로 이동하는 경향이 있다. 흔히 '양들이 지나간 길(sheep tracks)'이라 불리는 경사면을 따라 중력의 영향을 받아 토양이 서서히 하강하면서 생기는 자연적 계단식 대지(terraces)가 형성된다. 이러한 자연적 계단식 대지는 내리막길을 따라 형성된다. 식물이 잘 자라는 곳은 식물들이 토양 입자를 경사면에 고정시키기 때문에 씻겨 내려가는 움직임이 느리다. 하지만 식물의 분포가 줄어들면 이동 속도가 빨라지고 비탈면을 따라 흐르는 물에 의해 토양의 이동 속도는 더 빨라진다. 이 과정의 결과는 흘러내리는 토양이 린쳇(linchet: 선사시대 구릉 경작지, 段地)을 형성하게 되거나 골짜기 바닥에 깊은 붕적층(崩積層, colluvium)이 쌓이는 것으로 확인할 수 있다. 유물들은 이 과정의 경사를 따라 흘러내려 갈 수 있으며 새로 형성되는 퇴적에 다시 파묻힐 수 있다. 앞으로 6장에서 볼 수 있듯이, 비록 언덕 위나 비탈면의 유적이 사라질 수도 있지만 물질적 잔존물은 새로 형성된 린쳇이나 계곡 바닥 퇴적을 위한 필수적인 연대 측정 도구를 형성할 수 있다.

지렁이, 벌레, 곤충, 진드기 이외에도, 건조하거나 습한 토양들을 제외한 대부분의 토양들은 곰팡이와 박테리아를 포함하고 있다. 토양에 모든 유기물은 이러한 유기체의 영향을 받을 것이며, 뼈의 칼슘과 일부 식물의 실리카와 같은 무기성분이 없는 한, 곰팡이와 박테리아 작용의 결과로 사라질 것이다.

고고학 유적에서 식물의 성장은 고고학 자료에 영향을 미칠 수 있는데 바꾸거나 파괴할 수도 있다. 서 있는 석조물(masonry)은 균열에서 자라기 시작하는 뿌리에 의해 부서질 수 있다. 단기적으로 뿌리와 가지들은 석조물을 함께 지탱할 수도 있지만, 식물이 죽고 썩으면서 썩은 뿌리가 만든 빈공간으로 인해 석조물은 무너질 수도 있다. 이런 현상이 지상에서 일어난다면, 그 결과는 잘 관찰되고 드라마틱할 수 있다. 지하 뿌리부분에서 일어나는 현상은 똑같이 파괴적이지만 야외 고고학자에 의해 유적이 발굴되기 전까지 들어나지 않을 가능성이 높다. 무너져서 묻힌 벽은 인간이 일부러 건드린 흔적으로 보일 수도 있는 것이다.

자연적 땅 이동은 표토층에서 일어나는 매우 작은 이동부터 지진이나 화산작용에 의한 큰 이동까지 모두 포함할 수 있다. 점토 같은 퇴적은 위에 있는 무엇이든 비탈 아래로 흘러 내려가는 경향이 있다. 이 과정에서 건물의 일부를 분리할 때는 보통 고고학적으로 명확하다. 하지만 석기 조각과 같이 유구 없는 퇴적물은 흘러 내려가 새로운 위치에서 시간이 지남에 따라 다시 통합될 경우, 추적이 더 어려운 경우가 많다. 지진과 같은 큰 지층의 움직임은 고고학 퇴적물에 대한 영향이 워낙 큰 재난이기에 그 영향이 쉽게 추적될 수 있다. 화산활동의 결과로서의 변형도 동일하다.

두 가지 형태의 유기

여기에서는 건물에 작용하는 유기 과정의 예로 석조 건물과 목재 건물을 살펴볼 것이다. 당연히 모든 사례마다 다르지만 유적에 따라 세부 사항만 다르고 광범위한 과정은 매우 유사하다.

석조 건물은 다양한 방법으로 건설될 수 있다. 먼저 1976년 영국 동 서섹스주 비치 헤드(Beachy head)의 불록 다운(Bullock Down) 킬 콤베(Kiln Combe) 5번 건물과 같은 작은 중세 농가를 고려해 볼 것이다(Drewett 1982a). 이곳은 8.5 × 5m 크기의 작은 직사각형 집으로 구성되었다. 언덕 비탈을 깎아 만든 평탄지에 건설되었다. 그리고 나서 벽은 기초 없이 평탄지 위에 세워졌다. 벽은 지역의 백악토로 만든 석회 모르타르에 의해 고착된 지역의 풀린트로 만들어졌다. 그 구조물은 목재 서까래 위에 얹어진 초가지붕이 덮고 있었을 것이다. 문은 남쪽 모

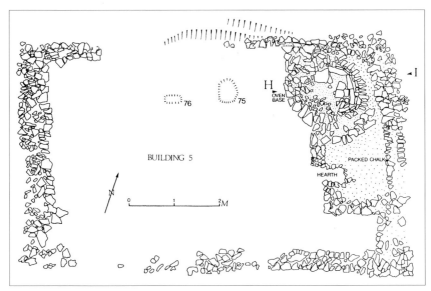

그림 2.8 동 서섹스주 불록 다운(Bullock down)의 중세시대 농가 주거지 평면

통이에 있고 안쪽에 커다란 빵 오븐과 더 작은 조리용 난로가 있었다. 가구는 나무 테이블, 벤치와 침대를 포함한다. 곡식은 맷돌(quernstone)로 갈고, 양모는 가락바퀴(Spindle whorl)로 뽑고, 크고 밑이 길쭉한 조리용 냄비에서 음식을 조리했다. 그 집에는 아마도 여러 명의 자녀를 둔 부부가 살고 있을 것이다(그림 2.8).

16세기 중 언젠가, 아마도 양(sheep)의 가치가 증가함에 따라, 그 집의 세입자들은 쫓겨났을 것이다. 수레에는 가족이 소유한 몇 안 되는 휴대용 귀중품, 어쩌면 식탁과 의자, 옷, 칼, 요리용 냄비 등이 실려 있는 장면을 상상할 수 있다. 그후 그 집은 버려졌다. 작은 석회질 가락바퀴와 같은 일부 유물들은 그 과정에서 유실되었다. 큰 마엔 용암(Mayen lava)으로 만든 맷돌은 이미 오래되어 낡기 시작했기 때문에 폐기되었고, 쫓겨난 세입자들은 그들의 새로운 취락에서 그것이 필요할 것으로 기대하지 않았다. 이런 식으로 유적이 최종적으로 버려지는 과정에서 일부 물체들이 유실된 반면에 다른 물체들은 그대로 방치되었다.

농장의 고립된 위치를 고려할 때, 지붕 목재를 장작으로 사용하기 위해 가져갔을 수는 있지만 사람들이 유용한 것들을 찾기 위해 이곳을 뒤졌을 가능성은 낮다. 그 보다 유적은 단순히 자연적인 파괴 과정에 맡겨졌을 가능성이 더 크다. 관리하지 않은 서까래는 지붕에서 떨어져 나가 바람에 날아가거나 아래 구조물 위로 붕괴될 것이다. 지붕의 목재들은 썩어 떨어져서 벽의 모르타르가 바람, 물, 화학 작용에 취약하게 된다. 마침내 벽의 붕괴를 초래하게 되는데, 이것은 벽의 가장 아래 부분들을 침식으로부터 보호할 수 있었던 과정이다. 언덕 비탈로를 잘라 만든 작은 단 위에 집을 지었기 때문에 비탈길을 따라 흘러내리는 흙은 단에 걸리게 되어 집의 바닥과 집의 기초를 보호하게 된다.

일부분이 양떼 몰이 길로 사용되던 중, 집의 잔존물은 초원 구릉 잔디지대 아래에서 잘 보호되었다. 그러나 양들이 줄어들면서 그 유적에 수풀이 자라 그 뿌리가 땅에 묻힌 석조물을 부수었다. 토끼는 이 뿌리 사이로 굴을 파고, 지렁이는 표토로 흙을 보냈다. 마침내 유적은 2차 세계 대전 동안 영국 남부에 더 많은 식량을 공급하기 위해 개간되었다. 보존되어 왔던 계단식 대지는 유적이 완전히 제거된 1975년 고고학자들이 개입했을 때까지 천천히 개간되었다. 다른 비슷한 유적들에서도 돌 파편들, 항아리 조각들과 동물뼈 조각들이 잔해더미처럼 흩어진 채 남아있을 뿐이었다.

어떤 건물들은 완전히 물에 잠기거나 건조되었을 때만 살아남을 수 있는 유기물로 건설된다. 카리브해에 있는 아메리카 원주민의 집은 전적으로 유기물로만 지어졌다. 바베이도스의 힐크레스트(Hilcrest Barbados)에서 출토된 작고 단순한 구조물은 아메리카 원주민식 주거지의 좋은 예다(Drewett 1991). 구조물은 다섯 개의 나무 기둥을 아마도 어떤 종류의 가구구조(ring beam)로 땅에 파놓은 구멍에 세워서 만들어졌고, 엮은 잎으로 지붕을 올렸을 것이다(Roth 1970). 항아리를 사용하여 하는 일, 무명실 잣는 일, 요리, 소라고동 껍질 도구 만들기 등 대부분의 활동은 이 작은 주거지 밖에서 이루어졌다. 이러한 활동의 파편들이 주거지 주변에 퍼져 있었다. 1400년경에 그 유적이 버려졌을 때 사용 가능한 거의 모든 것을 가져갔고, 구조 자체는 자연 변형 과정에 맡겨졌다. 구조물은 허리케인으로 매우 빠르게 무너져 버렸을 수 있고, 그렇지 않았더라도 열대성 비와 바람이 남은 지붕을 쓸어갔을 것이다. 따뜻하고 습한 기후에서 기둥들은 빠른 박테리아 활동에 노출되었을 것이다. 기둥은 바닥면부터 먼저 썩은 뒤 축축한 토양 안으로 들어가 빠르게 썩었을 것이다. 움막 구조물과 주변의 퇴적물은 땅을 파는 육지 게와 빠르게 자라는 열대 식물 뿌리들에 의해 토양 속에서 휘저어졌을 것이다.

　그러므로 모든 고고학 유적은 다양한 변형 과정의 최종 산물이다. 변형 과정은 그 유적의 존속기간, 그리고 버려진 시기, 그 이후에도 자연적, 문화적 진행 과정으로 계속 이어진다. 고고학자들이 과거 활동의 온전한 잔존물을 다루는 것은 극히 드물다. 모든 유적은 이떤 방식으로든 변형되므로 고고학자들이 이러한 변형 과정을 인식하지 못하면, 유적과 유물을 또는 전체 유적의 성격을 완전히 잘못 해석할 수 있다.

3장

고고학 유적 찾는 방법

현존하는 지식

많은 고고학 유적들은 결코 사라진 적이 없어 버려진 이후 오랜 기간 동안 고고학 유적으로 여겨지지 않았더라도, 경관 속에서 선명하게 남아 있을 수 있다. 예를 들어, 스톤헨지, 만리장성, 아테네의 아크로폴리스와 같은 고대 유적은 항상 알려져 있었다. 통상 지역의 주요 유적들은 살아남는다. 영국을 예로 들자면 중세 석축 성들 중에 사라진 것이 드물지만, 같은 시대의 소규모 농장들은 대부분의 소실되었다. 일반적으로 규모가 작은 유적들은 큰 유적들보다 사라질 가능성이 더 높다. 큰 유적 또한 지역 주민들에게 알려져 있더라도 고고학자들에게는 '잃어버린' 유적일 수도 있다.

많은 마야 유적들은 서양 고고학자들에게 '잃어버렸다'가 '발견되었다'고 하지만 현지 원주민들에게 잘 알려져 있었다. 그래서 모든 사람들에게 알려진 유적들, 고고학자들이 몰랐지만 지역 사람들에게 알려진 유적들, 그리고 라스코 동굴처럼 다시 발견될 때까지 모든 사람들에게 잊혀진 유적들이 있다. 유적에 대한 지식이 고고학 기록에 도달하지 못하였다고 하더라도, 현지인들은 그들에게 알려진 유적 정보의 중요한 자원으로 남아있다. 예를 들어, 농부는 자신의 밭에서 볼록한 지형(무덤의 봉분?)이나 쟁기에 부딪히는 석조물(로마의 저택?)을 알고 있을 것이다.

지식은 그 지역에서 이전에 행해진 고고학 작업의 기록에도 역시 존재한다. 이것은 18세기 탐험가의 모호한 언급이나 최근 진행된 현장 프로젝트에 대한 상세한 기록에도 있다. 이러한 종류의 정보는 잉글랜드의 카운티 의회나 미국의 국립공원관리공단과 같은 법적 기구의 일원으로서 그 지역에서 일하는 고고학자들에 의해 작성되어 일종의 지역적, 지방적 또는 국가적 기록을 형성하기 위해 점차 모아지고 있다. 이러한 '역사 환경 기록'은 현존하는 지식에 대한 쉬운 접근을 제공한다.

영국의 경우, 잉글랜드 역사 기념물 위원회(Royal Commission on the Historical Monuments of England, RCHME)와 웨일스와 스코틀랜드의 자매결연기구들이 설립됨으로써 국가 기록을 모으려는 시도가 처음으로 이루어졌다. 이 기관들은 1908년 왕실 보증으로 설립되었다. 그러나 기록의 기준이 높아 1990년까지 약 15만 개의 유적에 대해서만 기록되었고, 대조적으로 30만개 이상의 유적은 1970년대 초 설립된 이래 10년 만에 카운티 소재 HER(Historic Environment Records)에 의해서 기록되었다.

HER의 기본 요소는 각 현장에 대한 서면 기록과 그곳의 위치를 표시한 지도로 구성된다. 지상 또는 항공사진 등의 사진 기록이 포함될 수도 있다. HER 서면 기록에 필요한 주요 정보들은 다음과 같다.

1. 고유 참조 번호
2. 행정구역
3. 주소
4. 지도 제작 자료
5. 유적의 유형
6. 유적의 날짜
7. 유적의 상태

이 기본적인 기록에 자원과 기록의 사용 방법에 따라, 더 많은 세부 정보는 추가될 수 있다. 영국에서 카운티에 기반을 둔 HER은 단순한 학문적 연구에 사용할 수 있는 자료뿐만 아니라 조사계획 과정의 필수 요소들 중 하나라는 것을 기억해야 한다. 하지만 많은 HER의 특성은 두 가지 방법으로 모두 사용될 수 있다. 각 서면 기록은 유적의 정확한 위치를 표시한 지도(가능하면)나 발견 기록이 첨부되어야 한다. 하지만 초기 발견들은 종종 정확한 위치보다는 마을이나 교구와 같은 일반적인 지역단위에 대해서만 기록되었다.

영국에서 카운티 수준의 최초 HER은 옥스퍼드셔와 에섹스와 같은 지역에서 1970년대 초에 설립되었다. 이것들은 기록 카드가 딸려있는 지도로 시작되었지만, 1980년대에 컴퓨터가 널리 보급되면서 대부분의 기록들이 전산화되었다. 전산화 과정은 데이터가 데이터베이스 관리 시스템에 의해 접근되고 유지될 수 있는 컴퓨터 시스템에 일반적으로 단순히 기록 카드의 내용을 입력하는 것이다.

1980년대 들어와 컴퓨터가 지도와 사진 등 모든 형태의 데이터를 처리할 수 있게 되면서 HER의 모든 요소는 전산화될 수 있도록 시스템이 개발되었다. 이러한 데이터는 지리정보시스템(GIS)에 통합될 수 있었다. 이 시스템은 가장 단순한 수준에서 지도, 글 및 사진을 함께 관리할 수 있는 것이다. GIS는 다양화된 정보를 생성할 수 있는데(Westcott and Brandon 2000, Conolly and Lake 2006), 그 예로, 기초 지형도, 단단한 지질, 지표 지질, 토양, 현재 토지 사용 현황 및 고고학 유적을 포함할 수 있다. 이러한 데이터들은 여러 가지 방법으로 분리되거나 결합될 수 있다. 예를 들어, 특정 지역의 점토 흙 200m 위에 존재하는 로마 취락을 모두 화면의 지도에서 확인할 수 있다. 이와 같이 특정 유적에 대한 기록과 사진 자료를 필요에 따라 열람할 수 있다.

점차 세계 여러 지역에서 접근이 가능한 GIS를 통해 고고학 유적에 대한 정보를 제공하고 있으며, 이것은 유적에 대한 현존하는 지식(existing knowledge)을 가장 쉽게 접할 수 있는 곳이 되고 있다(Reid 2008). 어떤 형태로든 HER가 제공되지 않는다면, 현존하는 지식은 HER의 데이터가 원래 수집되는 방식으로 조사되어야 한다. 이 방법은 첫 번째로 책과 학술지 등의 문헌 검색을 포함한다. 영국의 대부분 카운티마다 고고학회가 있으며, 그 중 많은 카운티들은 100년 이상 매년 정기 간행물을 출판해 왔다. 예를 들어, 서섹스 고고학회는 2009년에 서섹스의 고고학과 역사에 관한 147번째 간행물을 출판했다. 이 책들은 동 서섹스와 서 서섹스 카운티에서 HER의 기초가 되었다.

두 번째로, 현존하는 지식은 박물관에 수집되어 있는 유물과 같이 미발표된 형태로 살아남아 있을 수도 있다. 이러한 데이터가 수집된 방법과 시기에 따라, 그 발견물의 위치에 대한 정확한 정보가 존재할 수도 존재하지 않을 수도 있다. 불행하게도, 과거에는 고고학 유물들이 종종 발견 장소에서 멀리 이동되었다. 그 예로, 영국의 동 서섹스에서 발견된 그 규모가 가장 큰 신석기시대 플린트 도끼 수집품은 20세기 초 캐나다 왕립 온타리오 박물관에 의해 구입되었다. 그러므로 현존하는 지식은 당신이 찾을 수 있는 만큼이라고 할 수 있겠다.

마지막으로 현존하는 지식은 종종 현지인, 특히 아마추어 또는 전문 지역 고고학자들의 머릿속에 저장되어 있다. 농민들도 그 지역에 대한 많은 고고학 정보의 주요한 원천이지만 많은 사람들이 고고학 혹은 고고학자들이 자신의 땅을 위협하는 존재라고 생각하기 때문에 올바른 방식으로 접근해야 한다. 그러나 그 지역에서 이미 연구한 적이 있지만 그 결과를 출판하지 아니한 고고학자들은 더 큰 문제가 된다. 지식은 이용할 수 있을 때만 가치가 있다.

문서

역사 시대를 연구하는 고고학자들은 고고학 유적 위치에 대해 알아보는 주요 자료들 중 하나로 문서를 사용할 것이다. 하지만 문서는 항상 주의해서 다루어야 한다. 한 지역에 대한 15세기 문서가 남아있다면 그 문서에 특정 지역에 취락에 대한 언급이 없다고 해서 그곳에 아무것도 없었던 것은 아니기 때문이다. 정보의 부재는 단순히 관련 문서가 분실되었기 때문일 뿐만 아니라 문서가 처음 제작된 이유도 항상 고려되어야 한다.

문서는 매우 상세하고 구체적일 수도 있고, 매우 일반적이거나 두 가지가 섞여 있을 수도 있다. 문서는 공동체 내에서 생성될 수도 있고, 외부인의 관찰 결과가 기록된 것일 수도 있다. 후자의 경우 외부 관찰자의 동기를 항상 고려하여야 한다. 크리스토퍼 콜럼버스의 카리브해 선사시대 사람들에 대한 '기록'은 다른 공동체를 들여다보는 관찰자에 의해 생산된 문서의 사용에 대한 다양한 고전적인 문제들을 보여준다. 첫 번째로, 일반적으로 '크리스토퍼 콜럼버스의 저널'이라고 알려진 문서는 도미니카 역사학자 라스 카사스(Bartolome de las Casa)에 의해 만들어진 요약문으로 아마도 원본(현재 분실됨)으로부터 만들어진 두 개의 필사본으로 만들어진 복사본(역시 분실됨)에서 나온 것이다. 필사본이 문서를 제대로 필사하였는지, 라스 카사스가 어떤 부분을 편집했는지는 결코 알 수 없다. 두 번째로, 우리에게 전해진 기록이 콜럼버스가 실제로 쓴 것에 충실한 기록이라는 것을 받아들이더라도 콜롬버스는 분명히 '미개한' 사람들의 특성과 '고귀한 야만인'이라는 선입견을 가지고 카리브해에 도착했다: '날이 밝자마자 모두 젊고, 키 크고 매우 잘생긴 많은 남자들이 해안가로 나왔다'(Columbus 1960). 아마도 기록으로 남아있는 세부사항들은 고고학자에게 더 도움이 될 것이다: '그날 무명실(spun cotton)과 그들이 잠자는 그물인 해먹(hammocks)을 물물교환하기 위해 많은 배나 카누를 타고 선박으로 왔다'(Columbus 1960). 카누, 목화, 해먹 등은 따뜻하고 습한 열대지방에서는 좀처럼 고고학 기록으로 살아남지 못한다.

역사 시대를 다루게 되면 문서 아카이브의 양은 방대하지만 편향된다. 시골의 농부에 대해서는 전혀 기록된 것이 없지만 왕실 성곽에 대해서는 부엌의 지붕을 고치기 위해 사용된 정확한 못 숫자까지 상세히 기술한 문서가 있을 수 있다. 영국에서는 (공문서 보관소(Public Record Office)로 1838년에 설립되었던) 국립문서보관소(National Archaives)와 카운티의 기록관리소가 문서 기록의 주요 출처다.

교회와 국가가 소유한 영국의 영지들은 가장 상세한 기록들을 가지고 있다. 이 모든 상세한 자료의 문제는 종종 지상에 존재하는 실제 고고학 유적과 관련된 것이다. 에섹스의 하들레이(Hadleigh)에 건설된 왕성(王城)은 이 문제의 좋은 사례이다(Drewett 1975). 이 성은 영국의 켄트 백작이자 영국의 대사법관인 휴버트 드 버그(Hubert de Burgh)가 지은 개인성으로써 그 생애(life)가 시작하였다. 그는 1230년에 헨리 3세로부터 면허(Patent Rolls, 1225-32, in Clovin 1963: 417-22)를 받았다. 그러나 우리는 다른 정보로부터 이러한 왕실의 면허가 때때로는 상황을 합법화하기 위해 부여되었다는 것을 알고 있다. 그러므로 성은 실제로 1230년이나 그 이후에 지어진 것일까? 아니면 성에 부여된 면허가 이미 존재하고 있었던 것인가? 그 성의 초기 공사 단계에 만들어진 남아 있는 성의 잔해 -사각형 탑을 가진 작은 외벽- 시기를 보면 알 수 있다. 이 유적은 실제로 문서에 언급된 1230년의 성의 유적인가, 아니면 그 성은 부근 다른 곳에 있는 것인가, 그것도 아니면 현존하는 성을 세우기 위해 기존의 성을 허물어 버린 것일까?

하들레이(Hadleigh) 성의 기록에는 1240년에 25실링, 1270~71년에 25파운드, 1312~13년에 뒷문에 새 대문, 1320~21년에 벽의 틈새 수리 등의 보수와 재건축에 들어간 수많은 소소한 돈의 액수가 적혀있다. 이러한 세부 사항들 중 어떤 것도 고고학 기록에서는 찾을 수 없었다(Drewett 1975). 에드워드 3세가 성 북쪽 문에 완전히 새로운 감시 망루와 동쪽 양끝에 두 개의 원형 탑을 건설하는 데 2,287파운드를 지출한 이후에 이것이 고고학 자료에 뚜렷하게 기록된다(그림 3.1). 고고학자들이 유적을 탐색할 때 이용할 수 있는 문서의 범위는 엄청나며,

그림 3.1 기록 증거에 따르면 에섹스주 헤이들리(Hadleigh) 성의 두 원형 타워는 감시 망루와 함께 에드워드 3세 시절에 2,287파운드를 들여 지어졌다.

일반적으로 시간이 지날수록 증가한다. 중세시대와 중세시대 이후의 영국 고고학을 연구하는 고고학자들은 수많은 잠재적 원천을 가지고 있다. 영지의 법정 기록에는 보통 토지 이용, 울타리, 땅, 들판, 취락에 대한 세부사항들이 기록되어 있다. 영지 측량부에는 영지의 세입자 및 건물의 수뿐만 아니라 가축 수 등의 세부사항을 열거할 수 있다. 중세 후기와 중세시대 이후의 경우, 검인된 재고 목록은 건물에서부터 요리용 냄비에 이르기까지 한 자작 농부의 총 재산에 대한 세부사항을 열거하고 있다. 권리증, 유언장 및 소송 등도 종종 유적 위치에 대한 정보를 제공한다. 영국의 중세시대 이후의 고고학에게는 십일조와 토지문서 (enclosure awards)가 정보의 귀중한 원천이 된다.

고고학 유적을 찾기 위해 문서를 사용하는 데 있어서 중요한 점은 첫째, 문서 자체의 신뢰성과 둘째, 경관에서 실제 유적을 찾을 수 있을 만큼 충분한 정보가 있는지 여부다. 이것은 예를 들어, 교구 내에서 정확한 위치가 중요할 수도, 중요치 않을 수도 있는 역사를 쓰기 위해 문서를 사용하는 것과 다른 문제이다.

아마도 유적의 위치를 찾는 데에는 지도가 가장 중요한 기록일 것이다. 현존하는 지도 중 가장 오래된 것은 바빌로니아인들이 점토판에 만들었던 지도로 기원전 2300년경까지 거슬러 올라간다. 그러나 18세기까지 지도는 세세하고 정확하기보다는 회화적인 경향을 보였다. 초기 지도는 국가, 도시, 마을 및 주요 자연 구조를 합리적으로 그려 놓지만 개별 구조물은 특별한 축척없이 대략적인 위치에 그림적으로 표현되어 있다. 리처드 리곤의 1657년 바베이도스(Barbados: 카리브해에 위치하는 섬) 지도(Ligon 1657)는 이런 종류의 지도를 잘 보여주는 예다. 섬은 대략적으로 맞지만, 해안가 집들은 일정한 간격을 두고 토지 소유주들의 순서에 맞춰 규칙적으로 배치된 것으로 보여진다(그림 3.2). 이 지도를 보고 지상에서 이러한 구조물들 중 하나를 찾는 것은 사실상 불가능할 것이다.

영국에서 좋은 지도 제작은 색스턴, 스피드, 노든과 같은 위대한 지도 제작자들이 활동한 16세기 후반으로 올라간다. 그러나 정확한 지도는 1795년에 최초의 육지 측량부 제작 지도(Ordnance Survey map)가 출판되기까지 기다려야 한다. 이 지도들은 18세기 후반뿐만 아니라, 이전 시기의 경관에서 주목할 만한 특징들에 대한 자료들도 담고 있다. 따라서 이 자료들은 역사 시대의 유적뿐만 아

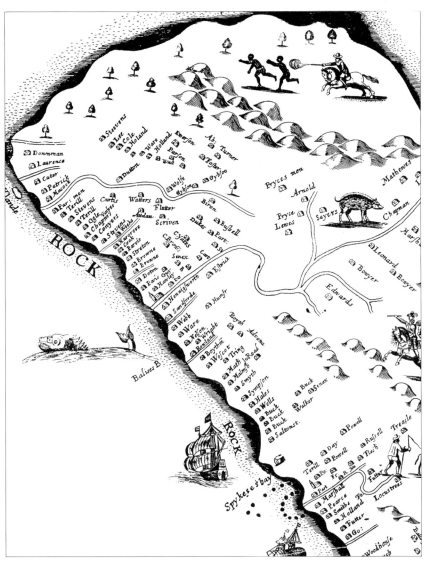

그림 3.2 옛 지도에서 건물의 위치를 파악하기 어려운 문제를 보여주는 리처드 리곤의 1657
년 바베이도스 지도의 한 부분

니라, 18세기까지 살아남았지만 그 이후 파괴된 원형 무덤(barrow)과 같은 선사시대의 유적들을 찾으려고 노력하는 고고학자들에게도 정보의 원천이 된다. 그러나 모든 영국이 정확하게 지도화가 되기까지는 수십 년이 걸렸고, 심지어 그때마저도 시골 지역은 도시에 비해 더 작게 그려졌다.

문서와 지도 외에도, 그림은 유적의 위치에 대한 좋은 정보를 제공할 수 있지만, 그림 같은 경우 오늘날의 경관에서 분명히 위치를 찾아낼 수 있는 무언가를 가지고 있는 경우에만 가능하다. 따라서 아즈텍의 바이티아 코덱스(Veitia Codex) 책자에 등장하는 것과 같은 초기 그림들은 사람들이 어떻게 무엇을 했는지에 대해서는 매우 상세하게 설명해 주지만 현장을 찾는데 필수적인 정확히 장소에 대해서는 잘 나와 있지 않다. 다시 말하자면, 사무엘 벅(Samuel Buck)과 같은 위대한 삽화가들이 유적을 찾기에 충분히 정확한 세부사항을 가진 건축 도면을 제작하기 시작한 18세기까지 기다려야 했다. 그리고 19세기 사진들은 현재 파괴된 역사적인 건물들, 또는 선사시대 유적들의 위치를 알려주는 정보의 유용한 원천이 될 수 있다.

지명은 고고학 유적의 위치를 파악하는데 정보를 제공하는 또 하나의 방법이다. 그러나 지명 연구는 간단하지 않고 지명 해석은 완전히 확실하지 않다. 한 가지 문제는 지명이 시간에 따라 자주 바뀌기 때문에 가설을 세우기 전에 가능한 많은 옛 지명을 찾도록 노력해야 한다는 것이다. 영국의 경우 '옥스퍼드 영어-장소명 콘사이스 사전'이 좋은 출발점이다. 지명(place name)은 언덕이나 강과 같은 자연적인 특징이나 들판 이름, 집 또는 마을 이름을 나타낼 수 있다. 때때로 특정 농장에서 따온 이름은 농장이 사라진 후, 지역이나 들판의 이름으로 남아 있을 수도 있다. 색슨(Saxon)족 이름은 취락을 의미할 수 있지만, 정확히 그 위치를 나타내지는 않는다. 흔히 지명은 취락이 있었던 대략적인 지역만을 나타내며, 그 후 야외 조사나 항공사진 등으로 유적을 찾는 과정에서 앞선 단계가 될 수 있다.

항공사진, 위성사진, 그리고 라이다(LiDAR)

항공사진은 고고학자들이 새로운 유적을 찾기 위해 이용한 최초의 원격 감지 도구다. 원격 감지는 표면으로부터 어느 정도 떨어진 곳에서 센서를 이용해서 지리 자료를 모으는 모든 기술을 의미한다. 고고학에서 주로 사용되는 방법들은 항공사진, 위성사진, 라이다(LiDAR), 그리고 지구 물리학이다. 원격 감지 스캔을 통해 수집된 모든 데이터는 GIS의 한 요소를 구성하는 이미지 처리의 활동을 통해 결합되고 처리되었다. 고고학 유적을 찾고 기록하는데 사용되는 위치

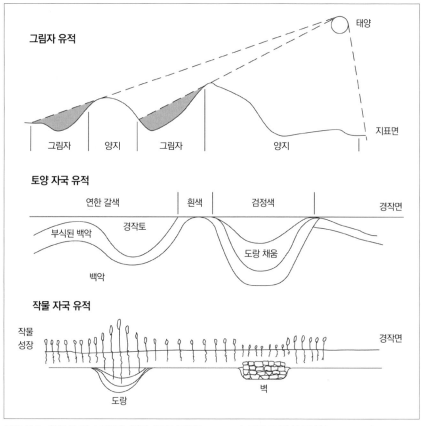

그림 3.3 항공사진: 그림자 유적, 토양 자국(soil mark) 그리고 작물 자국(crop mark)

확인 시스템(GPS), 사진 측량법 및 지도 제작과 이러한 데이터를 분석하고 모델 링하는 기법은 이제 광범위한 지리정보학 분야의 일부가 되었다.

고고학에서 항공사진의 중요성은 제1차 세계대전에서 처음으로 완전히 인 정되었다. 이 초기 인식의 핵심 인물은 왕립 항공대의 젊은 관찰자, 크로포 드(O.G.S. Crawford)였다. 그는 계속해서 마멀레이드의 거물 알렉산더 케일러 (Alexander Keiller)의 자금 지원을 받아 영국 중부 남부에 대한 상세한 항공 조 사에 착수했으며, 그의 고전 작품인 '공중에서 본 웨섹스'(Crawford and Keiller 1928)를 출판했다. 크로포드는 자신이 본 것을 설명하기 위해, 특히 '그림자 유 적', '토양 자국'과 '작물 자국'(그림 3.3)이라는 새로운 전문 용어를 지어냈다. 1950년대와 1960년대 영국의 대규모 경작 이전 시기에 일하면서 그는 매우 인 상적인 그림자 유적의 이미지를 촬영했다. 이에 대비되는 오늘날 대부분의 새로 운 발견은 작물 자국 유적에 관한 것이다.

항공사진은 당연하지만 관찰자가 보는 것을 기록하는 과정이다(Wilson 2000). 항공기에서 아무것도 보이지 않으면 사진에서도 아무것도 보이지 않을 것이다. 그림자 유적으로 보이려면 그림자가 생길 수 있게 일부 유적들의 높이가 달라야

그림 3.4 항공사진: 그림자 유적, 철기시대의 언덕 위의 성채(사진: O. Bedwin)

한다. 둑이나 도랑처럼 둥근 언덕이나 융기부가 있는 유적들은 그림자 지역으로 나타날 가능성이 있다. 그러나 그것도 조건이 맞아야 한다. 첫째, 태양빛이 있어야 하고, 둘째, 그림자를 드리울 만큼 낮아야 한다(그림 3.4). 이것은 여름철에 일반적으로 이른 아침이나 해가 지기 직전인 늦은 저녁에만 사진을 찍을 수 있다는 것을 의미한다. 하루의 대부분 동안 태양은 너무 높고 유용한 그림자가 드리워지지 않기 때문이다. 겨울에는 태양이 더 낮게 유지되지만, 전형적인 영국의 겨울에는 몇 주 동안 계속해서 태양이 보이지 않을 수도 있다.

또한 그림자가 태양의 광선에 직각으로만 드리워진다는 것도 기억해야 한다. 태양 광선과 평행하게 형성된 둑은 그 조건에서 보이지 않을 것이다. 일반적으로 조건이 이상적인 경우에도 일부 유적은 그림자가 드리우지 않을 수 있으므로 사실상 보이지 않는 상태로 남을 것이다. 화창한 겨울날 하루에 걸쳐 찍는 여러 장의 사진이 가장 이상적으로 최대한 많은 정보를 생산해 낼 것이다. 겨울철에 그림자 유적을 촬영하기에 좋은 또 다른 장점은 겨울철 동안 식물이 가장 무성하지 않다는 점이다. 헤더(Heather)나 고사리로 덮인 지표의 기복은 여름철에 보이지 않을 수 있다. 늦여름 가뭄 이후 목초지에서의 초목들이 시들어서 이런 문제는 일어나지 않을 것이다.

솟아있는 토루와 같이 높이가 다른 장소들은 약간의 눈이 내린 후에 잘 나타날 수 있다. 산등성이로부터 날려 온 눈은 움푹 꺼진 곳에 내려앉아 둑과 도랑을 아주 극적으로 드러낼 것이다. 그러나 이와 같은 조건은 영국에서는 상당히 드물고 대개는 그 기간이 매우 짧다. 또한 집중호우는 물을 잠시 움푹 팬 곳으로 모이게 하여 구덩이(pit)나 도랑(ditch)과 같은 곳을 강조할 수도 있다. 그러나 이 조건은 비행에 이상적이지 않을 수 있다. 그나마 저지대에서 약간의 홍수는 물이 가득 찬 구멍에 대한 사진 기록을 남길 만큼 충분히 지속될 수 있다.

토양 자국은 초목이 없는 지역에서 보일 수 있지만, 보통 쟁기질한 들판에서 토양 자국을 보기가 가장 좋다. 유적의 각 요소는 보통 서로 다른 색의 토양으로 구성되어 있을 가능성이 있다. 불탄 지역은 빨강 또는 검은색으로 나타날 수 있고, 거주지는 검거나 회색이며, 모암(母岩, parent rock)의 색(예로 백악일 경우 하얀색)이 보일 수 있는 쟁기질로 편평한 둑과 대조적으로 도랑은 검은 부식토 퇴적물 입자가 쌓일 것이다. 서로 다른 색의 토양 패턴은 어떤 흙이 표면 지층으로 쟁기질된 것인지를 반영한다. 이러한 패턴은 울타리가 쳐진 뚜렷한 직사각형 형태이거나 또는 오랜 쟁기질이나 흙의 혼합으로 매우 흐릿해졌을 수 있다. 토양 자국은 그 지역의 농작물들이 제거되었을 때만 나타나기 때문에 보통 겨울이 확인하기 가장 좋은 시기이다.

작물 자국은 종종 가장 극적인 항공사진을 생산한다(그림 3.5). 작물 자국은 기본적으로 지표면 아래 조건에 따라 작물 성장과 익는 시기의 속도와 품종에 따른 결과물이다. 본질적으로 밭의 한 곳에 토양이 더 깊다면 그 자리에서 자라는 작물은 얕은 토양 위의 작물보다 더 많은 영양분과 습기에 접근할 수 있을 것이다. 예를 들어, 도랑이나 구덩이 위의 농작물은 더 빠르고 강하게 자랄 것이며, 더 약하고, 작고, 더 빨리 익는 우물이나 바닥 위의 농작물보다 키가 크고 더 느리게 익을 가능성이 높다. 깊은 토양 위의 농작물은 적극적인 작물 자국을 보여주는 반면 얕은 토양 위의 농작물은 작물 자국을 내지 않을 것이다.

이러한 작물 성장과 익는 시기의 차이는 곡물에서 가장 잘 나타나지만 콩과

그림 3.5 항공사진: 작물 자국 유적. 로마-영국식 경지 제도

완두와 같은 콩과 식물, 그리고 심지어 토기풀에서도 나타난다. 그러나 모든 토양이 작물 자국을 내는 데 좋은 것은 아니다. 백악과 자갈의 토양은 상당히 빨리 마르는 경향이 있기 때문에 선명한 작물 자국을 만들어 낸다. 그래서 매장된 고고학 유구에서 자연적으로 얕은 토양과 더 깊은 영양가 높은 토양의 대조는 보통 매우 뚜렷하게 나타난다. 이와는 대조적으로, 점토 토양은 흔히 좋은 작물 자국을 보여주지 못한다.

보통 농작물은 무르익기 시작하는 초여름에 작물 자국이 가장 잘 나타난다. 그러나 그 양상이 매년 다른데, 건조한 해에는 이 시기 초부터 훌륭한 작물 자국을 드러낼 수 있는 반면, 매우 습한 여름에는 작물 자국을 거의 볼 수 없을 것이다. 때때로, 매우 극단적인 조건에서 농작물 성장의 일반적인 패턴은 반대로 뒤바뀔 수도 있다. 예를 들어, 1976년 영국 가뭄 때에 얕은 백악 토양의 구덩이와 도랑은 습기가 완전히 말라버려서 도랑 위로 마른 자국이 나타났고, 인접한 기반암 위의 백악토 상층부에는 약간의 습기가 남아있었다. 그 결과 1976년에 새로이 발견된 많은 '벽'들이 나중에 도랑인 것으로 밝혀졌었다.

그림자 자국, 토양 자국, 작물 자국 모두는 그 위에 나는 관찰자가 볼 수 있는 패턴을 만들어 낸다. 기록을 위해 이것들은 촬영된다. 사진은 보이는 것만을 촬영하겠지만 사진 각도와 필름 종류를 신중하게 선택하면 사진 판독이 쉬워진다. 사진은 사선으로 또는 수직으로 찍을 수 있다. 수직 사진은 그 유적의 평면도를 보여준다. 같은 상을 양쪽에서 찍고 입체경을 이용함으로써 유적의 입체감이 있는 3D 이미지를 얻을 수 있다. 이것은 특히 그 유적이 언덕과 계곡이 있는 자연 경관에 어떻게 맞는지 보여주는 데 유용하다. 경관의 레벨 블록(level block)으로 찍은 수직 사진은 지도와 직접 연관시킬 수 있기 때문에 유적의 위치와 범위를 신속하게 구성할 수 있다.

지면 구조물의 변화가 높이에 따라 척도의 변화를 야기하기 때문에 수직 사진은 일반적으로 바로 도면화 될 수 없다. 언덕의 꼭대기는 비행기에서 카메라와 더 가깝고, 따라서 더 멀리 떨어져 있는 인접한 계곡의 바닥보다 스케일이 더 크다. 항공사진에서 척도가 다른 문제는 사진을 서로 다른 평면에 있는 영역으로 나누어 수정해야 한다. 이 과정은 보통 톰슨-와트 플로터(Thompson-watts plotter)와 같은 전문 제도 장비를 사용해서 이루어진다. 사진에서 수치 정보를 얻은 다음 축척 도면을 제작하는 실제 과정은 사진측량법으로 알려져 있다. 사선 사진을 다룰 때 사진측량법은 훨씬 더 중요하며, 기울어짐이 상당한 왜곡을 유발하며, 지면에서의 높이 측정에 따른 조정이 필요하다. 사선 항공사진을 수작업(Hampton 1978)으로 조정하는 것도 가능하지만, 이제는 적절한 컴퓨터 프로그램을 이용하는 것이 더 일반적이다.

사선 및 수직 항공사진을 찍는 방법은 명확히 다르다. 사선 사진은 고익기(High-wing Airplane) 창을 통해 간단한 휴대용 35mm 카메라로 촬영할 수 있다(만약 날개가 객실 위에 위치하지 않으면, 시야에 들어오는 좋은 샷을 차단할 수도 있다). 수직 촬영은 항공기 옆이나 아래에 고정이 필요하다. 이 또한 35mm 카메라를 사용할 수 있지만, 보통 230mm의 사각형 네가티브 필름을 사용할 수 있는 대형 카메라를 사용하는 것이 더 일반적이다. 대부분의 항공사진은 흑백의 전색성 필름으로 촬영되는데, 이는 노란색 필터를 사용하여 강화될 수 있다. 관찰자가 보는 대로 이미지를 표현할 수 있는 장점이 있어 해석에 도움이 될 수 있기 때문에 진짜 컬러 필름은 사용될 수도 있다. 그러나 컬러 사진의 경우 출판 비용이 더 많이 들고, 흑백 네거티브보다 컬러 네거티브의 수명이 짧다. 대안은 적외선 또는 거짓 컬러 필름을 사용하는 것이다. 적외선 필름의 장점은 대기 중의 아지랑이에 의해 강하게 산란되는 푸른빛을 차단해 실제 색보다 이미지가 선명해지는 경우가 많다는 점이다. 또한, 초목은 녹색 파동 길이보다 적외선 범위에 가까운 범위에서 반사 범위가 넓기 때문에 작물 성장의 약간의 변화가 더 명확하게 보일 수 있다. 문제는 관찰자가 예를 들어, 갈색 토양 이미지를 녹색으로, 녹색 농작물을 붉은색으로 표시하는 등 완전히 비현실적인 색을 받아드리는 방식에 익숙해져야 한다는 점이다.

이러한 전통적인 카메라와 필름들이 여전히 널리 사용되고 있지만 디지털 카메라로 빠르게 대체되고 있다. 디지털 카메라는 미세한 고고학 상세정보를 기록할 수 있으려면 높은 메가픽셀의 적절한 해상도가 필요하다. 상세한 지도를 가지고 있는 영국 내에서는 큰 문제가 아니었지만 전통적인 항공 사진술의 가장 기본적인 문제는 일단 촬영된 사진의 정확한 위치를 지상에서 찾는 것이었다.

이제는 디지털 카메라를 사용하면 GPS에 직접 연결될 수 있기 때문에 촬영한 각 이미지의 정확한 위치를 찾을 수 있다.

항공사진의 제작은 야외 고고학자들이 직접 하거나 최근 증가하는 전문가와 계약할 수 있다. 작물 자국, 그림자 유적, 토양 자국 등으로 만들어지는 패턴에 대한 해석은 야외 고고학자의 전문적 기술이 필요하다. 그림자 유적과 토양 자국은 본질적으로 무늬 차이만 만들어 내지만, 작물 자국은 무늬가 벽이나 도로면 같은 단단한 구조물에 의해 만들어지는 것인지, 도랑이나 구덩이에 퇴적된 부드러운 채움에 의한 것인지도 파악할 수 있다. 그때부터 다시 패턴의 차이만을 다루게 되는데 항공사진 패턴을 해석하기 위해서는 그 지역에 있을 가능성이 높은 자연적 특징과 고고학적 특징 모두에 대해 가능한 한 많이 알고 있어야 한다. 유럽의 야외에서 직사각형의 바싹 마른 형태는 로마의 별장이 될 수 있지만 중국에서 발견되는 비슷한 패턴을 보고 로마의 별장이라고 말하지 않는 식이다.

영국에서는 각 시기마다 독특한 유형의 유적이 있으며, 흔히 작물 자국, 토양 자국 또는 그림자 유적으로 쉽게 인식된다. 보통 둑길이 있는 에워싸인 토지는 신석기시대의 둑길이 있는 에워싸인 토지이다. 둥글고 어두운 형태는 둥근 고대 무덤(barrow)을 나타낼 가능성이 높다. 직사각형 모양의 도랑이 있는 에워싸인 토지는 로마시대나 그 이후일 가능성이 높지만 드물게 신석기시대의 것도 있다. 방이 있는 직사각형의 벽 구조는 로마의 저택일 가능성이 높다. 물론 모든 패턴은 인위적으로 만들어지지 않았을 것이다. 다각형 패턴은 빙하 주변의(periglacial) 조건에서 지표면의 동결 및 해빙으로 나타날 수 있으며, 어두운 선은 오래된 하천이나 강을 나타낼 수 있다. 항공사진에서 볼 수 있는 많은 흔적들은 근래에 생긴 것으로, 주로 역사가 짧을 것이다. 현대적인 쟁기 자국은 이것의 좋은 예로, 직사각형 밭의 네 변 주위를 쟁기질하면 잠시 동안 대각선 패턴이 보이게 된다.

경관 중 많은 부분은 사진에 담기 어렵다. 삼림지대에서는 흔적들이 관찰되기 어렵고, 설사 만들어졌어도 보이지 않는다. 심지어 쟁기질된 지역에서도 문제가 있을 수 있다. 기복이 심한 들판에서는 흙이 움푹 패고 메마른 계곡으로 이동한다. 이렇게 만들어진 새로운 토양의 퇴적 깊이가 너무 깊어서 재배작물의

그림 3.6
삼림 지대에 있는 에워
싸인 토지의 라이다 이
미지
(동 서섹스 CC)

뿌리가 원래 있던 고고학 유구들에 도달하지 못할 수도 있다.

대규모의 고고학 조사를 위해 위성사진이 점점 더 많이 사용되고 있다. 비록 사진처럼 보이지만, 이것들은 반사광을 스캔한 기록을 전자적으로 변환한 것이다. 나사(NASA)의 랜드샛(LANDSAT) 이미지는 이제 구글 어스(Google Earth)를 통해 온라인에서 쉽게 구할 수 있다. 물론 위성사진은 공중사진 촬영과 같은 기본적인 문제를 가지고 있다. 둘 다 그 지역 식물 분포와 조명 조건이 맞아야만 고고학적 유적을 보여줄 것이다. 라이다(LiDAR, 빛 탐지 및 범위 측정)의 개발은 이러한 문제를 크게 극복하고 공중 이미지화에 혁명을 일으켰다. 라이다는 레이저 펄스(laser pulse)를 사용하여 지표면까지의 거리를 측정하는데, 실제 거리는 레이저 펄스 전송과 반사 신호를 탐지하는 사이의 시간 지연을 측정하여 결정한다. 라이다 등고선 매핑은 고밀도 고도 데이터를 사용하여 기존 등고선 측량보다 훨씬 빠르고 저렴하게 넓은 영역을 커버할 수 있다. 하지만 데이터를 바탕으로 소프트웨어를 다룰 수 있는 능력이 있어야 식물들을 투과해서 보고, 해의 방향을 이동시켜 그림자 유적을 재조명하여 새로운 고고학 유적을 발견하고 새로운 세부사항들을 파악할 수 있다(그림 3.6).

지상 조사

고고학 유적은 체계적인 지상 조사로도 찾을 수 있다. 이것은 조사의 목적과 사용 가능한 시간과 비용에 따라 다양한 방법으로 접근할 수 있다. 주택 건설과 같이 개발 이전에 특정 토지 범위를 조사하는 것이라면, 가능한 지역을 전체적으로 조사해야 한다. 그러나 넓은 지역을 조사해야 한다면 특정 형태의 표본 추출(sampling)이 더 적절하다. 유적을 찾기 위해 경관을 표본 추출하는 것은 경관의 개별 블록(정사각형 또는 경관을 가로지르는 선(횡단)을 따라가며)을 검사하는 식으로 수행할 수 있다. 지리학자 피터 하켓(Peter Haggett)은 대표 저서인 '인문 지리학적 위치 분석'(Haggett 1965)에서 네 가지 기본 표본 추출 전략을 정의했다.

그의 단순 무작위 추출법(그림 3.7)은 지도에서 조사범위를 격자화한 다음 X축의 한 점과 Y축의 한 점을 선택하기 위하여 난수표(무작위 숫자 표)를 사용하는 것이다. 두 선이 교차되는 지점은 경관에서 무작위로 선택된 지점이다. 얼마나 많은 무작위 지점이 선택되는가는 가용할 시간과 자원이 얼마인지에 따라 달라진다. 또한 해당 지점에서 조사할 수 있는 영역의 크기(예: 1~100 평방미터)는 자원에 따라 달라진다. 경관에서 유적을 찾기 위한 단순한 무작위 추출법의 중요한 문제는 선정되는 지점이 어디든 될 수 있다는 것으로, 모두 한 장소에 뭉칠 수도 있어 그렇게 될 경우 큰 유적에서 많은 미조사 영역을 남길 수 있다는 것이다. 물론 고고학 유적이 경관 위에 임의로 점재되어 있을 가능성은 낮다. 예를 들어, 언덕 위 유적의 범위는 꼭대기, 언덕 경사면 및 계곡 바닥에 따라 유형과 밀도가 모두 다를 수 있다. 따라서 임의의 샘플에 모든 지리적 영역이 포함되어 있는지

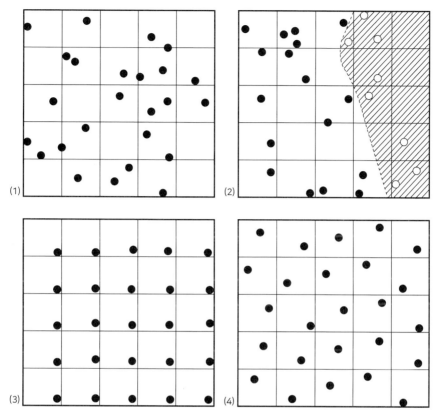

그림 3.7 표본 추출(sampling): (1) 단순 무작위(simple random), (2) 층화된 무작위(stratified random), (3) 체계적(systematic), (4) 층화된 체계적 비선형(stratified systematic unaligned) (Haggett 1965)

확인하는 것이 좋다.

지리적 다양성을 포함하는 한 가지 방법은 층화된 무작위 추출법을 사용하는 것이다. 이것을 하기 위해 조사할 지역은 산, 낮은 언덕 및 계곡과 같은 지리적 영역으로 나눈다. 그런 다음 각 영역은 단순 무작위 추출법과 동일한 방식에서 개별적으로 샘플링된다. 이것은 지리적 다양성을 보장하지만 샘플링되는 지역이 뭉칠 수도 있는 문제를 해결하지는 못한다.

샘플 지역이 뭉치는 것을 방지하기 위해 영역을 체계적으로 샘플링할 수 있다. 이 방법은 영역에 일정한 그리드(grid)를 만들고 첫 번째 사각형 내의 점을 무작위로 선택한다. 그 후 다른 사각형들에서도 정확히 동일한 위치를 선택한다. 이에 대한 대안은 각 사각형 내의 위치를 다르게 무작위로 선택하는 것이다. 층화된 체계적 비선형 추출법으로 알려진 이 방법은 넓은 범위를 아우르며 체계적이지만 임의의 요소를 포함한다는 이점이 있다.

물론 고고학 유적이 경관 전체에 점재적으로 존재하는 것은 아니다. 예를 들어, 사람들은 취락 주변에서 채석, 매장, 식품 가공 등 다른 일들을 했을 것이고, 취락 자체가 밀집되어 있을 수 있다. 종종 이렇게 집단적으로 모여 있는 유적들은 앞서 이야기한 기본 샘플링 전략에서 누락되기 쉽다. 이를 피하기 위해 적응 추출법(adaptive sampling)을 사용할 수 있다. 이 방법은 샘플링 시 특정 수 또는 특정 유형의 유적을 찾을 때마다 주변을 추가로 샘플링을 하는 것을 의미한다. 주변이라 하면 인접한 사각형들, 모서리를 공유하는 모든 사각형들, 기준 사각형의 동쪽 또는 서쪽 사각형 또는 대각선으로 첫 번째로 닿는 사각형이다. 적응 추출법을 사용하면 조사가 진행됨에 따라 얻어진 지식들은 축적하게 된다 (Orton 2000).

앞에서 설명한 방법들을 포함하여 모든 표본 추출법들은 야외에서 문제가 되기 마련이다. 먼저 전체적인 경관을 보지 않고 표본 추출법을 엄격하게 적용하면 많은 지점이 공장, 고속도로 또는 강 한가운데로 지정될 수 있다. 일부 경관들이 다른 경관보다 이러한 방식의 표본 추출법에 더 잘 맞을 수도 있다. 예를 들어, 대초원의 거대한 구역이나 호주 오지에서 잘 적용될 수 있지만 런던이나 버밍엄에서 이 방법들을 시도하면 엄청난 시간만 낭비하게 될 것이다.

경관에서 사각형으로 검토하는 방법의 대안으로 지형을 가로지르는 선 또는 횡단으로 검사하는 방법이 있다(그림 3.8). 이 방법은 경관에서 무작위적으로 선택된 지점에서 임의의 횡단면(transects) 패턴을 만들 수도 있으나 일반적으로 강 계곡이나 산맥을 가로지르는 평행선과 같은 체계적인 횡단면 패턴을 사용한다. 횡단면의 실제 너비와 간격은 유효한 시간과 자원에 따라 달라진다. 보통 간격이 가깝고 횡단면이 넓을수록 범위(coverage)가 더 좋아진다. 영국의 대부분 지역을 포함하여 세계의 많은 지역에서 앞에 제시된 표본 추출법들은 아마도 무용지물일 가능성이 높다. 보통 도시, 도로, 공장, 강 및 적대적인 땅 주인이 접근

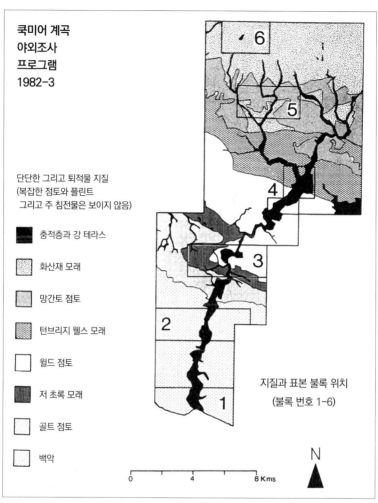

그림 3.8 지형의 횡단면을 따라 표본 추출(서섹스 고고학 야외 부서의 P. Garwood)

을 거부하기 때문에 넓은 지역은 조사에 사용할 수 없을 테고, 조사는 일정 지역으로 제한될 것이다. 이러한 경우 조사 가능한 지역만 조사하게 된다. 많은 유적들이 땅속 몇 미터의 퇴적층 또는 도시 개발로 인해 사라지거나 고고학적으로 찾을 수 없기 때문에 현실적으로 어떤 표본 추출 전략을 선택하든 그것은 고고학적으로 임의의 샘플밖에 되지 못한다. 사실상 가장 중요한 것은 한 지역에 존

재했던 모든 고고학 유적을 실제로 발견하려는 것이 아니라 다양한 수준의 복
잡성을 보여주는 유적을 발견하는 것이다. 유적이 있을 가능성이 있는 곳을 임
의로 지정한 사각형, 횡단면들 또는 경험을 기반으로 한 단순한 비확률적 샘플
링을 했는지 여부에 관계없이 다음 단계는 어떤 지상 조사 방법을 사용할지 결
정해야 한다.

그 지역이 쟁기질이 되어 있는 곳이라면, 흩어져 있을 유물을 찾고, 수집하고
기록하기 위해 야외를 걷는 방법이 아마도 가장 적절할 것이다. 가장 간단한 경
우(만약 대상 지역이 사이즈가 작은 경우)에 야외별로 그랩 샘플링(grap sampling)한
것을 기록할 수도 있지만 이 조사는 체계적이어야 한다. 그러나, 지상 조사는 원
과 같은 다른 방식으로도 시도되지만 일직선이나 사각형으로 걷는 것이 더 일
반적이다(그림 3.9).

선 따라 걷는 방법을 사용하면 넓은 영역을 비교적 빠르게 훑어볼 수 있다. 우
선, 적절한 시기와 야외팀을 선택해야 한다. 야외 조사를 하기에 가장 좋은 시간
은 쟁기질된 땅이 약간 풍화된 후이다. 서리는 뭉친 점토 흙을 풀어주고 비는 유

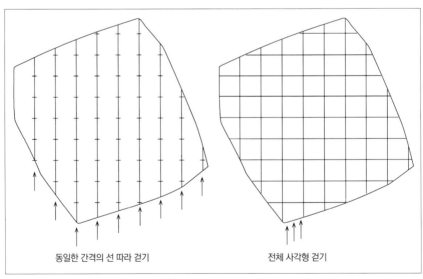

동일한 간격의 선 따라 걷기   전체 사각형 걷기

그림 3.9 선 또는 사각형 따라 야외 조사(Field-walking)

물을 씻어주어서 발견되기 쉽게 해준다. 따라서 영국에서는 겨울이 가장 좋지만, 겨울이 온화한 경우가 많기 때문에 이상적인 조건이 갖춰지기 전에 이미 새로운 작물이 자라버리곤 한다. 이렇게 되면 농부는 당연히 조사를 거부할 수 있으므로 항공사진과 마찬가지로 현장의 조건이 적절한지 거의 매주 지켜봐야 한다.

야외팀을 선택하고 교육하는 것도 매우 중요하다. 그들은 습하거나 추운 조건에서 오랜 시간 야외 탐색을 견딜 수 있을 만큼의 체력을 가지고 있어야 하며, 무엇보다 중요한 것은 해당 지역에서 발견될 수 있는 모든 유물들을 인식할 수 있어야 한다. 또한 그들은 편견을 피하기 위한 훈련을 받아야 하는데 작은 것보다 큰 도자기 조각을, 토양의 색과 비슷한 색의 것보다는 색이 대조되는 것을 찾는 것이 항상 더 쉽다.

선 따라 걷는 방법은 넓은 지역을 비교적 빠르게 훑어볼 수 있게 한다. 선은 기존 현장의 패턴 또는 더 일반적으로 남북 축을 따라 놓여진다. 남북으로 긋는 선의 장점은 해당 지역을 수년에 걸쳐 쉽게 조사할 수 있고, 새로운 조사를 기존 조사에 적용할 수 있다는 것이다. 또한 지도에서도 더 깔끔하게 보인다. 그러나 남북 방향으로 설정하는 것은 결과적으로 보아 특별한 것이 없으므로 어떤 방향으로 잡던지 크게 중요하지 않다. 선은 프리즘 나침반 및 테이프(4장 참조) 또는 다양한 측량 장비를 사용하여 쉽게 배치할 수 있다. 선들은 주로 측량대를 이용해서 지면에 표시한다. 선 간격을 얼마나 떨어져서 배치할 지는 조사의 성격과 사용 가능한 자원에 따라 달라진다. 일반적으로 선은 30m에서 100m 간격으로 배치된다. 더 멀리 떨어져 배치할수록 주어진 시간에 조사할 수 있는 면적은 커지지만 작고 밀집된 유물들을 놓칠 위험이 커진다.

각 선은 일정 길이로 구분되는데 기록을 목적으로 선의 간격을 일정하게 나눈다. 실제로 한 사람이 각 선을 걸어가면서 선의 양쪽의 약 1미터를 살핀다. 모든 유물은 수집하여 포장된다(비가 오면 종이봉투를 사용할 수 없기에 튼튼한 비닐 봉투에). 각 봉투에는 라인 및 세그먼트 번호를 명확하게 표시한다(예: 라인 2, 세그먼트 4). 일부 조사에서는 유물을 수집하지 않고 그 유형을 식별하고 수를 계산한 후 제자리에 둔다. 이는 특정 카운티(country)의 법규에 따라 또는 많은 박물관들이 수백 개의 유물 조각을 원하지 않는 경우에 해당된다. 유물을 다른 곳으로 이동한 후 버리는 것은 미래의 고고학자들을 혼란스럽게 할 수 있기 때문에 현장에 그대로 두는 것이 좋다.

　보다 집중적인 조사의 경우 그리드(Grid) 시스템이 더 적합하다. 이 경우 조사 대상 지역을 격자로 나눈다(4장 참조). 그리드 사각형의 크기는 조사를 얼마나 상세히 하고자 하느냐에 따라 달라진다. 일반적으로 사각형은 20m 또는 30m 크기의 정사각형이지만 더 크거나 더 작게 만들 수도 있다. 그러나 사각형이 작을수록 그리드를 설치하는데 오래 걸리고 더 많은 봉투가 필요하며 분석 및 기록하는데 오래 걸린다. 쟁기로 갈아 놓은 들판의 특성을 고려할 때 지나치게 자세하게 기록하는 것은 종종 시간 낭비일 가능성이 크다. 큰 사각형의 경우 고고학자 팀이 사각형의 한쪽에 줄을 선 후 선에 따라 나란히 걸으면서 눈에 보이는 모든 유물들을 채집한다. 예를 들어, 플린트 조각과 같은 경우처럼 햇빛이 어떻게 비추는지에 따라 유물들이 다른 방향에서보다 특정 방향에서 보았을 때 더 잘 보이곤 한다. 항상 시간은 촉박하지만 시간이 있다면 두 방향에서 사각형을 걸어볼 수 있다. 그런 경우 보행 횟수가 조사하는 모든 사각형에서 동일해야지만 결과를 수치화하는 데에 의미가 있다.

　야외 조사에 대하여 언급한 이 섹션에서 '유물'이라는 용어가 사용되었는데 이 부분은 의도적이었다. 유물은 대략적인 연대를 측정할 수 있기 때문에 선사 시대의 것이 역사 시대 또는 현대의 것과 분리될 수 있다. 뼈와 조개껍질과 같은 것들은 개별적으로 연대 측정이 어렵기 때문에 문제가 될 수 있다. 만약 연대 측정이 가능한 다른 유물 더미와 직접적으로 연관되어 있다면 연대 측정이 가능하지만 확신할 수는 없다. 조개껍질은 소라게에 의해, 뼈는 먹이를 찾아 뒤지는 동물들에 의해 그 지역으로 가져 왔을 수도 있다. 이러한 유형의 자료들은 현명하게 무시될 수도 있다. 쟁기질된 들판에서는 작은 물고기와 새의 뼈보다는 양, 염소, 소 등의 큰 뼈들이 편향적으로 채집될 가능성이 높다. 따라서 이러한 상황에서 정량화 시도는 큰 의미가 없다. 하지만 이런 것들조차 지표면 아래에 있을 생존물이나 쟁기질로 손상된 사람들의 무덤 위치를 알려 주는 데에는 도움이 될 수 있다. 야외 조사자는 항상 복구된 정보의 가치와 그에 들어가는 시간과 비용을 비교해 봐야한다. 너무 편향되었다면 수집할 가치가 있을까?

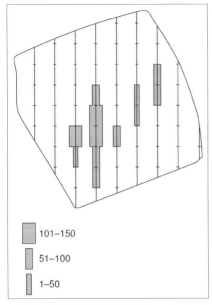

101–150

51–100

1–50

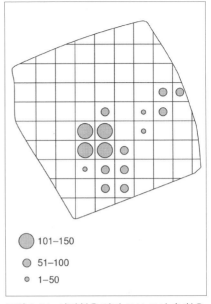

101–150

51–100

1–50

그림 3.10 선을 따라 야외 조사(Field walking) 후 찾은 유물의 밀집을 표시한 그래프

그림 3.11 사각형을 따라 도보 조사 후 찾은 유물의 밀집을 표시한 그래프

경작지에서 고고학 자료를 수습, 기록 및 식별은 분포의 차이를 보여주기 위해 그래픽으로 정량화하고 표현해야 한다. 서로 다른 등급의 자료들의 실제 개수를 표시할 수도 있고, 평균을 낸 후에 전체 조사 영역 및 분포를 반영할 수도 있다.

선 조사를 했을 경우, 유물의 밀도를 선의 두께로 그려 넣을 수 있다(그림 3.10). 굵은 선은 유물이 밀집해 있음을 보여주고, 가는 선은 적은 분포를 나타낸다. 선이 끊어지거나 가는 선의 얇은 것은 특정 등급의 유물이 없거나, 평균 이상의 유물이 없음을 나타낸다. 격자형 조사를 했을 경우 유물의 수량을 표시하기 위해 다양한 크기의 검은색 원이 자주 사용되는데(그림 3.11), 차등 음영 또는 점 밀도를 사용할 수도 있다. 표면 밀집도의 등고선 지도는 대안으로 고려할 수 있지만 제작이 더 복잡하고, 보간법(interpolation)이 포함되기 때문에 신뢰도를 낮출 수 있다.

야외 조사(Field-walking)의 데이터는 항상 해석에 주의하여야 한다. 유물의 부재는 반드시 유적의 부재를 나타내지 아니하고, 경관에서의 특정 지점에서 유물의 존재는 해당 지점에서 과거의 그 시대에 인간 활동이 반드시 존재했었다는 의미도 아니다. 쟁기로 갈아놓은 토양은 쟁기 종류, 토양 및 작물의 유형에 따르지만 전체적으로 규칙적으로 일정한 깊이를 갖는 경향이 있다. 고고학 유물이 갈아엎은 깊이보다 더 아래에 있다면 쟁기로 갈아놓은 흙에서 나타나지 않을 것이다. 보통 매장된 고고학 유구는 깊이가 규칙적이지 않기 때문에 만약 전체 유적의 어느 지점에 얕은 구역에 존재한다면 쟁기질된 토양에 드러날 수 있지만 깊은 곳에 존재한다면 나타나지 않게 된다. 경관에 기복이 있는 경우 유물들은 경사면 아래로 이동하여 마른 계곡과 같은 낮은 지점에 축적되는 경향이 있다. 물체의 움직임은 유물의 상태에 따라 달라질 수도 있다. 마모가 많을수록 내리막이나 토지에서 많이 이동되었을 가능성이 더 높으며 반면에 깨끗하고 닳지 않은 토기는 멀리 이동하지 않았을 가능성이 높다. 따라서 유물이 쟁기로 갈아놓은 흙에서 발견되면 보통 그 지점 또는 더 높은 언덕에서의 활동을 나타내며 유물이 없다고 해서 반드시 유적도 없다는 의미는 아니다.

또 다른 문제는 '유적'이라는 용어로 모든 유형의 과거 인간 활동 영역을 표현하고 있기 때문에 유물 확산의 특성을 정확히 해석하는데 있다. 예를 들어, 토기 밀집은 취락 유적, 가마 유적, 취락에 인접한 패총이거나 쓰레기 처리장을 보여주거나 취락에서 멀리 떨어진 들판의 거름과 함께 유물의 확산을 보여준다. 다시 말하자면, 유물의 상태가 도움이 될 수 있다. 다른 유물 및 자연 유물과 혼합된 많은 작은 조각난 유물들은 취락의 존재를 나타낼 수 있다. 기형의 토기 조각이나 폐기물로 보이는 것이 무더기로 발견되면 가마터이거나 쓰레기 처리장일 수 있다. 다른 쓰레기와 함께 크고 각진 토기 조각들이 많을 경우 패총(midden)임을 보여주는 것일 수 있으며, 작고 마모된 조각들이 보이면 거름이거나 패총에서 내리막을 따라 흘러내려 부식된 것일 수 있다. 따라서 야외 도보 조사는 훌륭한 야외 조사 방법이지만, 데이터 해석은 항상 지역 경관 맥락을 고려해서 극히 조심스럽게 다루어져야 한다.

그러나 모든 경관에서 쟁기질이 일어나지는 않는다. 쟁기질하지 않은 지역에서는 토루나 돌을 쌓아놓은 것(stone setting)과 같은 고고학 유적이 남아있을 수 있다. 이것들은 쟁기질된 들판에서 유물의 분포보다는 항공 사진에 나타날 가능성이 더 높다. 그러나 여러 가지 이유로 인해 모든 토루나 돌을 쌓아놓은 것이 항공 사진으로 볼 수 없거나 찍혔지만 인식되지 않을 수 있다. 따라서 지표 조사는 유적을 찾는 경우뿐만 아니라 항공사진에서 찍힌 지형의 세부 사항을 확인하기 위해 필요할 수 있다.

굴곡진 땅 또는 돌을 쌓아 놓은 것으로 살아남은 지역을 조사하는데 필요한 두 가지의 주요 요소가 있다. 첫째로 유적을 찾아야 하고, 그 다음으로 기록하고, 해석하여야 한다. 이들 유적에 대한 지형 조사는 4장에서 다룰 것이다. 이런 유적들의 위치는 그 주변을 충분히 조사할 수 있도록 체계적으로 접근되어야 한다. 조사될 지역 전체가 경작되지 않은 땅일 경우, 평행한 횡단 선을 따라 유적을 가로질러 걸을 수 있으며, 자연스럽지 않은 굴곡진 땅이나 돌을 쌓아놓은 것이 보일 때마다 그 위치를 기록한다. 위치 기록에는 최소한 고유한 참조 번호와 유적의 이름, 지도 참조 및 유적의 유형, 날짜 및 상태가 포함되어야 한다. 또한 조사의 성격에 따라 더 자세한 세부 내용 즉, 고도, 지질, 토양 유형, 토지 사용, 유적의 양상 및 빙향 등을 기록 할 수 있다.

일반적으로 전혀 개간하지 않은 땅이나 미개발 땅의 경관을 건드릴 일이 많지 않기 때문에 토루는 주로 삼림 지대, 자연 보호 구역, 공원 또는 경작하기에 너무 가파른 경사면에서만 살아남는다. 따라서 지표 조사 계획은 특정 경관에 맞게 조정되어야 한다. 예를 들어, 삼림 지역을 평행선으로 걸으면서 조사한다는 것은 거의 불가능하지만 영국 삼림 지대에서 종종 토루가 가장 잘 보존되어 있는 곳이다. 삼림 지대를 조사할 때는 지그재그로 다니면서 프리즘 나침반으로 확인하여 방향이 변형될 때마다 기록해야 한다.

토루 유적은 일단 확인되면 유물 분포 지도에 점으로 표기되어 남거나 해석적 조사(interpretative survey)의 대상이 될 수 있다. 이곳은 일반 지형 조사자와는 다른 숙련된 전문적인 고고학 조사자가 필요하다. 필요한 고고학 지식 없이 일반 지형 조사자가 진행한 토루 조사는 비록 아주 정확하지만 철도 제방(embankment)의 형태처럼 흔히 보인다. 해석적 조사는 굴곡진 땅 또는 구덩이 사이의 관계를 조사하는 것을 포함한다. 이 중에 어떤 것이 가장 먼저 존재했던 것일까? 어떤 부분이 전에 있던 유구를 덮어씌운 것일까? 그리고 시간이 지남에 따라 어떻게 변화되어 왔을까? 항공사진의 해석과 마찬가지로 조사자는 경관에 남겨진 다층적인 의미를 해석하기 위해 식별 가능한 패턴과 관계를 찾는 것이다. 해석적 조사를 담당하는 숙련된 고고학 조사자는 발굴조사로 유구의 손상도 없이 유적의 발달 순서를 파악할 수 있다. 물론, 모든 고고학 유구가 지표면에 구릉이나 구덩이 형태로만 나타나지는 않는다. 큰 구덩이나 도랑조차도 잘 채워져서 지표면에 잘 드러나지 않을 수 있으며, 후대에 만들어진 둑으로 덮힐수도 있다. 발굴에 의존하지 않고 땅을 식별 가능한 방법은 현대에 들어와 야외 고고학자들이 광범위하게 이용하는 지구 물리학적 기술을 사용하는 것이다.

지구 물리학적 조사

지구 물리학적 조사 기술은 항공사진 및 위성 이미지를 포함하는 원격 감지 기술의 일부이며 광범위한 지리 정보학 분야의 핵심 요소이다. 모든 원격 감지 기술과 마찬가지로 지구 물리학적 조사는 비파괴적인 유적 조사 방법이므로 유한한 고고학 자원을 다룰 때 발굴에 비해 분명한 이점이 있다.

피트 리버스 장군(General Pitt-Rivers)은 일찍이 1893년에 초보적인 지구물리학을 사용했지만 1946년 도체스터(Dorchester)의 한 유적에서 도구를 사용해서 처음으로 지구 물리학적 데이터를 기록한 것은 리쳐드 에잇킨슨(Richard Atkinson) 교수였다. 피트 리버스의 방법은 곡괭이 끝으로 땅을 치고 돌아오는 소리의 변화를 듣는 것이었다. 둔탁한 소리는 도랑이 채워졌음을 나타내는 반면 울리는 소리는 지표 바로 아래의 단단한 지질을 나타낼 수도 있다. 이것은 거칠고 단순한(rough-and-ready) 기술이지만, 백악토에서 잘 작용하는 기술이다. 그러나 이 방법은 비파괴적인 야외 고고학 방법을 개발한 에잇킨슨의 연구만큼 유용한 영향을 미치지는 못했다. 에잇킨슨이 지자기학 조사방법(resistivity surveying)에 대하여 처음 작성한 글은 그가 쓴 '야외 고고학'(Atkinson 1953)의 2판에 나와있다. 1950년 이후 고고학적 지구 물리학의 놀라운 발전은 앤서니 클락(Anthony Clark)의 저서 '토양 아래를 바라보기'(Clark 1990)에 상세하게 기술되었으며 크리스 가프니(Chris Gaffney)와 존 게이터(John Gater)의 '묻어진 과거를 밝히기: 고고학자를 위한 지구 물리학'에서 새롭게 갱신되었다.

지자기학 조사방법은 아마도 고고학자들이 가장 널리 사용되는 기술들 중 하나이며 자력 탐사법(magnetometry)이 그 다음으로 많이 사용된다. 많이 사용되는 이유는 장비의 저렴한 가격과 사용의 용이성 때문이다. 지하 탐사 레이더(GPR), 음향 반사 및 열 감지와 같은 다른 기술들은 다양한 이유로 인해 사용에 제한이 있다. 그러나 지난 10년 사이 지하 탐사 레이더의 발전으로 인해 고고학자들이 훨씬 더 쉽게 접근할 수 있게 되어 큰 규모의 고고학 조직은 자체 장비를 보유하게 되었고, 소규모 및 아마추어 그룹은 전문 GPR 회사의 서비스를 이용할 수 있게 되었다. 비록 지자기학 조사방법의 물리학적인 면과 실행하는 방법은 복잡하지만, 그 원리는 비교적 간단하다. 물을 머금고 있는 토양은 백악(白堊), 사암, 화강암과 같은 천연 암석보다 전자파를 더 잘 전도한다. 따라서 지하로 전자파를 보내면 단단한 물질은 토양 퇴적물보다 더 많은 저항을 할 것이다. 이러한 전기적 저항의 변화는 적절한 계량기로 측정할 수 있으며 가변적 저항의 패턴을 기록할 수 있다. 벽, 도로 표면 및 기반암과 같은 단단한 지형은 구덩이 및 도랑과 같이 흙으로 채워진 지형보다 저항이 높다.

1950년 이후로 여러 가지 도구와 탐침들이 개발되고 시도되었지만 고고학 분야에서 가장 성공한 두 가지는 이제 거의 사용되지 않는 마틴 클라크 미터(Martin-Clark meter)와 지오스캔 연구(Geoscan Research) RM15와 같은 쌍 전극 유형이다.

지자기학 조사를 수행하려면 조사할 영역을 격자 선으로 나눠야 한다(4장). 편의상 20m 또는 30m 정방형 격자가 일반적으로 사용되며 남북 선형으로 배치된다. 격자는 다시 미터 사각형들로 나뉘고, 쌍극 기계를 사용하는 경우 정사각형 외부에 고정된 탐침을 두고 각 미터 정사각형에서 하나의 판독 값을 수집한다(Clark 1990). 각 사각형의 판독 값은 수동으로 기록하거나 더 빠른 속도를 위해 데이터 자동 기록기를 사용할 수 있다. 그런 다음 데이터를 해석할 수 있도록

그림 3.12 자력 탐사법(사진 Brian M. Powell)

그래픽 방식으로 표시할 수 있는데 이 방법에 대해선 다른 주요 방법을 살펴본 후 지구 물리학의 측면에서 설명을 다시 하도록 하겠지만 결국은 야외 고고학자들의 해석을 요구하는 패턴을 생성하게 된다.

야외 고고학자들이 자주 사용하는 두 번째 지구 물리학적 기술은 자력탐사법이다(그림 3.12). 이 기술은 지구 자기장의 작은 변화를 기록한다. 다양한 인간의 활동들은 고고학 유구의 특징에 변화를 주는 요인이 된다. 특히, 점토에 영향을 미치는 소성이 중요한데 소성된 점토는 자성을 띠며 지구의 자기장 방향을 유지한다. 또한 표토에는 심토보다 자성 산화물이 더 많이 포함되어 있으므로, 도랑에 침전되는 흙들은 지구 자기장에 국지적으로 영향을 미칠 수 있다. 일반적인 점유 활동은 소성 및 유기질 부식의 결과인 산화철 농도를 증가시킬 수 있다. 이러한 물질의 대부분은 구덩이 및 특정 지형에 축적되므로 자력계로 감지할 수 있다. 물론, 철 울타리, 케이블, 화성암 또는 작업자 의복의 금속 지퍼와 같은 자성 물질들은 문제를 일으킬 수도 있다는 점을 감안해야 한다.

양성자 자기측정기술(proton magnetometry)은 자기장의 영향을 받는 수소 양성자가 회전하는 빈도를 기반으로 한다. 첫째, 물 또는 알코올과 같은 액체의 수소 양성자는 액체 용기에 감긴 자기 코일의 축과 정렬한 후 다시 지구의 자기장에 맞춰 정렬된다. 이 과정에서 양성자는 회전하게 되며 그 회전수(frequency)는 지구의 자기장에 비례한다. 회전하는 양성자는 코일에 국부 자기장에 따라 변하는 전압을 생성하므로, 조사 지역에 대해 일정한 간격으로 판독 값을 측정하면 매장된 유물의 특징을 나타내는 유적의 자기 평면도(magnetic plan)가 작성된다.

그러나 양성자 자기측정계(proton magnetometer)는 지구 자기장 강도의 절대 값을 측정하므로 지질학적 배경, 일출과 일몰 현상, 주변 철 울타리와 같은 지역적 특징의 영향에 대해 결과를 필터링해줘야 한다. 지구 자기 경도측정기(Gradiometer)의 개발은 이러한 문제를 부분적으로 극복할 수 있으며, 두 개의 측정계를 이용하고 큰 자력은 둘 다 기록하지만, 더 낮은 특징을 강하게 기록하는 것은 둘 중 하나뿐이다. 경도측정기는 한 자기장에서 다른 자기장 판독 값을 뺀 차이로 표면 판독 값을 얻는다.

양성자 자기측정계와 경도측정기 모두 분리 판독(discrete reading)의 문제가 있기에 판독한 정보 사이에 기록이 비게 된다. 이 문제를 해결하기 위해 연속 출력이 가능한 플럭스 게이트 경도측정기(fluxgate gradiometer)가 개발되었고, 이 기계는 넓은 지면을 빠르게 스캔하는데 이상적이다. 플럭스 게이트 경도측정기는 현재 가장 자주 사용되는 유형의 자기측정계인데, 양성자 자기측정계의 작동 주기가 5초인데 비해 플럭스 게이트는 1/1000초밖에 되지 않는다(Clark 1990). 플럭스 게이트 경도측정기는 자기의 강도를 측정하는 작고 가벼운 기기이다. 이것은 자기 포화인 상태에서 빠져 나왔다 들어갔다 하는 합금 스트립을 사용하여 측정한다. 포화 상태에서 나올 때, 외부 자기장이 들어가서 자기장의 강도에 비례하는 전기 펄스를 제공한다. 측정기는 강도의 차이를 측정하고 데이터가 기록된다.

저항계(resistivity meter)와 플럭스 게이트 경도측정기(fluxgate gradiometer)로 기록된 디지털 데이터는 표면 아래 특징을 패턴으로 보여주는 그래픽으로 전환될 수 있다. 이 프로세스는 컴퓨터에 의해 수행되는데 1960년대부터 비교적 최

그림 3.13
지하 탐사 레이더
(GPR, Ground penetrating
radar)

근까지, 점 밀도를 이용한 패턴을 그래픽으로 표시하는 방법을 사용했다. 저항률 또는 자기장의 변화는 점의 밀집도로 표현되어 토양 표시된 항공사진과 같은 도면을 만들어 내며 컴퓨터를 이용해 특징을 향상시키기 위해 점을 필터링할 수도 있다.

레이저 프린터의 발달은 새로운 그래픽 기술들의 사용이 가능해졌다. 그레이스케일 플롯(grey-scale plots)과 같은 크기 점들의 밀집도에 따라 표시하는 방법 대신 미세하고 규칙적인 그리드에 다양한 크기의 점들을 인쇄할 수 있게 해준다 (그림 3.14). 이것은 책에 인쇄된 흑백 사진 같은 이미지를 생성한다. 더욱 놀라운 것은 같은 지역의 3차원 지형 모델에 지구 물리학적 조사를 덮어 줌으로써 3차원 이미지를 만들 수 있다는 것이다.

어떤 시스템을 사용해 그래프를 그리든 최종 결과는 컴퓨터 모니터 또는 인쇄된 페이지에서 보이는 모양의 패턴이다. 즉, 지구 물리학적 조사는 야외 고고

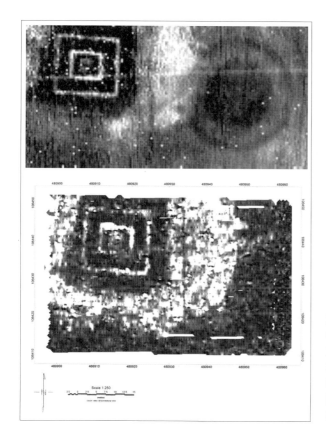

그림 3.14
위:
그레이-스케일로 표현한
저항성
아래:
같은 유적에 지하 탐사
레이더를 이용해 그린 것

학자들에게 현장의 특정 지점에 정확히 무엇이 있는지 알려주지 않는다. 항공사진과 마찬가지로 패턴은 해석이 필요하다. 작물자국과 마찬가지로 일반적으로 매장 유적이 벽이나 도랑, 구덩이 또는 기둥의 기반인지 여부를 알아낼 수 있지만, 그것은 야외 고고학자들이 특정 지역의 유적 유형을 알고 있을 때 그 유적의 패턴이 로마의 별장인지 아니면 미국 서부의 허드넛(Hudnet) 시대의 움푹 패인 집 구덩이인지 구별할 수 있는 것이다.

현장에서 사용되는 자력계(magnetometer)와 관련된 기술은 자화율(magnetic susceptibility)이다. 자력계는 기본적으로 묻힌 유구 또는 불탄 영역을 찾는 데 사용되는 반면, 자화율은 인간의 점유로 자화율이 증가한 점유 영역을 찾는다.

이 기술은 점유의 증거가 원래의 위치에서나 아래로 침식된 표토에서도 표면에만 남아있는 경우 특히 중요하다(Clark 1990).

자화율 조사(magnetic susceptibility survey)를 수행하기 위해서는 조사 영역을 격자 구조로 나누고 격자에서 토양 샘플을 채취한다. 채취한 샘플은 건조하고 체로 걸러져 돌과 같은 거친 성분을 제거한다. 그런 다음 Bartington MS2B과 같은 센서를 사용해 자화율을 측정한다(Clark 1990). 자화율(susceptibility)이 높은 구역은 유기물 쓰레기 또는 불탄 물질의 조각으로 인해 향상된 토양에서의 인간의 활동 영역을 나타낼 가능성이 높다. 이 기술은 예를 들어, 도자기와 같은 유물들이 유적의 가장자리나 중심부에서 발견되거나 심지어 경작하면서 밭의 바깥으로 퍼져나가 있는 경우에 원래 생산 영역이나 전체적인 유적의 범위를 파악하는 데 특히 중요하다. 간단한 야외 조사(field walking)로는 유물의 분포만 파악할 수 있을 뿐, 이 쓰레기가 실제로 이것이 생성된 영역에서 가까운 것인지 가깝지 않은지 파악할 수 없다.

지하 탐사 레이더는 아마도 지난 10년 동안 고고학자들이 사용한 모든 지구물리학 기법들 중에서 가장 많이 발전한 기술일 것이다. 1970년대부터 미국 국립 공원 관리국의 원격 탐사과와 일본의 배수가 잘되는 경석(pumice) 유래 토양에서 성공적으로 사용되어 왔지만(Conyers and Goodman 1997), 고고학에서 널리 사용된 것은 최근이다. 이것은 초기 장비가 크고, 비싸며, 저항 또는 자력계 장비에 비해 조작하고 해석하기가 훨씬 더 어려웠기 때문이다. 이제 GPR 장비는 상대적으로 작고 저렴해 졌지만 결과를 사용하고 해석하려면 여전히 전문적인 지식이 필요하다(그림 3.13). 이러한 이유로 많은 고고학자들은 직접 조사를 수행하는 대신 GPR 조사를 수행하기 위해 전문 조사 회사와 용역계약을 맺는다.

지하 탐사 레이더는 안테나로부터 땅속으로 고주파 전파를 단기 파동으로 발사한다. 이 파동의 일부는 묻힌 물체 또는 다른 퇴적물 사이의 경계에서 다시 튀어 나오는 반면 나머지 파동은 다음 접촉면으로 이동한다. 수신 안테나는 반사되어 돌아오는 신호의 차이를 기록한다. 적절한 토양 조건과 안테나를 갖추면 GPR은 최소 1m에서 약 30m까지 도달할 수 있다. 안테나는 일반적으로 유적에서 끌고 다닐 수 있게 바퀴 달린 수레에 장착된다. 수평 및 수직 영역의 데이터는 컴퓨터에 의해 수집되어 처리된다. 유적을 가로지르는 단일 횡단은 유적에 대한 한 부분을 보여줄 수 있지만 그보다 더 유용한 것은 시간 구획(time slice)을 통해 다양한 레벨의 평면 이미지 또는 3차원 이미지를 얻음으로써 예를 들어, 땅에 묻혀있는 벽의 이미지를 생성할 수 있다. 시간 구획을 생성하려면 현장 전체에 걸쳐 여러 평행한 횡단면의 GPR 데이터를 기록해야 한다. 횡단면들이 가까울수록 더 자세한 내용이 기록되므로 최상의 이미지는 일반적으로 횡단면 사이 거리가 0.25m에서 1m 정도일 때 얻을 수 있다.

지하 탐사 레이더는 돌담 기초, 벽돌 바닥 또는 배수구와 같이 지면 아래에 단단한 무언가가 존재할 때 최상의 이미지를 생성한다. 그러나 이러한 구조들은 일반적으로 훨씬 저렴하고 사용하기 쉬운 저항성 측량법(resistivity surveying)으로도 쉽게 찾을 수 있기 때문에 그에 따라 GPR이 영국에서는 여전히 널리 사용되지 않는 이유일 것이다. 또한 많은 영국 토양은 점토성이 강한 토양이어서 GPR에 필요한 명확한 비교 측정치를 얻기가 어려운 문제도 있다. 하지만 대부분의 다른 지구 물리학적 기술을 사용하기 어려운 교외나 도심 환경에서 견고한 구조물의 유적을 찾는 데에 자주 사용되고 있다(Gaffney and Gater 2003).

화학적 조사

경관에서 인류의 활동을 찾는 완전 다른 방법은 인간들의 점유활동으로 인한 토양의 화학적 변화를 찾는 것이다. 한 연구에 따르면 가정 및 농업 활동을 수행하는 100명의 사람들은 연간 약 124kg의 인(phosphorus)을 주변 토양에 배출시키는 것으로 나타났다(Proudfoot 1976). 모든 생물은 인을 흡수하고 유기 폐기물로 내보낸다. 대부분의 폐기물은 자연적으로 발생하지 않는 한 활동의 중심 또는 그 근처에서 처리될 가능성이 높기 때문에 이론적으로 인의 농도를 추적하여 인간 활동 영역을 추적할 수 있다. 일반적으로 이 방법은 항공사진 증거 또는 토기 파편들의 발견 지점과 같이 인간 활동에 대한 다른 암시가 있는 경우에 보조적으로 수행된다. 조사할 영역은 격자로 나눈 후 쟁기질 등을 통해 고고학 유물

그림 3.15
오거(auger) 굴착기를 이용하는
모습

들이 표면으로 분명하게 나타나 있는 경우 각 사각형에서 토양 샘플이 수집한
다. 그 대안으로 더 깊은 토양속의 샘플을 채취하기 위해 사용하는 방법도 있다
(그림 3.15).

유기 폐기물과 함께 토양에 들어간 인은 폐기물에서 방출되어 토양에 고정
된다. 다행스럽게 대부분의 현대 농업에 사용되는 인산염(phosphate)은 이런 식
으로 고정되지 않으므로 토양에서 손실되어 시냇물과 강을 오염시킨다. 유기
체에 생성된 인산염은 토양에서 침출되지 않고 원래 퇴적된 곳에 남아 있다. 약
300g의 샘플을 조심스럽게 포장하고 표시한 후 실험실로 옮겨가서 50mg의 토
양을 여과지에 놓고 몰리브덴산 암모늄(ammonium molybdenate) 용액을 몇 방
울 추가한다. 30초 후 시료에 증류수 100ml에 희석한 아스코르브산 0.5g을 2
방울 떨어뜨린다. 이 때 여과지에 토양의 인양에 비례하는 파란색 링 형태가 생

성된다. 2분 동안의 반응 후 여과지를 물에 녹인 구연산 나트륨의 50% 용액에 넣음으로써 반응을 멈춰준다(Eidt 1977). 결국, 파란색이 깊을수록 토양에 인이 더 많이 존재하는 것이며 이것을 눈으로도 명확하게 구분할 수 있지만 색도계(colorimeter)를 사용하면 더 정확하게 평가할 수 있다.

인은 토양에서 가장 쉽게 찾을 수 있는 화학 잔류물 중 하나이지만, 구리 및 납과 같은 다른 화학 물질들은 특정 유형의 인간 활동과 연관될 수 있으며 분해된 석회 모르타르(mortar)는 토양에 부분적으로 잔류하는 더 높은 농도의 칼슘에 의해 확인될 수 있다(Clark 1990).

우연한 발견

고고학 유적을 찾는데 있어 고고학자들은 조사, 원격 감지 및 화학적 기술 등 일련의 방법을 가지고 있지만, 많은 유적들이 우연히 발견되곤 한다. 대표적으로 라스코 동굴 벽화(Lascaux painted caves)와 시안 병마용(Xian terracotta)과 같은 잘 알려진 우연한 발견들이 있지만, 사실상 거의 모든 지구 표면의 교란에서 어떤 형태로든 고고학 자료가 발견되고 있다. 이러한 고고학 발견의 일부는 화분과 배수관과 같이 너무 최근의 것으로 고고학자들에게 관심거리가 안 될 수도 있지만, 더 많은 것은 정보를 찾고 기록할 수 있도록 훈련되지 못한 관찰자에 의해 놓쳐버린 것이다.

많은 고고학 발견은 노동자, 농부, 채석장 노동자 및 지나가는 평범한 사람들을 통해 발견된다. 이러한 발견들 중 극히 일부가 고고학자들의 관심을 끌게 된다. 우연한 발견들은 일반적으로 지역 박물관에 보고된다. 박물관이나 다른 곳에 종사하는 고고학자들은, 이러한 발견이 중요해 보이지 않더라도, 일반인들의 발견에 관심을 보이는 것이 중요하다. 한 번의 안 좋은 경험은 일반인들이 새로운 발견을 해도 알리는 것을 귀찮아하게 할 수 있다. 그렇게 방치되어 버리는 발견이 병마용이 될 수도 있는 것이다.

고고학자들도 우연히 또는 부분적으로 유적을 발견하는 경우도 있다. 어떠한 방법을 사용하여 지역을 조사하던지 야외 고고학자들에게 보일 수 있는 '열쇠구멍'을 놓치지 않고 조사하여 무엇이 묻혀 있는지 확인해야 한다. 열쇠구멍 같은 기회는 종종 매우 짧게 생기기 때문에 기회를 놓치면 기회가 다시 오지 않을 수도 있다.

이러한 기회는 크게 자연에 의한 그리고 인간에 의한 것으로 나눌 수 있다. 자연에 의한 기회는 땅굴을 파는 동물에 의해 파진 흙, 나무의 뿌리가 지상으로 드러나며 올라온 뿌리 기반, 그리고 강과 바다에 의한 자연 침식이 포함된다. 강둑과 낮은 절벽은 자연스럽게 만들어진 횡단면(cross section)을 드러내게 된다. 인간에 의해 만들어진 경우 일반적으로 기회를 잡을 수 있는 시간이 더 짧은데, 상수도관 공사용으로 파놓은 구덩이, 새 건물의 기초공사, 울타리 기둥을 위해 파낸 구멍 또는 무덤을 위해 파낸 구멍 등이 이에 해당된다.

고고학 유적을 찾은 고고학자는 이를 기록하거나 적어도 기록할 수 있는 관련 당국에 알릴 책임이 있다.

4장

고고학 유적의 기록

야외에서 발견되는 고고학 유적들에 대한 기록에는 기본적으로 세 가지 요소들이 포함되는데, 그것은 유적에 대한 서면 서술, 평면도 및 고도를 포함한 측량, 그리고 사진 기록이다. 여기에서 사용되는 기술들의 대부분은 7장에서 다시 다뤄질 발굴된 유구를 기록하는 기술들과 거의 유사하거나 동일하다. 이 장에서 다루게 될 기록 방법은 야외 고고학자가 진행하는 마지막 작업이 되거나 발굴의 직전 단계가 될 수 있다. 여기서 발굴 작업이 야외 작업의 최종 요소가 되어야 한다고 가정해서는 안 된다. 사실 모든 비파괴적인 조사 기법이 제시된 질문에 답하지 못할 경우 발굴은 최후의 수단일 뿐이라는 가정이 있어야 한다. 발굴은 파괴적이기 때문에 질문을 할 기회가 단 한번뿐이다. 그러므로 발굴 기록이 매우 정확하다면, 기록에 대해서는 몇 가지 질문을 할 수 있겠지만, 전체 유적에 대한 질문은 결코 다시 생기지 않을 것이다.

서면 서술

유적에 대한 서면 서술은 측량 및 사진 자료와 적절하게 통합되어야 한다. 아무리 훌륭한 글이라 해도, 서면 서술은 필연적으로 독자들에 따라 약간 다른 의미로 해석될 수 있다. 특히 다른 언어로 번역된 경우에는 더욱 더 그렇다. 하지만 관행을 준수하는 한 측량과 사진에서는 이러한 문제가 나타나지 않는다.

유적의 서면 서술 방법은 그 기록이 사용될 목적에 따라 크게 달라진다. 예를 들어, 역사적 환경 기록(Historic Environment Record, HER)과 같이 단순히 존재를 기록하기 위해 작성하는 경우에는, HER 형식으로 미리 인쇄된 기록 양식을 사용하는 것이 좋다. 유적에서의 기록 사항은 3장에서 설명되었듯이 고유 참조 번호, 행정 구역, 주소, 지도 제작 참조, 유적 형식, 날짜 및 유적의 상태로 구성된다. 이러한 정보들은 미래의 조사자가 조사된 지역을 다시 찾는데 필요한 정보를 충분히 제공한다. 그러나 지역의 특징을 해석해서 다른 사람에게 전달하려는 경우에는 보다 자세한 서면 서술이 필요한데, 이러한 설명은 일반적으로 지형 조사를 통해서 하게 된다.

해석적 설문 조사와 그에 대한 서면 서술은 야외 고고학의 시초까지 거슬러 올라간다. 일찍이 17세기에 윌리엄 스튜클리(William Stukeley, 1687~1765)와 같은 야외 고고학자들은 야외 기념물을 정확하게 서술하였다. 19세기 초에 윌리엄 커닝턴(William Cunnington)과 같은 야외 고고학자들은 기념물뿐만 아니라 그것들 사이의 순서도 다음과 같이 서술하였다: "큰 고분(tumulus)에서 서쪽으로 몇 피트 더 가면 배틀버리 캠프의 큰 내부 보루(vallum)가 지나가는 자리에 두 개의 무덤(barrow)이 더 있다"(Cunnington 1975). 이 문장은 일련의 토루(earthwork)에 대해 명확히 서술하고 있다.

영국의 지표 고고학(surface archaeology)에 있어 가장 현대적 서술은 역사적 기념물 왕립위원회 조사자들이 작성한 것이다. 정확한 해석적 서술은 훌륭한 조사 결과를 말한다. 현대의 서술은 일반적으로 초기 골동품적 조사 기록들보다 더 정확하며 다음과 같은 측정값을 포함한다: '폭이 최대 9m인 이중 린쳇 자국(double-lynchetted track)은 남쪽 입구의 동쪽 터미널 아래에서 시작되어 북동쪽에서 간헐적으로 이어지고, 원형 구멍에 의해 끊어지기 전까지 남서 방향으로 약 250m 이어진다'(Donachie and Field 1994). 하지만 이러한 서술이 아무리 명확하더라도 야외 조사와 사진을 동반하는 경우에만 의미가 있다.

고고학 측량

고고학 측량은 토지 측량에서 사용되는 모든 기술을 사용하지만, 현재 존재하는 것과 그것이 기록할 가치가 있는 것인지 해석하려면 고고학 정보가 필요하다. 본질적으로, 측량 지역에서 자연적으로 존재하는 것과 인간이 생성한 것을 구분하여야 하는데, 이는 둑의 위아래가 어디인지, 토루가 약간 겹쳐져 있는 것인지 아니면 다른 토루에 완전히 겹쳐진 것인지의 여부를 판단해야 하는 식이다.

지난 20년 동안 토지 측량은 위성 기반 GPS와 함께 전자 거리 측정(electronic distance measurement, EDM) 장비 및 토탈 스테이션의 도입으로 혁신되었다. 그러나 이러한 모든 기술적 진보가 전통적인 조사 기술을 완전히 대체했다고 생각하는 것은 잘못된 것이다. 많은 야외 고고학자들은 다양한 이유로 여전히 덜 정교한 조사 기술을 사용하거나 선호한다. 테이프 측량 또는 400년 된 평판조사조차도, 비용, 신뢰성, 오류 및 누락 그리고 서술 측면에서 장점이 있기에, 특히 고고학 측량에서 여전히 사용되고 있다(Bowden 2002). 모든 조사 데이터는 지리 정보 시스템(GIS)에 포함될 가능성이 있지만 당연히 디지털 형식으로 수집된 데이터는 기존의 측량 방법보다 조정이 덜 필요하다.

전통적인 측량 기법을 선택할 때 가장 먼저 고려해야 할 사항은 정확성(또는 오류의 범위)이다. 이를 위해서는 최종 결과에 대해 생각해 봐야 하는데, 대부분의 측량 결과는 축소된 형태로 제공된다. 세부 사항을 잘 표현하기 위해 1 : 20의 축척으로 그려지지만, 출판을 위해서는 더 축소될 수도 있다. 1 : 20 축척에서 연필선의 두께는 지면에서 약 1cm를 나타낸다. 그렇다면 토루를 조사할 때 1cm 미만의 측정을 하는 것이 의미가 있을까? 일반적으로 조사는 1 : 100, 1 : 500 또는 심지어 1 : 1,000과 같이 더 작은 축적으로 그려지는데 축척이 작아질수록 정밀도의 중요성은 더욱 낮아진다.

측량의 가장 간단한 형태는 도보 측량 또는 스케치 측량이다. 이것은 테이프나 측량대(ranging poles) 및 프리즘 나침판(prismatic compass)과 같은 매우 기본적인 장비를 사용하거나 장비 없이도 수행할 수 있다. 이러한 측량은 정확성이 그다지 중요하지 않은 작고 단순한 조사 유적에만 적합하다. 고급 측량 장비를

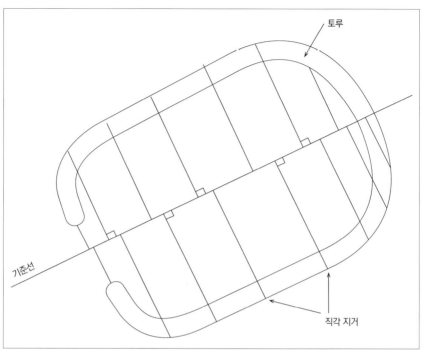

토루

기준선

직각 지거

그림 4.1 지거(支距, Offset)를 이용한 간단한 측량

이용할 수 없더라도 충분히 정확한 평면을 만들어 낼 수 있다.

첫째, 기준선을 배치한다. 유적의 크기가 작은 경우라면 나무와 건물의 모서리와 같은 두 개의 고정 지점 사이의 최단 직선거리가 기준선이 된다. 측정 장비가 없는 경우, 기준선을 따라 걷다가 원하는 지점을 향해 수직으로 걸어가면 된다(그림 4.1). 이러한 방법으로 기준선에서 적당한 거리 내에 있는 한 어떤 지점이든 찾을 수 있다. 걸음이 아닌 줄자로 선을 측정하고, 줄자나 광학 사각형(optical square) 또는 크로스헤드(crosshead) 등을 사용하여 수직을 만들면 더 정확한 결과를 얻을 수 있다. 이때 20m 또는 30m 길이의 섬유 유리 또는 이와 유사한 테이프가 사용하기에 가장 좋다. 200m 이상의 긴 테이프는 거친 시골 지형과 바람에 문제를 일으킬 수 있다.

크로스헤드는 직각 홈(slot)이 있는 금속 실린더(cylinder)로 구성된다. 기준선을 따라 직각으로 홈을 통해 보면서 수직을 배치할 수 있다. 광학 사각형도 그와 비슷하지만 분광기(prism)를 사용하여 기준선을 따라 보는 동시에 직각으로 볼 수 있다. 나무 또는 금속으로 만들어진 적색 및 흰색의 2m 길이의 측량대를 시준 표지(sighting marker)로 사용한다. 테이프만 사용하여 피타고라스의 정리의 3-4-5 삼각형을 만들거나(그림 4.2) 테이프 끝을 원하는 지점에 놓고 기준선 위로 테이프를 흔들어 수직을 만들 수 있다. 테이프가 회전할 때 기준선에서 가장 짧은 거리가 직각이다(그림 4.3). 이러한 간단한 측량 기술은 수평 현장에서는 상당히 정확하지만 경사면이 있는 경우 줄자를 수평으로 유지하기 위해 주의를 기울여야하며 수평선 아래의 지면에서 위치를 찾기 위해서는 측량추(plumb-bob)

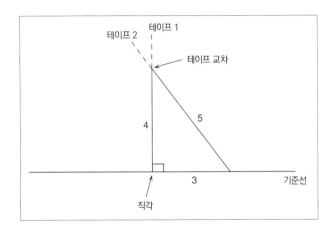

그림 4.2
3-4-5 삼각형의 구성

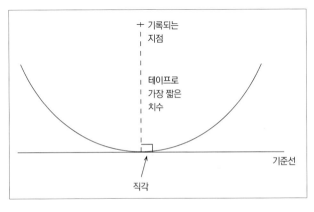

그림 4.3
줄자를 흔들어 기준선에서 직각을 만들기

를 사용해야 한다.

기준선에서 수직을 사용하는 지거측량(支距測量, offset surveying)의 대안은 삼각 측량법(triangulation)이다. 이름에서 알 수 있듯이 이것은 삼각형을 구성하는 방법을 쓰며 기준선을 이용하여 수행할 수 있으며 두 개의 줄자를 사용하는 것이 가장 좋다. 기준선에 두 개의 점을 선택하여 각 줄자의 한쪽 끝을 선택한 점에 고정하는데 이것은 금속으로 만들어진 측량 화살표를 이용하여 명확하게 보이도록 밝은 색으로 칠하거나 깃발을 부착하여 표시할 수 있다. 그런 다음 줄자의 다른 쪽 끝을 찾으려는 지점에서 교차한다. 이렇게 함으로써 세 개의 알려진

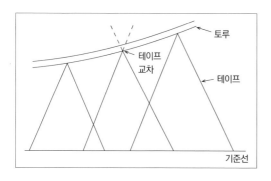

그림 4.4
삼각법에 의한 측량

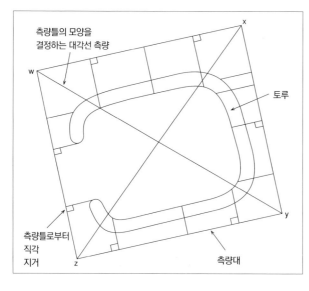

그림 4.5
측량틀에 의한 측량

변을 가진 삼각형을 만들어 정점의 점을 고정한다(그림 4.4). 대규모 유적의 경우 단일 기준선보다는 측량틀(framework)을 사용하는 것이 더 좋다. 이것은 측량틀의 측면을 이루는 4개의 기준선으로 구성하고 대각선을 측정하여 측량틀의 모양을 고정한 후 지거 또는 삼각형을 구획할 수 있다(그림 4.5).

가장 오래되었으며 서기 1600년경에 등장한 이후 지금까지 크게 변하지 않은 유형의 측량 장비 중 하나는 평판(plane table)이다. 종종 구식 측량 장비로 간주되지만 토루의 정밀 분석 측량에 여전히 널리 사용된다. 전자 측량 장비에 비해 몇 가지 실질적인 이점이 있는데, 전자 측량 장비는 특정한 방식으로 측량을 수행해야하는 반면, 평판은 보다 유연한 접근을 허용한다. 야외에서 직접 평면을 그릴 수 있어 실수를 바로 발견하고 확인하여 수정할 수 있으므로 보이지 않는 오류의 가능성을 줄여준다. 또한 완전한 디지털 도면은 복잡한 토루 교차로의 미묘함을 설명하지 못하는 경우가 많다. 이러한 장점에 더하여, 평판 장비는 디지털 장비보다 훨씬 저렴하고 고장이 적다(Bowden 2002).

평판은 삼각대에 장착된 도판이 있고, 그 위에는 직선의 눈금자 양쪽 끝에 시준판(sights)이 있는 평판 기준기인 앨리데이드(alidade)가 놓여있다. 가장 일반적으로 평판은 방사법(radiation method)으로 작은 토루의 평면을 제도하는 데 사용된다. 평판은 토루의 중간 지점에 삼각대 위에 수평으로 배치하고 목표 지점을 앨리데이드를 통해 조준한 후 앨리데이드를 측침에 밀착시켜 선을 그어서 장착된 플라스틱 트레이싱 필름에 직접 방향선을 작도한다. 그 후 줄자를 사용하여 평면 테이블에서 목표 지점까지 측정한다. 그 거리는 축소(예를 들어 1 : 500)되고 평판에 그려진 시준을 따라 측정된다. 그렇게 첫 번째 지점의 위치를 찾은 후 같은 방식으로 측정이 필요한 지점들을 찾아서 그 지점들을 결합하여 토루의 모양을 파악한다(그림 4.6).

간단한 지면 측량의 또 다른 방법은 유적을 그리드(grid)로 나누는 것이다. 이 과정을 통해 현장 작업 그리드를 생성하거나 발굴 전에 배치되는 그리드를 생성하는 데 사용할 수 있다. 유적 그리드란 그 이름에서 알 수 있듯이 대상이 되는 구역을 규칙적인 사각형 패턴으로 나누는 작업을 말한다. 물론 현장에 실제로 사각형을 그려 넣는 것은 아니지만 사각형의 모서리나 일부분을 어떤 방법으로

그림 4.6 평판 측량

든 표시한다. 야외 조사에 사용되는 일회성 그리드의 경우 측량대를 사용할 수 있고 그리드가 한 회 이상의 발굴 기간을 견뎌내야 한다면 콘크리트에 박은 강철 못이 필요할 수 있다. 이에 대해서는 7장에서 더 자세히 설명할 것이다. 측량 그리드가 설정되고 나면 현장의 세부 정보를 그리드 선에서 지거(offset) 측정을 수행하거나 선 또는 모서리 점에서 삼각 측량함으로써 도면을 제작할 수 있다.

그리드를 배치하기 전 원점을 선택해야 한다. 원점은 측량할 영역 밖의 고정 지점이여야 하며 그리드가 야외 작업 및 발굴에 사용되어 수년에 걸쳐 사용될 경우에는 향후 작업에 방해가 되지 않을 고정 지점으로 정해야 한다. 고고학적으로 도움이 되는 점은 없지만 그리드는 남북 방향을 향하도록 하는 것이 기존 지도에서 참조하고 찾기에도 편리하고 보기에도 깔끔하기 때문에 흔히 선택되는 방법이다.

그리드를 정확히 배치하기 위해서는 두 사람이 6개의 측량대, 두 개의 줄자, 그리고 경사진 유적의 경우 측량추만 있으면 충분하다. 경사진 유적에서 정확도를 높이려면 데오도라이트(theodolite) 또는 트랜싯(transit)을 사용할 수 있다. 먼저 그리드의 한쪽을 따라 원점에서 가능한 한 긴 선을 배치하는데 이때 측량대들을 사용하여 라인을 잡으면 된다. 원점에 측량대를 놓고 한 측량사가 그 지점에 서 있는 상태에서 다른 측량사는 다른 측량대를 들고 선을 따라 간 후 두 번째 막대를 선을 따라 약 100m 정도 떨어진 곳에 배치한다. 만약 그리드가 남북방향을 중심으로 하는 경우, 두 번째 막대는 프리즘 나침반을 사용하여 배치한다. 현장에서 그리고 데이터를 기록할 때 모두 지리적 북쪽이 아닌 자북(magnetic north)이 사용되고 있음을 분명히 명시해야 한다. 프리즘 나침반은 프리즘이 있는 간단한 휴대용 나침반으로, 나침반에 있는 두 개의 조준 표시 사이로 방위를 읽을 수 있게 되어 있다. 이 조준 표시는 자북과 일렬로 정렬시킨 후 두 번째 측량대를 조준 표시와 일직선으로 이동한다. 그러면 중간 막대들은 눈으로 확인할 수 있게 된다.

원점에 서있는 첫 번째 조사자가 기준선을 따라 조준하고, 두 번째 조사자는 그리드 선의 대략적인 영역을 가로질러 막대를 천천히 이동한다. 이동함에 따라 두 번째 막대가 첫 번째 막대 뒤로 사라지고 세 번째 막대를 숨기므로 세 막대가 모두 일직선이 됨을 확인해야 한다. 선을 따라 이 과정을 반복하면 지형을 가로질러 선을 투영할 수 있다. 30m 그리드를 배치하는 경우, 선을 따라 원점에서 30m만큼 줄자를 펴고 말뚝(peg)을 지면에 박는다. 이 과정을 선의 전체 길이에 맞춰 반복하는데 이때 30m 길이의 줄자를 수평으로 붙이는 것이 중요하다. 경사면에서는 줄자의 아래쪽 끝을 수평이 될 때까지 올린 다음 측량추를 사용하여 지면에 말뚝을 배치한다.

이 기준선을 따라 각 정사각형 그리드의 모서리에서 직각으로 배치되는데 우리가 고려하는 예에서 30m마다 배치된다. 이것은 두 개의 줄자와 간단한 기하학으로 수행할 수 있으며 정삼각형 또는 직각삼각형을 만들면 된다. 기준선의 30m 지점에 걸쳐 정삼각형을 구획하려면 기준선 말뚝 양쪽으로 동일한 거리(예: 3m)를 측정하고, 각 지점에서 줄자 끝을 고정한다. 그런 다음 줄자를 6m 길이까지 풀고 두 줄자가 교차하는 곳을 찾으면 3면이 6m인 정삼각형이 만들어진다. 따라서 기준선 말뚝에서 삼각형의 정점을 통과하는 선은 기준선의 직각이 된다.

대안으로 기준선의 말뚝에서 3-4-5 삼각형을 구성할 수도 있다(그림 4.2). 면저 기준선의 말뚝에서 기준선을 따라 3m를 측정한다. 이 지점에서 5m 길이의 줄을 잡고 두 번째 줄은 기준선 말뚝에서부터 4m까지 뽑은 후 4m와 5m 줄이 만나는 곳을 찾으면 교차하는 곳에서 기준선 말뚝으로 직각이 만들어진다. 물론 직각은 크로스헤드와 광학 사각형, 트랜싯, 데오도라이트 등 다양한 측량 장비를 사용하여 만들 수도 있다.

직각이 구성되었으면 측량대(ranging pole)를 이용하여 기준선까지 직각선을 만들 수 있다. 이 과정을 기준선부터 30m 간격으로 사각형 그리드들이 완성될 때까지 반복하면 된다. 줄자와 측량대만으로도 충분히 정확한 그리드를 배치할 수 있지만 경사, 바람에 움직이는 줄자 또는 줄자를 잘못 읽거나 일직선을 보는 시력이 나쁘다는 등 조사자의 실수로 부정확함이 발생할 수 있다. 이러한 문제를 없애려면 항상 생성된 사각형의 대각선을 확인해야 한다. 두 대각선의 길이가 같으면 정사각형이기 때문에 하나가 다른 대각선보다 훨씬 길다면 배치를 다시 확인해야 한다. 그러나 몇 센티미터의 차이는 야외 작업 그리드나 침식된 토루를 측량하는 경우에는 그리 중요하지 않으므로 상황에 따른 중요도를 고려해야 한다.

그리드는 그리드가 어디에 위치하는지 알아야 도움이 된다. 이를 기록하려면 그리드의 원점 위치를 고정해야 한다. 건물과 같이 명확하고 영구적인 고정 구조가 있는 경우 최소 3개의 고정 지점을 측정하면 된다. 이러한 지점들은 기존 지도에 표시되어 있을 가능성이 높으므로 그 위치를 파악하고 그에 맞게 그리드를 배치하면 된다. 가까운 고정 지점이 없으면 프리즘 나침반 축받침(bearing)을 명확하게 보이는 들판의 멀리 떨어진 고정 지점으로 가져갈 수 있다. 여기에서도 최소 3개의 점을 잡아야 한다. 이 과정은 트랜싯, 데오도라이트 또는 토탈 스테이션을 사용하여 수행할 수도 있다. 좋은 지도나 고정된 지점이 없는 지역에서 작업하는 경우 GPS를 사용해야 한다. 이 장비는 궤도 위성을 이용하여 지구 표면의 어떤 지점에서나 위치를 고정하는데 사용할 수 있으며 아래에서 더 다뤄질 것이다.

지금까지 설명한 기술을 사용하면 저렴하고 합리적으로 간단한 유적의 비교적 정확한 평면을 만들 수 있다. 그러나 이 방법들은 대지의 높낮이가 어떻게 변하는지, 조사 대상 토루가 얼마나 높은지 또는 부지가 평평하거나 기복이 있는지에 대한 정보를 제공하지 않는다. 이러한 정보들을 수집하기 위해서는 유적 내 여러 요소의 높이를 기록할 수 있어야 한다. 이것은 수준측량(levelling)의 과정이며, 이를 레벨(그림 4.7)이라는 기기로 수행할 수 있다. 또한 나중에 다시 살펴볼 다른 광학 또는 전자 장비로도 수행할 수도 있다. 흔히 고고학 유적에서 사용되는 모든 레벨(level)은 '덤피 레벨'이라고 불리지만 실제로는 세 가지 유형이 있으며 주로 설치 방식에 따라 분리된다. 세 유형들은 덤피 레벨, 빠른 설정 레벨, 그리고 자동 레벨이다. 세 유형 모두 견고한 삼각대에 수평을 맞춰 놓아야 한다. 이것은 기계에 내장된 하나 이상의 수준기(spirit level)의 평형을 맞춰 확인한다. 평행을 맞추는 방법으로 덤피 레벨에서는 세 개의 나사를 올리고 내림으로써, 빠른 설정 레벨은 볼과 소켓을 사용하고, 자동 레벨은 하나의 작은 중앙 버블이 표시된 링의 중앙에 위치할 때 시준선(sight line)을 수평으로 맞춰주는 내부 메커니즘을 이용한다.

레벨에는 자체적으로 망원경이 포함되어 있는데 망원경을 통해 보면 수직선

그림 4.7 조사자의 레벨

과 수평선이 보인다. 또한 두 개의 짧은 시거선(stardia line)이 있는데 이것은 수평 조정이 아닌 거리 계산에 사용된다. 망원경을 통해 풍경을 볼 때 수평 십자선은 사실상 그 풍경을 가로질러 가상의 수평선을 투영한다. 일부 레벨에서는 이 이미지가 거꾸로 보인다. 레벨을 삼각대에서 360° 회전할 수 있으므로 눈에 보이는 풍경을 이 레벨 선으로 관찰할 수 있다. 이 가상의 선은 실제로 풍경 위에 겹쳐지는 임의의 레벨 평면이며 선 또는 시준(collimation) 평면으로 알려져 있다. 트랜짓과 데오도라이트는 모두 레벨과 동일한 방식으로 시준 평면을 나타낼 수 있다. 레벨에 비교해 장점은 레벨이 항상 견고하게 수평을 유지해야 하지만 이것들은 경사면을 위아래로 판독하기 위해 기울일 수 있다는 것이다. 하지만 야외 고고학자의 관점에서 보면 레벨이 민감한 장비보다 훨씬 강하고 고장이 적다.

수평 측량시에 필요한 두 번째 장비는 측량사의 함척(staff)으로, 일반적으로 4m 또는 12피트 길이의 큰 눈금자이며 접히거나 뺐다 넣었다 할 수 있게 되어 있다. 눈금자는 미터와 센티미터 또는 피트와 인치로 나누어져 빨간색과 검은색으로 번갈아 표시되어 있다. 함척이 유적에서 옮겨질 때마다 함척을 향하여 레벨의 십자선을 보면 측정한 판독 값이 나오는 것이다. 수치가 낮을수록 부지가 시준 평면 대비 높음을 나타내고 수치가 높을수록 부지가 낮아짐을 나타낸다. 이러한 지표의 상승과 하락을 이해하기 위해서는 체계적인 측량이 수행되어야 하며 벤치마크(bench-mark)를 사용하거나 사용할 수 없는 경우 자체적으로 임시 벤치마크를 만들 수 있다.

벤치마크는 수준 측량의 시작점이다. 영국의 경우 육지 측량부(Ordnance Survey)에서 교회 및 공공건물과 같은 구조물에 영구적으로 벤치마크를 표시해 놓았다. 이 표시는 뒤집어진 'V'자 위에 선이 그어져 있는 모양인데 벤치마크의 실제 레벨이 수평선이다. GPS가 사용된 이후로는 더 이상 벤치마크를 사용하지 않지만 GPS를 사용하지 않는 조사자에게 벤치마크의 정보를 계속 제공하겠다고 약속되어 있다. 벤치마크는 거대한 재개발이나 침식으로 파괴될 때까지 건물에 남아 있게 되어 있지만 오래된 건물이 이동했을 경우와 같이 유지 관리가 되지 않은 벤치마크는 정확하지 않을 수 있다는 문제가 있다. 그러나 영국 국립 지도 제작

기관은 190개의 고정밀 벤치마크 FBMS를 유지하고 있으며, 이에 대한 정보는 기관에서 직접 얻어야 한다. 사용 가능한 벤치마크가 없는 경우에는 자신의 임시 벤치마크를 만들고 임의의 값(예: 50m)을 부여할 수 있다. 이렇게 하면 등고선이 있는 유적 조사 결과는 얻을 수 있지만 다른 유적이나 더 넓은 경관과 연관시키기는 어렵다.

레벨은 벤치마크가 보이는 범위 안에서 조사 유적에 가능한 한 가깝게 설치되어야 한다. 그리고 함척은 아래 지면이 아닌 벤치마크에 고정하여 판독되어야 하고 이것을 후시(backsight)라고 한다. 시준선의 값은 벤치마크 값에 함척의 판독값을 더하여 계산된다. 예로, 벤치마크 값이 50m이고, 함척 판독 값이 1.4m이면 시준선 값은 51.4m이다(그림 4.8). 지면에 있는 지점의 상대적 높이를 설정하기 위해 함척을 그 지면에 배치하고, 함척의 값을 측정한 다음, 이 판독 값을 시준선 값에서 뺀다. 따라서 시준선의 값이 51.4m이고 직원 판독 값이 3.2m인 경우, 그 지점의 실제 높이는 48.2m이다. 이를 차감된 고도(reduced level)라고 한다.

벤치마크가 측량 유적에 가까우면 후시에서 측량 영역으로 직접 레벨을 전환할 수 있고 이러한 전방 시야를 전시(foresights)라고 한다. 그러나 땅이 너무 많이 높거나 낮고, 나무가 막고 있어서 이 방법이 불가능하다면, 레벨을 이동하거나 '기지 변경(change station)'이 필요할 수도 있다. 이것은 함척 쪽으로 전시를 두고 조수가 함척을 같은 위치에 잡고 있는 동안 레벨을 함척의 다른 쪽으로 이

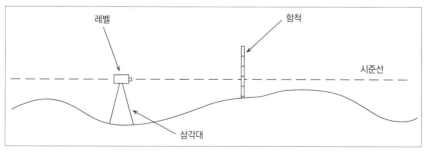

그림 4.8 레벨을 사용한 조사: 시준선

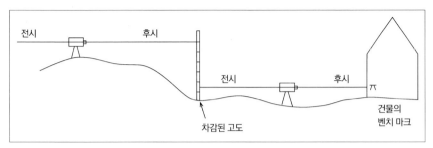

전시

그림 4.9 레벨에 의한 측량: 기지 이동, 전시와 후시

동하여 뒤쪽의 판독 값을 구하면 그것이 후시가 된다. 전시와 후시 값의 차이가
새로운 시준선이 이전 시준선보다 얼마나 위 또는 아래에 있는지 그 정도를 나
타낸다(그림 4.9). 이 과정은 유적에 도달하고 최종 시준선의 고도가 계산될 때까
지 반복될 수 있다.

　유적의 등고선 측량을 수행하기 위해 등고선을 '추적(chase)'하거나 그리드
의 각 지점 높이를 이용하여 등고선을 조정할 수 있다. 등고선을 추적하기 위해
서는 함척을 잡고 있는 사람이 대략적으로 추정되는 등고선을 따라 이동하면
서 동일한 판독값(예: 45m)을 찾을 때까지 경사면 위아래로 움직인다. 그렇게 찾
은 지점은 못이나 화살표로 표시해 놓은 후, 이 장의 앞부분에서 언급한 방법들
중 한 가지를 이용하여 찾는다. 이 방법은 매우 정확한 등고선을(지점의 높이 사이
의 등고선은 추정치로 남아 있지만) 찾게 해주지만, 경험이 많지 않은 조사자의 경우
매우 시간이 오래 걸린다. 보다 일반적으로 유적을 그리드화하고 각 그리드 사
각형의 모서리에서 지점 높이를 취하여 등고선 측량을 생성한다. 격자 사각형이
작을수록 더 많은 지점 높이가 기록되고 등고선이 더 정확해지고 측량이 정확
할수록 제작 시간은 더 오래 걸린다. 등고선 지도를 생성하기 위해 축척에 맞춰
축소된 그리드를 그려 넣고 축소된 지점 높이를 각 그리드 모서리에 표시한다.
실제 윤곽선은 그리드에 표기된 지점들에서 유추되는데 그리드 선에 표시된 값
들을 이용해서 위치를 추정한다. 예를 들어, 45m, 45.5m, 50m 등의 비슷한 값
을 갖는 그리드 선의 지점들을 곡선으로 연결하여 등고선을 그린다.

　거리를 측정할 때에는 이미 언급한 시거선을 이용한 레벨을 사용할 수 있다.

이것은 망원경 렌즈를 통해 보이는 짧은 십자선들로, 이를 이용해 함척을 관찰하면 위쪽 십자선과 아래쪽 십자선에서 총 두 개의 판독 값을 얻을 수 있다. 시거선은 위쪽 십자선 값에서 아래 십자선 값을 빼고 100을 곱하면 레벨에서 함척까지의 거리가 계산되도록 맞춰져 있다.

레벨에 비교해 트랜싯과 데오도라이트의 장점은 장비를 기울일 수 있으므로 시준선 위와 아래에서 판독 값을 얻을 수 있다는 것이다. 이것은 부지가 기복이 있거나 가파른 경사면이 많이 있는 경우 명백한 이점이다. 엔지니어의 트랜싯은 미국에서 널리 사용되지만 영국에서는 거의 알려지지 않은 반면, 데오도라이트는 영국에서 일반적으로 사용되지만 미국 고고학 조사에서는 드물게 사용된다. 이 둘의 기능이 매우 비슷하다. 두 가지 모두 트랜싯 혹은 데오도라이트, 튼튼한 삼각대, 그리고 함척의 세 가지 요소로 구성되어 있다. 함척은 레벨에서 사용된 것과 동일한 유형이며 두 장비 모두 삼각대에 설치하고 내장된 기포 수준기를 사용하여 수평을 맞춘다.

트랜싯 또는 데오도라이트를 읽는 것은 레벨을 읽는 것과 비슷하다. 렌즈 중앙의 가는 선은 레벨 측정에 사용되며 시거선은 거리 측정에 사용된다. 수평 방위는 360° 수평 원을 사용하여 측정된다. 이것으로 매우 정확한 각도를 얻을 수 있다. 영국의 경우 360° 원은 도 단위로 나뉘고 각 도는 60분으로, 각 분은 60초로 세분화되어있다. 각도는 242°14'32"의 식으로 표시되는데, 보다시피 지표 조사와 정밀한 발굴 기록에 사용할 수 있는 매우 정확한 수평 각도를 제공한다.

레벨에는 없지만 트랜싯과 데오도라이트가 제공하는 또 하나의 측정값은 수직 각도이다. 이 각도를 사용하려면 기본적인 삼각법을 알아야 한다. 필요한 계산은 공식을 사용할 수도 있지만 일반적으로 태키오메트리 표(tacheometry table)를 사용한다. 이는 많은 측량 매뉴얼에서 찾을 수 있으며 마르타 주코우스키(Martha Joukowsky)의 '야외 고고학의 설명서'(Joukowsky 1980)의 부록 3에서도 찾을 수 있다. 다행스럽게도 전자 거리 측정기(EDM) 장비와 토탈 스테이션의 발달은 그러한 계산의 필요성이 거의 없어졌다.

지금까지 설명한 측량 장비의 대부분은 전자식 측량 장비가 널리 이용할 수 있게 되고 저렴하며 사용하기가 쉬워짐에 따라 그 필요성이 감소했다. 그러나 세상 어디에선가는 종종 간단하고 값싼 측량 기술이 필요에 의해 사용될 때가 있을 것이다. 훌륭한 야외 조사자는 언제든지 상황에 맞춰 방법이나 기구를 이용해 조사를 진행할 줄 알아야 한다. 예를 들어, 조사 마지막 날 높은 안데스 산맥에서 토탈 스테이션이 고장 난다면 줄자 두 개가 비용이 매우 많이 들게 될 유적의 재방문을 방지할 수 있을 것이다.

초기 EDM 장비는 데오도라이트에 부착되기 위해 개발되었지만 이제는 EDM 과 데오도라이트가 한 기구에 내장되면서 이 기구를 토탈 스테이션이라고 한다 (그림 4.10). 모든 데이터를 디지털로 기록할 수 있으므로 컴퓨터를 사용하여 현장의 모든 기록을 수집하고 최종 평면을 작성할 수 있다. EDM 또는 토탈 스테이션을 튼튼한 삼각대에 고정하고 전원을 켜면 내장 송신기에서 측정하고자 하는 위치에 고정된 반사경에서 반사되어질 빔(예: 적외선)이 방출된다. 기계 내부의 전자 장치는 빔이 반사경에 도달했다 돌아오는데 걸리는 시간으로 거리를 계산하는데 이 시간은 해발 고도 또는 기압과 온도의 영향을 받으므로 보정이 가능

그림 4.10 토탈 스테이션

하도록 그 데이터를 EDM 또는 토탈 스테이션에 입력해야 한다.

EDM 및 토탈 스테이션의 형태와 키패드는 종류에 따라 다양하지만 기본적으로 거리, 각도 및 높이를 기록할 수 있다. 이제는 이러한 작업들이 일반적으로 자동 기록되므로 현장에서 따로 기록할 필요가 없다. EDM 및 토탈 스테이션은 측량 프레임 워크 또는 그리드를 설정하는 데 사용할 수 있지만 영역 측량시에는 다소 다르게 접근해야 한다. 전자적인 측량을 하기 전에 일반적으로 선, 기준선, 삼각도 및 프레임 워크 측량과 관련된 측정이 이루어졌지만 전자 측량에서는 이러한 작업이 필요하지 않으며 장비 주변 영역에서 측량이 이루어지므로 이전의 선적 기록에서 영역기록으로 변경된다.

지점의 기록은 측량 장비의 위치와 밀접하게 관련된다. 이 영역은 매우 클 수 있으므로 토탈 스테이션에 있는 조사자는 1km 정도 안팎까지 떨어져 있을 수 있는 프리즘을 움직이는 사람과 통신해야 한다. 통신하기 위한 가장 효과적인 방법은 무전기를 사용하는 것이다.

측량을 수행하기 위해 토탈 스테이션 또는 EDM은 조사 영역 내에서 되도록이면 유적의 모든 부분이 보이는 적절한 위치에 설치된다. 기록해야 할 지점들은 고고학적 유구들과 그것들과 함께 있는 건물과 밭두덩 등과 같은 것들이다. 이 지점들은 연속적으로 번호를 매기거나, 만약 평면을 컴퓨터로 그릴 경우 프로그램에 따라 필요한 코드를 사용하여 컴퓨터에 어떤 유형의 유구를 그릴지 알려줘야 한다. 기록된 지점들은 지도에서 토지의 기복을 나타내는 가는 선들 (hachures)로 표현된 토루를 나타내려는 것인가 아니면 벽돌 건물인가? 대부분의 컴퓨터화된 제도 프로그램은 등고선을 그리는 것이 가능하다. 보통 높이 값을 일반적인 그리드에 기록해야 하지만 일부는 임의의 높이 값들로 등고선을 생성할 수 있다. 만약 무작위 높이 값을 사용하는 경우 유적 전체에 잘 퍼져 있어야 한다. 그렇지 않으면 등고선이 다소 설득력이 없어 보일 수 있다. 등고선은 선들로 구성되어 표면을 실제에 가깝게 표현한 이미지를 생성할 수 있지만 지점 높이 데이터도 표면의 높이를 기록하는데 사용될 수 있다. 이것은 디지털 지형 모델(DTM)로도 알려진 디지털 고도 모델(DEM)이다. DEM은 GIS 구축에서 중요한 요소이다.

건설 현장용 토탈 스테이션이 대부분의 고고학 측량에 사용하기에 상대적으로 저렴하고 충분한 정확도를 가지고 있지만 고품질 토탈 스테이션은 고가임에도 흔히 시간이 절약되고 그 비용을 부담할 가치가 있어 개발 주도 고고학에서 가끔 사용된다. 시간과 인건비를 더욱더 절약하기 위해 로봇식 토탈 스테이션을 이용하면 측량자가 원격 제어를 통해 토탈 스테이션을 제어할 수 있다. 비용이 더 추가될 수 있지만 또 다른 발전은 GPS 인터페이스를 추가하여 지형에서 토탈 스테이션의 위치를 쉽고 정확하게 찾을 수 있게 하는 것이다. 가장 간단한 것부터 가장 진보된 것까지 모든 토탈 스테이션은 차이가 있으므로 설치시에 사용자 설명서를 참조해야 한다.

아마도 최근 몇 년 동안 고고학적 측량에서 가장 큰 발전은 GPS의 적용일 것이다. 미국의 위성 시스템으로 지구 밖 궤도의 24~32개의 위성을 사용하는 방법이다(2008년 기준 31개가 활성화됨). 이 위성들이 신호를 보내 위도, 경도 및 고도와 같은 3차원 위치 정보를 제공한다. 이 시스템을 통해 지구상의 어느 지점에서든 한 번에 약 8개의 위성을 볼 수 있다. 이 시스템은 미국 국방부에서 통제되지만 지금은 모두가 사용할 수 있다. 러시아, 중국, 인도, 일본, 그리고 유럽 연합은 미국의 통제를 잠재적인 문제로 보고 있으며, 자체적인 시스템을 구축 중이다(유럽 연합의 시스템인 '갈릴레오'는 2021년 기준 24개 위성으로 운영 중임). 모든 조사에서 그렇듯이 먼저 진행 중인 프로젝트의 정확도를 정해야 한다. 그 이유는 GPS 기구가 네비게이션급으로 10m까지 정확도를 가진 저렴한 것부터 지도 제작급으로 1m의 정확성을 가진 비싼 것과 매우 비싼 측량급으로 0.01m의 정확도를 가지는 것까지 다양하기 때문이다. 가장 정확도가 높은 장비의 가격이 비싸기 때문에 고고학자들은 종종 장비를 갖춘 측량사를 고용하여 경관에서 고정된 정확한 지점을 찾은 후 토탈 스테이션이나 다른 더 낮은 기술의 장비를 사용하여 조사를 진행하기도 한다.

GPS 기술은 매우 복잡하지만 그 원리는 간단하다. 모든 GPS 장비에는 위성에서 위도, 경도 및 고도에 대한 정보를 받아오는 수신기가 있다. 이 세 가지는 국제 좌표계(the world geodetic system 1984)와 관련이 있으며 위도와 경도가 잘 알려진 개념이지만 GPS에서 고도는 이전의 측량시에 사용되었던 평균해수

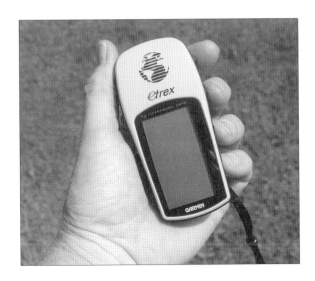

그림 4.11
휴대용 GPS

그림 4.12
측량용 GPS 장비

면 기준이 아닌 지구 주변의 이론적인 타원체 면이 기준이라는 것을 기억해야 한다. 저렴하고 손으로 들 수 있는 네비게이션급 GPS(그림 4.11)는 지형에서 유적 또는 발견물의 위치를 찾는데 유용할 수 있지만, 조사를 위해서는 지도 제작급 또는 측량급 GPS가 필요하다. 지도 제작급 GPS는 위치를 기록하기 위해 조

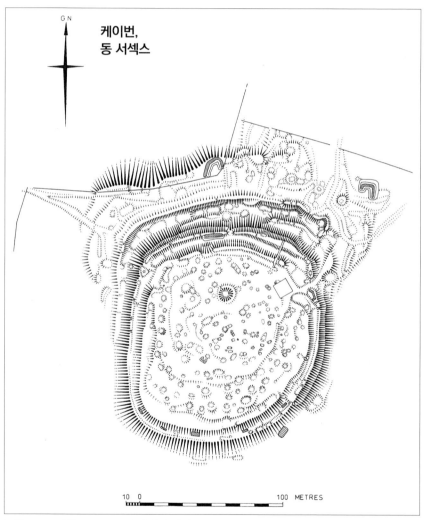

그림 4.13 서섹스(Sussex)의 케이번 언덕(Mount Caburn)을 토지의 기복을 나타내는 가는 선(hachures)으로 표현한 지도(A. Oswald와 D. McOrmish 작성. 정부 저작권: RCHME)

사자의 가방 안에 있는 휴대용 컴퓨터 또는 데이터 기록장치로 연결된 수신기로 구성된다. 가장 정확한 측량급 GPS(그림 4.12)는 고정 지점에서 GPS 보정 데이터를 지속적으로 기록할 수 있는 이동 단위(roving unit)로 전송하는 수신기를 가지고 있다(Ainsworth and Thomason 2003).

GPS를 사용한 측량은 대규모 측량에 이상적일 수 있지만 도시 지역에서는 문제가 될 수 있으며 역사적인 건물 내부 또는 광산 아래를 측량하는 경우 사용할 수 없다. 숲이 우거진 지역에서도 문제가 된다. 이는 기본적으로 수신 장비에서 위성이 보여야 하기 때문이다. 이 문제는 인공위성은 아니지만 인공위성의 기능을 수행하는 의사 위성(pseudo-satellite)의 개발로 해결되고 있다. 이 지상 기반 GPS는 GPS 신호를 수신할 수 없는 곳에서도 작동시킬 수 있다.

어떤 측량 기술을 사용하든 결국은 유적의 이미지를 얻게 된다. 전통적으로 그리고 출판을 목적으로 할 때 여전히 유적 표면의 기복을 보여주기 위해 재래식 방법이 사용되어 왔다. 둑, 도랑, 구덩이 및 구멍 등은 지도에서 토지의 기복을 나타내는 가는 선으로 표시된다(그림 4.13). 이 방법은 예를 들어, 둑과 도랑을 명확하게 표시할 수 있는 반면 등고선으로 표시되면 언덕의 가파른 자연 경사의 표시가 명확하지 않아진다. 초안가나 컴퓨터에 의해 능숙하게 사용하면 완만한 경사면의 작은 변화들은 표시할 수 있다. 그러나 컴퓨터에서 3차원 지형 모델링과 언덕 음영을 생성하게 되면 더 이상 이러한 재래적인 작도법 과정없이 이미지를 생성할 수 있다. 즉 수직면을 확대시키면 아주 작은 풍경 유구도 선명하게 이미지화 할 수 있다.

사진

야외에서 고고학 유적 기록에 사용되는 세 번째 요소는 사진이다. 그 방법 중 한 가지는 이미 3장에서 언급한 항공사진이다. 다른 방법으로는 고고학 유구와 자연적인 강둑 단면과 같이 지형을 파고들어 열쇠구멍을 들여다보듯 고고학 층서를 보여줄 수 있는 지면 사진 기록이다. 현대에 들어 디지털 사진이 사진 필름의 전통적인 사용과 화학 처리를 대부분 대체하였다. 이미지를 얻는데 디지털 기술을 사용하는 것은 많은 장점이 있다. 첫째, 즉석 이미지를 생성하기 때문에 다음 과정으로 넘어가기 전 바로바로 이미지를 확인할 수 있어 야외 작업에 분명한 이점이 있다. 두 번째 주요 이점은 초기 장비 구매 후 이미지를 생성하는 데 드는 최소한의 비용이다. 필름의 경우 현상 및 프린팅 비용이 야외 프로젝트에서 항상 상당한 부분을 차지했다. 디지털 사진은 인쇄가 필요한 경우 쉽고 저렴하게 인쇄할 수 있으며, 컴퓨터에서 직접 인쇄하거나 전시회를 준비하거나 출판사에 책 또는 논문용 이미지를 제공해야 할 때 사본을 전 세계의 다른 컴퓨터로 보낼 수 있다는 것은 분명한 장점이다. 디지털 이미지를 사용하면 날짜, 위치 및 사진 정보와 같은 메타 데이터를 사진 파일에 쉽게 추가할 수도 있다. 디지털 이미지의 캡처 및 저장도 기존 사진 이미지보다 상당히 저렴하다. 하지만 몇 가지 문제가 남아 있기에 이 부분은 조금의 생각과 계획을 필요로 한다. 첫째, 야외에 들어가기 전에 카메라 배터리를 충전하고 여분을 가지고 다니는 것을 잊지 않아야 한다. 둘째, 일부 디지털 파일 형식은 더 이상 사용되지 않을 수 있으므로 변환할 수 있을 때 변환해 두어야 한다. 마지막으로, 기존 카메라로 제작한 이미지들은 항상 새로운 깨끗한 필름을 썼지만, 디지털 카메라에서는 먼지 입자가 센서에 달라붙으면 전문가가 청소할 때까지 그대로 남아 있을 수 있다. 장기적인 야외 프로젝트에 적어도 두 대의 디지털 카메라를 가져가는 것을 추천한다.

기존 카메라와 마찬가지로 디지털 카메라를 선택하는 것은 종종 개인적인 취향에 따라 선택되지만 기본 원칙이 있다. 본질적으로 지불하는 가격만큼의 값어치를 한다. 좋은 이미지를 얻으려면 좋은 품질의 카메라를 구입하는 것이 중요하다. 뷰 파인더를 통해 보이는 이미지 그대로 캡처하려면 단안 리플렉스 카메라(SLR)가 가장 좋다. 픽셀 수는 종종 고품질 이미지를 생성하는 데 필수적인 것으로 제조업체에 의해 강조되어 진다. 보통 메가 픽셀로 표시되는 픽셀 수가 중요하기는 하지만 특정 수치 이후로는 렌즈의 품질이 더 중요할 수 있다. 마찬가지로 이미지를 캡처하고 처리하는 방법 또한 중요하다.

일부 고고학 조직들은 여전히 전통적인 사진 이미지를 선호하거나 필수 조건으로 한다는 것을 고려해야 한다. 그 이유는 디지털 사진과 장기 보관에 관련된 모든 문제가 해결되지 않았기 때문이다. 전통적인 사진을 찍어야 하는 경우 표준 교과서들을 참조하도록 한다(예, Dorrell 1989). 전통적인 사진과 관련된 많은 사진 기본 원리들은 디지털 사진에도 동일하게 적용된다.

사진 원리에 대해 여기에서 자세히 설명할 수는 없지만(예를 들어, Langford 1986 참조) 사진을 찍을 때 특정 요소들은 기억해야 한다. 첫째로 사진은 야외에 있는 것의 정확한 축척 이미지를 제공하지 않는다. 가까운 곳에 있는 사물은 멀리 있는 것보다 더 큰 배율로 나타나고, 이미지가 모두 같은 평면에 있으면 사진 중앙의 배율이 가장자리보다 작게 찍힌다. 사람의 눈으로 보는 것과 비슷한 이미지를 제작하려면 '표준 렌즈'를 사용해야 한다. 이것은 인간의 눈과 유사한 약 45°의 화각을 사용한다. 매우 넓은 각도(180° 이상)와 최저 2°의 매우 좁은 각도를 제공하는 다양한 다른 렌즈도 찾을 수 있다. 이러한 각도 특히, 넓은 각도는 변질된 사진을 찍을 수 있기에 고고학에는 별로 도움이 안 된다. 너무 가까이서 찍으면 건물이나 강둑은 왜곡된 이미지로 찍힐 수 있다. 왜곡을 줄이기 위해서는 먼 거리에서 촬영한 후 필요에 따라 이미지의 중앙 부분만 사용할 수 있다.

유적의 풍경을 촬영하는 것은 상대적으로 간단하지만 시점, 시간, 날씨 및 빛을 신중하게 선택한다면 사진의 질을 크게 향상시켜 준다. 한낮의 태양 아래에서 사용하거나 햇빛이 없는 날 사진을 찍으면 기복이 있는 풍경이 평평해 보이므로 이른 아침이나 늦은 저녁 그림자를 드리워 풍경의 3차원적 모습을 강조해준다(그림 4.14). 이것은 그림자 없이는 보이지 않을 수 있는 조사지역 사진 촬영에도 적용된다. 보통 최고의 전망을 제공하는 지점을 찾을 수 있을 것인데 항상 그런 것은 아니지만 일반적으로 높은 지점들이 좋다. 일반적으로 모든 고고학 사진에는 명확한 스케일이 포함되어야 하지만 풍경에 있는 건물이나 나무 등을 통해 스케일을 표시할 수도 있다. 인공 스케일을 추가하게 되면 전경의 스케일이 먼 거리의 스케일과 다르기 때문에 잘못된 정확도를 도입하게 된다. 사람 한 두 명을 사진에 넣으면 사진의 구성을 향상시키고 일반적인 스케일 표시를 제공할 수 있다. 토루를 사진으로 찍는다면 사람들이 측량대를 들고 있는 것도 좋다.

그림 4.14 그림자가 지도록 늦은 저녁에 찍은 풍경 사진

건물 또는 절벽과 같은 자연적 단면을 촬영할 때 일반적인 풍경 사진보다 더 많은 문제가 발생할 수 있다. 건물이나 절벽 지면을 지표면에서 촬영하면 면이 위로 올라갈수록 더 작게 촬영된다. 이것은 얼굴을 기울이는 효과를 준다. 이러한 왜곡의 문제는 멀리서 촬영하여 줄일 수 있다. 이러한 사진은 비교적 정확하기 때문에 사진으로부터 입면도를 만들 수도 있다.

적절한 기록 보존은 고고학 사진을 찍는 과정의 필수적인 부분이다. 종종 한 곳의 풍경이나 절벽의 부분이 다른 부분과 놀랍게도 똑같아 보일 때가 있다. 이 현상은 유사한 특징을 보이는 대상의 수백 장 사진을 찍어야 하는 발굴 사진에서 더욱 두드러진다(7장). 야외 조사에서는 발굴에 자주 사용되는 미리 인쇄된 루스 리프식 기록(loose-leaf record) 형식보다는 종이나 디지털 노트북에 사진 기록을 작성하는 것이 가장 좋다. 그 기록에는 다음이 포함되어야 한다:

1. 이미지 번호
2. 피사체에 대한 자세한 정보

3. 사진을 찍은 방향(나침반 위치)
4. 날짜와 시간

야외 고고학의 많은 부분과 마찬가지로 야외에서 약간의 추가 작업 시간과 주의를 기울이는 것을 통해 야외 조사가 끝난 후 기록 또는 출판을 위해 기록을 분류하려고 할 때 많은 시간을 절약할 수 있다.

5장

발굴 계획

발굴이 모든 고고학 야외 작업에서 필수적이라고 가정해서는 안 된다. 만약 조사의 대상을 연구하는데 현대 고고학자들에게 주어진 비파괴적인 기술로도 충분하다면 (3장) 발굴은 고려되지 않아야 한다. 야외에 있는 고고학 자원은 유한적이며 시간에 따라 감소되고 발굴할 때마다 이 자원들은 줄어든다. 건물 개발과 같은 비고고학적 이유로 파괴될 유적의 발굴은 모든 보존 시도가 실패한 경우에 고고학적으로 정당화될 수 있다. 그러나 유적이 위협받지 않는다면 지식만을 얻기 위한 발굴의 가치는 신중하게 고려되어야 한다.

그렇다고 학술 발굴이 시행되어서는 안 된다는 의미는 아니다. 적절하고 잘 계획된 학술 발굴이 없다면 학문으로서 고고학은 연구의 대상이 되는 유적들처럼 화석화되어버릴 것이다. 어떤 발굴도 가볍게 수행되어서는 안 된다. 발굴은 비용이 많이 들고 시간이 오래 걸리며 스트레스가 많은 일이다. 발굴에서 발생하는 많은 문제는 적절한 사전 계획과 인적 및 재정적 자원의 적합한 활용으로 줄일 수 있다. 무엇보다도 유연한 접근 방식으로 시간, 비용과 스트레스를 줄일 수 있다. 올바른 발굴 방법은 없다는 것을 기억하고 다양한 접근 방식을 생각해야 한다.

허가, 자금 및 법률

발굴 계획의 첫 번째 단계는 발굴 허가를 받을 수 있는지, 발굴 자금이 있는지, 그리고 합법적으로 안전하게 진행할 수 있는지 여부를 확인하는 것이다. 고고학자는 절대 허가 없이 땅을 파서는 안 된다. 첫 번째로 조사하고자 하는 유적이 법적 보호 구역인지 확인해야 한다. 일부 국가에서는 지정된 고고학 유적들만 보호되어 있고, 어떤 국가에서는 모든 고고학 유적들이 보호되고 있다.

사실상 세계 모든 국가들에서 고고학 유적에 대해 할 수 있는 것과 할 수 없는 것에 대해 어느 정도 법적 통제권을 가지고 있다. 국가에 따라 '고대 기념물' 또는 '고고학' 관련 법률은 그다지 중요하거나 실효성이 있는 법이 아닌 경우가 있다. 예를 들어, 영국에서는 대부분 유적들의 보호가 일상적으로 1979년 고대 기념물 및 고고학 지구법보다는 도시 및 농촌 계획법을 따른다. 이것은 고대 기념물 및 고고학 지구법이 각 유적마다 명칭이 정해지고 등록 또는 목록에 올리도록 요구하는 반면, 도시 및 농촌 계획법에서는 어떠한 토지이든 개발을 고려할 때 고고학 유적(이미 알려져 있거나 아직 발견되지 않았더라도)의 영향 여부가 계획 단계에서 고려될 수 있기 때문이다.

가치가 높은 고고학 유적은 세계 문화 및 자연 보호에 관한 유네스코 협약에 따라 보호 조치가 부여된다. 이 협약은 1972년 11월 23일 유네스코에 의해 채택되었으며 이후 186개국 이상에서 승인되었다. 미국과 같은 경우에는 신속하게 승인된 반면(1973년 12월 7일), 영국과 같은 일부에서는 천천히 반영되었다(1984년 5월 29일). 세계 유산 협약에 참여하는 국가들은 유네스코 세계 유산 목록에 등재된 어떤 유적도 직접적으로 혹은 간접적으로 고의적인 파괴가 이루어지지 않도록 한다. 여기에는 야외 고고학자들에 의한 발굴과 같은 고고학 손상에 대한 통제도 포함되어야 한다. 그러나 사실 이 부분은 통상적으로 국가 법률에 의해 통제되고 있다.

세계 유산 협약은 뛰어난 보편적 가치를 지닌 문화 및 자연 유산으로 구성된 세계 유산 목록을 관리하는 세계 유산 위원회를 설립했다. 유적을 선정할 때 위원회는 유적의 고유성, 희귀성과 아주 오래된 것인지, 아니면 특정 구조 유형을 대표하는 가장 특징적인 사례인지를 고려한다. 모든 경우 유적의 보존 상태 및 진위가 입증되어야 한다(Swadling 1992). 협약은 회원국들이 세계 유산을 보호할 것을 약속하도록 요구했으며 보존에 실질적인 지원을 제공하기 위해 세계 유산 기금을 운영한다. 세계 유산은 페루의 마추픽추, 중국의 만리장성, 영국의 스톤 헨지, 미국 일리노이주의 카호키아 토루(Cahokia Mounds) 유적 등 세계의 주요 유적들로 이 목록에는 현재 890개가 넘는 유적들이 있다.

그러나 야외 프로젝트를 계획하는 야외 고고학자로서 프로젝트의 성공 여부에 가장 중요한 것은 해당 국가의 법률이다. 올바른 법적 승인을 받지 못할 경우 고발이 따를 가능성이 높다. 또한 법이 지역에서 어떻게 해석되는가는 종종 법 자체만큼이나 중요하기 때문에 실제로 법을 집행하는 사람들을 만나기 전에 그 지역에서 일하고 있는 전문 고고학자에게 먼저 문의하는 것이 좋다. 그 후 법을 집행하는 사람들에게 비공식적인 문의를 하면 허가를 받는 데 필요한 시간을 줄일 수 있다.

영국의 경우 유적들의 지위 분류는 비교적 간단하다. 고고학 유적의 일부는 1979년 고대 기념물 및 고고학 지구법에 등록되어 있다. 이러한 유적의 발굴 은 문화, 미디어 및 스포츠(CMS)부 장관의 특별 허가가 필요하다. 유적 중 일부 는 국가 소유이기에 담당 정부부서인 CMS에서 등록된 기념물 허가(Schedule Monuments Consent)를 받는 것 외에도 토지 소유자의 허가가 필요하다. 또한 영 국의 고고학 관련법에 따르면 목록에 올라있는 유적이 아니더라도 토지 소유 자의 허가를 받아야 한다. 지역이나 상황에 따라 다른 제한들이 있을 수도 있 다. 예를 들어, 어떤 지역은 특수 과학 관심 유적(Site of Special Scientific Interest, SSSI)일 수 있으며, 이 경우 책임 기관인 환경 식품 농업부(Natural England)의 허 가가 필요하다. 또한 유적의 소유주가 아니더라도 세입자가 있으면, 그 사람의 허가도 필요하다.

1979년 고대 기념물 및 고고학 지구법은 약 100년 동안의 영국 고대 기념물 법을 통합한 것이다. 이 법은 세 부분으로 구성되어 있으며 기본적으로 개발을 통해 부당한 파괴로부터 유적을 보존할 뿐만 아니라 고고학 발굴을 통제하도록 설계되었다. 1부에서는 1979년에는 환경부였지만 지금은 문화, 미디어 및 스포츠부 장관이 고대 기념물의 목록을 작성하고 유지하도록 요구한다. 이 목록은 지난 세기 동안 다소 무질서한 방식으로 작성되어왔다. 1984년 잉글리쉬 헤리티지가 설립되었을 때, 이전의 목록이 고고학 자원들을 제대로 대표하고 있지 않는다는 것을 깨달았다. 일부 유형의 유적은 지나치게 과장된 반면 어떤 유형은 목록에 거의 등록되지 못하였던 것이다. 이로 인해 등록 향상 프로그램이 설립되었고 전체 고고학의 학문적 표본이 되는 목록을 만드는 것을 목표로 하는 기념물 보호 프로그램(Monuments Protection Programme, MPP)으로 전환되었다 (Startin 1993).

유적이 목록에 포함되면 장관의 특별한 서면 동의가 없으면 어떤 식으로든 피해를 입히는 것은 위법 행위이다. 동의를 얻지 못하면 약식 유죄 판결에 의한 벌금이 부과된다. 고대 기념물을 등록하는 것 외에도 장관은 이를 보존하기 위해 보호 명령을 통하여 고대 기념물을 강제로 획득할 수 있다. 실제로 약 400개의 유적이 보호 명령 아래에 있으며 이들은 스톤헨지, 많은 성곽 또는 수도원과 같은 중요하고, 눈에 띄는 유적들이다.

법의 2부에서는 지속적인 보존을 위한 유적의 등록보다는 위기에 놓인 유적의 고고학 발굴이 가능하도록 하는 방향으로 설계되었다. 장관은 어느 지역이든 '고고학적으로 중요한 지역'으로 지정할 수 있다. 허가 없이 고고학적으로 의미가 있는 지역을 파거나 침수시키거나 뒤엎는 것은 위법 행위이다. 동의를 얻기 위해 개발자는 6주 전에 개발 의도를 고지해야 한다. 이 기간 동안 장관이 임명한 조사 기관은 그 현장을 조사할 권리가 있다. 6주의 기간이 지나면 발굴 기관은 개발자에게 작업 공지를 보낼 수 있고 그러면 최대 4개월 2주간 발굴조사를 할 수 있다. 그러므로 고고학자들이 법적으로 접근할 수 있는 기간은 총 6개월이다. 그러나 실제로는 개발자와의 직접 협상하는 것이 법 2부를 적용하는 것보다 더 만족스러운 경우가 많다. 법의 3부에는 등록된 지역이나 고고학적으로 중요한 지역에서 금속 탐지기의 무단 사용을 금지하는 것과 같은 사소한 조항들이 포함되어 있다.

고대 기념물 및 고고학 지구법이 통과된 지 30년이 지나 훨씬 더 포괄적 법인 유산 보호법으로 대체될 것으로 예상되었다. 안타깝게도 이 법은 2008년 법안 단계에서 중단되었다. 이 법안의 초안은 영국 정부의 21세기 유산 보호 백서(DCLG 2007)에 기반을 두고 있으며, 이 법안의 이면에 있는 아이디어는 고고학 유적이든 역사적 건물이든 모든 토지 기반 유산에 대한 지정 및 동의 체제를 통합하는 것이었다. 또한 유적 지정에 대한 책임은 문화, 미디어 및 스포츠 부서에서 잉글리쉬 헤리티지(English Heritage)로 이전되었을 것이다. 이는 잉글리쉬 헤리티지가 다른 정부 부서가 부족한 전문성을 가지고 있다는 점을 감안할 때 의미가 있었을 것이다.

등록된 수가 적기 때문에 영국에서 대부분의 고고학 유적의 보호는 2004년 계획 및 강제 구매법에 따라 개정된 도시 및 농촌계획법(Town and Country Planning Act, 1990)에 의거한다. 관련 계획 및 정책 지침 노트 16 고고학 및 계획(PPG 16, DoE 1990)의 출판으로 계획 단계에 있어서 고고학이 처음으로 물질적인 고려 사항이 되었다. 그러나 PPG 16은 전통적으로 볼 수 있는 고고학만을 고려했다. 예를 들어, 역사적 건물은 고고학의 일부가 아니라 단순히 더 넓은 역사적 경관의 일부로 간주되어 다른 계획 및 정책 지침 노트 15 계획 및 역사적 환경(Dob 1994)에 속했다. 2009년에는 PPG 15(계획 및 역사적 환경) 및 PPG 16(고고학 및 계획)을 하나의 새로운 계획 정책 성명(PPS)으로 대체하기 위한 협의가 진행되었다. 이는 2010년 3월 PPS 5(역사적 환경 계획, DCLG 2010)로 게시되었으며, 제안된 새로운 유산 보호법과 마찬가지로 이전 PPG 15 및 PPG 16의 모든 주요 측면을 유지하면서 역사적 환경의 모든 측면을 통합했다. 계획 정책 성명은 정책이므로 PPS의 정책 원칙을 실제로 적용하는 방법을 설명하는 역사적 환경 계획 실행 가이드와 함께 제공된다. 잉글리쉬 헤리티지는 지역 사회 및 지방 정부 부서, 문화, 미디어, 스포츠 부서와 함께 이 초안을 작성하는 데 앞장섰다. 제안된 유산 보호법의 많은 부분이 PPS 5와 역사적 환경 계획 실행 가이드에 다시 나타났다. 여기에서 정부는 유산 자산이 재생 불가능한 자원이며 그 목적이 역사적 환경과 유산 자산을 보존하는 것임을 인식하고 있다. 정보에 입각한 계획 결정을 내리려면 지역 계획 당국은 역사 환경 기록(historic environment records, HER)을 유지하거나 접근 가능하여야 한다. 개발 지원서가 고고학적으로 흥미가 있는 유산 자산을 포함할 경우에 계획 당국은 개발자들에게 적절한 데

스크 기반 평가와 데스트 기반 평가가 불충분할 경우 현장 평가를 요구해야 한다. 개발 계획이 고고학적 유산에 상당한 피해 또는 손실을 초래할 수 있는 경우에 계획 당국은 공익이 손실보다 큰 경우를 제외하고 동의를 거부해야 한다. 계획에 의한 유산의 전부나 중요한 부분의 손실이 정당화될 경우 계획 당국은 개발자가 유산이 소실되기 전에 기록하고 중요성에 대한 이해도를 높이기 위한 노력을 하도록 요구해야 한다. 이를 수행할 때는 계획 조건을 사용하여야 한다. 개발자는 이 증거를 출판하여야 하며, 연관된 역사 환경 기록(HER)에 보고서 사본을 제출해야 한다. 또한 지역 당국은 발견된 물건을 포함한 아카이브를 만들도록 하고 지역 박물관이나 받아줄 수 있는 기타 공공 보관소에 보관하도록 요구해야 한다.

미국의 경우 고고학 프로젝트를 신청할 때 고려해야 할 두 가지 주요 법률이 있지만, 주 별로 특정 법적 적용 사항에 대한 조언은 1980년부터 1992년까지 개정된 국가 역사 보존법에 따라 주 역사 보존 책임자로부터 받아야 한다. 이는 1966년 국립 역사 보존법의 개정안들이다. 고고학 자원 보호법의 목표는 공공 토지와 아메리카 원주민을 의미하는 인디언 토지의 고고학적 자원을 보호하는 것이다. 이 법에 따라 고고학 자원을 발굴하거나 제거하려면 허가가 필요하며 허가는 '공익을 위한 고고학 지식 증진 목적'을 위해 자격을 갖춘 사람들에게만 부여된다. 아메리카 원주민의 토지를 발굴할 경우, 해당 토지를 소유하거나 관할하는 미국 원주민 개인 또는 부족으로부터 동의를 얻은 후에야 허가가 부여된다(Hutt, Jones 및 McAllister 1992).

야외 고고학자의 관점에서 볼 때 1966년의 국가 역사 보존법과 1980년 개정안에서 가장 중요한 점은 지역, 주 및 지방의 주요 유적의 등록을 국가차원에서 확립한 것이다. 1980년 법은 연방 기금을 받기를 원하는 주에서는 자격을 갖춘 건축가, 역사학자 및 고고학자를 직원으로 둔 역사 보존 책임자를 지정해야 한다고 규정하고 있다. 주 역사 보존 책임자는 영국의 지역 고고학 책임자(County Archaeological Officer)처럼 미국 고고학 관리의 초석이 되었다. 또한 미국에서 일하는 고고학자들은 토착인인 아메리카 원주민의 법적 권리를 고려해야 한다. 1990년 아메리카 원주민 무덤 보호 및 송환법은 인간의 골격 자료(skeletal material)뿐만 아니라 신성한 물품과 문화 세습물품 등을 재매장할 수 있도록 부족 후손에게 돌려주어야 한다.

영국에서 등록된 유적을 발굴하려면 등록된 기념물에 대한 동의서가 필요하다. 이것은 문화, 미디어 및 스포츠 장관으로부터 얻어야 한다. 장관은 신청서의 관리, 과정 및 처리를 담당하는 잉글리쉬 헤리티지(English Heritage)의 조언을 받는다. 따라서 공식적으로 허가를 신청하기 전에 항상 잉글리쉬 헤리티지의 지역 사무소와 프로젝트에 대해 논의하는 것이 좋다. 논의를 통해 신청서를 잉글리쉬 헤리티지 내의 현재 정책에 맞게 작성할 수 있다.

야외 고고학자들이 등록된 기념물 동의서를 신청할 때 작성해야 하는 양식은 개발자가 작성해야 하는 양식과 동일하며 고고학 정보를 거의 요구하지 않는다. 그러나 고고학자로서 신청서와 함께 1장에서 설명한 바 있는 연구 계획서를 첨부하지 않는 한 등록된 기념물 동의를 받기는 어려울 것이다. 이는 개발자가 제출하는 개발 제안서와 동일한 개념이다. 신청서에는 소유권과 관련된 인증서와 함께 총 6개의 부분이 있다. 그것은 신청자 및 유적 소유자의 이름과 주소, 유적에 대한 세부 정보, 작업 계획에 대한 설명, 동반되는 계획 목록 및 기타 정보를 요구한다. 발굴에 대한 허가 여부 논의는 연구 계획서 자료를 근거로 결정이 난다.

발굴 허가가 나면 허가서에는 일반 조건과 특정 조건이 모두 포함되어 있다. 여기에는 누가 그리고 얼마나 오랫동안(미국의 경우 1년) 허가를 받았는지와 발굴 후 현장이 정확히 어떻게 되는지(보통 다시 메꾸거나 석조물이 발견되어 진열되는 경우에는 토지 정비) 그리고 언제 어떻게 발굴의 결과가 출판될지 등에 대한 상세한 내용이 포함된다.

또한 미국에서는 1979년 고고학 자원 보호법(Hutt, Jones 및 McAllister 1992)에 따라 유사한 절차가 요구된다. 공공 또는 아메리카 원주민 토지에 대한 발굴 승인을 신청하려면 연방 토지 관리자의 허가가 필요하다. 허가를 받으려면 발굴이 진행되는 시기, 작업 범위, 유적의 정확한 위치, 발굴을 진행하는 정확한 이유 등을 포함하여 구체적인 정보를 제공해야 한다. 이러한 세부 사항들은 대부분 연구 계획서에 포함되어 있다. 허가를 발급하기 전 연방 토지 관리자는 유적이 종교적 또는 문화적인 의미가 있는지를 파악하기 위해 해당 부족에게 알려야 한다.

일반적으로 고고학 유적을 보호하기 위한 법률에 따른 법적 허가 외에도 토지 소유자, 세입자 그리고 토지에 대한 다른 권리를 가지고 있는 모든 사람의 허가가 필요하다. 여기에는 방목권을 가진 개인이나 그룹 또는 '자연 보호 구역'과 같은 토지를 관리하는 조직이 포함될 수 있다. 여기서 가장 중요한 허가는 토지 소유자의 허가로 미국이나 영국과 같은 경우에 토지 소유자의 허가 없이는 발굴을 할 수 없다. 일부 국가에서는 고고학 유적을 다루는 법이 개인 재산권을 침해할 수 있다. 영국에서는 토지 소유자가 토지에서 발견되는 거의 모든 것의 법적 소유자이다. 미국에서 아메리카 원주민 부족들은 자신의 물건에 대한 추가적 권리를 갖고 있다. 따라서 토지 소유자의 발굴 허가를 받을 때 유물들의 최종 목적을 고려하는 것이 좋다. 이상적으로는 모든 고고학적 유물이 공공 박물관에 영구적으로 제공될 수 있도록 토지 소유자의 허가를 서면 계약으로 체결해야 한다. 놀랍게도 많은 토지 소유주들은 고고학자가 박물관 보관에 대한 중요성을 명확하게 설명했을 때 이에 동의한다. 그러나 토지 소유주가 모든 유물의 소유권을 고집하는 경우 발굴을 진행할지 여부를 심각하게 고려해야 한다. 재매장을 해야 할 경우에는 고고학자가 대상을 연구할 수 있는 시간의 합의가 중요한 요소가 된다.

토지에 대한 권리를 가진 다른 개인이나 그룹의 허가가 필요할 수도 있다. 영국의 일부, 특히 광활한 토지에서는 특정 그룹이나 개인이 그 땅에 대한 방목권을 가지고 있을 수 있다. 이러한 권리는 종종 중세로 거슬러 올라가며 문제가 될 수도 있고 되지 않을 수도 있다. 예를 들어, 대규모 발굴 작업은 방목 가능 면적을 줄이게 되므로 보상 또는 복원 계약이 필요할 수 있다. 영국에서는 해당 지역이 특수 과학 관심 유적(SSSI)인 경우 환경 식품 농업부(Natural England)의 허가가 필요하다. 낭연히 중요한 자연 서식지를 방해할 수 있는 발굴 작업은 여러 가지 어려움을 야기할 수 있다.

영국에서는 두 종류의 고고학 자료가 특별히 문제를 일으킨다. 이것들은 인간의 유해와 1996년 보물법(Treasure Act, 1996)에 해당되는 대상들이다. 영국 관습법은 인간의 유해를 재산으로 보지 않는다. 그러므로 그것들은 누구에게도 소유되거나 사고 팔 수 없음을 의미하고 그것이 발견된 유적의 소유자에게도 소유권이 없다. 사실 그것들은 누구에게도 속하지 않는다. 영국에서는 지역에 따라 다른 법이 적용되기도 하지만 인간의 유해에 대해서는 일반적으로 1857년의 매장법을 따른다. 이 법에 따르면 고고학자로서 당신이 인간의 유해를 발견하거나 옮겨야 할 것 같으면 법무부에서 유해 이동 허가를 받아야 한다. 이 면허에는 유해를 옮기는 조건, 연구 방법 및 장소, 유해를 처분할 장소가 포함되어 있다. 보통 유해는 박물관에 보관되거나 재매장 또는 화장된다. 발굴 도중 유해를 발견하게 되었고 허가가 없다면 1926년 검시관 개정안에 따라 검시관에게 즉시 알려야 한다. 그러나 현재 법무부는 1857년 매장법을 검토하고 있으며 허가가 발행되었던 많은 매장 유적에서는 이 법이 적절하지 않다고 보고 있다. 통과된 법령은 아마도 지표면에 분명히 표기된 매장지에만 적용될 것이다. 어떤 매장지는 1981년 사용되지 않는 매장지법 개정안이 더 적합할 수도 있으며 또 어떤 매장지는 현재 매장법에 따르면 규정이 없을 수도 있다. 또한 1857년 법은 비록 이 법 하에서 실제로 불법으로 간주될 수는 없지만, 유해의 보유, 조사 또는 실험을 허용하는 것은 아니다. 현재 법무부는 모든 유해를 옮기기 위해서는 시신 발굴 면허를 요구하고 있으며, 일반적으로 재매장까지 2년의 제한이 설정되어 있다. 유해 연구 문제는 법무부에서 2010년 기준 여전히 고려중이다. 유해에 대한 일반적인 불확실성을 감안할 때, 적어도 법적 입장이 최종적으로 밝혀질 때까지 현재 상황을 확인하기 위해서 바로 법무부에 연락하는 것이 가장 좋다.

보물법은 1996년 7월 왕실의 동의를 얻었으며 왕 존(King John)의 통치에서 시작된 매장물에 관한 관습법을 개선하려는 시도였다. 이 법은 사전허가 획득을 요구하지는 않지만, 300년 이상 된 동전이 10%의 이상의 금 또는 은을 포함하는 경우와 같은 특정 등급의 '귀중한' 물건이 발견되면 매장물 조사관에게 알려야 한다. 영국 대부분의 지역에서 이제는 대중이 발견한 고고학 유물을 기록하기 위한 휴대용 고대유물 계획(Portable Antiquities Scheme, PAS)이라고 하는 자발적인 체계를 가지고 있다. 박물관과 같은 지역 조직에 기반을 둔 발견물 연락 담당자(Finds Liaison Officers)의 네트워크가 있으며 일반 대중이 자신의 발견물의 식별 및 기록을 위해 여기에 가져갈 수 있다. 이를 통해 우연한 발견과 금속 탐지기 사용자가 발견한 것을 고고학 기록에 통합시킬 수 있게 된다.

허가를 받는 것 외에도 발굴이 진행되려면 적절한 자금이 필요하므로 자금의 확보는 발굴 설계의 필수 요소이다. 이상적인 방법은 연구 설계에서 보고서 출판에 이르기까지 전체 프로젝트에 대한 자금을 확보하는 것이다. 하지만 이러한 경우는 매우 드물다. 일반적으로 고고학자들은 프로젝트가 진행되는 동안 단계적으로 생기는 모자이크식 자금으로 작업해야 한다. 주요 연구 프로젝트는 미국의 국립 과학 재단이나 영국의 예술 및 인문학 연구위원회 및 영국 아카데미에서 자금을 확보할 수 있다. 물론 모두 경쟁이 치열하다. 자금의 출처로 미국에서는 민간 재단 또는 주 프로그램의 보조금이 더 많이 사용된다(Joukowsky 1980). 영국에서는 개발자가 관여하지 않는 경우 잉글리쉬 헤리티지가 위협받는 유적의 발굴에 자금을 지원할 수 있으며, 일부 박물관과 고고학 협회들도 소액의 보조금을 제공하기도 한다.

영국과 미국에서 모두 가장 많은 자금을 개발자로부터 제공받고 있다. 1990년 영국에서 PPG 16(현재 PPS 5로 대체됨)이 발표되면서 개발자는 개발 때문에 요구되는 고고학 발굴 비용을 지불해야 했다. 이러한 자금원은 고고학 연구에 있어 매우 중요하지만 문제점도 낳고 있다. 자금을 받기 위한 경쟁에서 개발자들은 가장 싼 견적을 선택함으로써, 야외 고고학자들의 이미 낮은 임금을 더 낮추는 결과를 가져왔다. 직접적인 평가가 더 어려운 문제는 집단적 단합에 의해 일을 제대로 하지 않음으로써 야외 작업의 표준이 낮아지는 것이다. 그러나 더 충격적인 것은 영국에서 만들어졌으며 미국에서 '회색 문학'(Fagan 1991)으로 알려진 것이다. 이것은 종종 개인용 컴퓨터를 이용하여 결과물의 출판을 제한적으로 배포하거나 개발자를 위해서만 은밀하게 제작하는 것을 의미한다. 역사 환경 기록(HER)에 게재 및 기탁이 규정하는 PPS 5가 이러한 문제를 줄일 것이라 기대해본다.

유적 안전

아무리 자금이 한정되어 있어도 간과하면 안 되는 것이 유적 안전이다. 고고학적 손실을 피하기 위해 유적 조사자를 위험에 빠뜨려서는 안 된다. 영국과 미국의 고고학 유적들은 지금까지 좋은 안전 기록을 보유하고 있는데 지난 25년간 유적 안전과 관련된 끝없는 규제들은 주로 건설 산업의 열악한 안전 기록으로부터 산출된 결과물이다. 그렇기 때문에 잘 계획된 고고학 발굴은 기본적으로 안전하다. 보편적인 고고학 발굴장을 일반적인 건설 부지와 비교하면 어느 부분들에 위험 요소가 존재하는지 알 수 있다. 당연히 모든 법적 사항이 준수되어야 하지만 안전에 대한 과한 집착에 많은 시간과 비용이 낭비될 수 있으므로 유적의 안전을 유지하는 바탕은 좋은 조직력과 기본 상식에 기반을 둔다.

영국의 안전법의 상당부분은 1974년 근로 보건 안전법(Health and Safety at Work Act)에 기반을 두고 있다. 안전법이 적용되지 않는 지역이더라도 책임 있는 고고학자라면 이 법의 틀 안에서 일해야 한다. 근로 보건 안전법의 근본적인 원칙을 요약하자면, 첫째, 고용주(발굴 책임자)는 근로자가 작업을 수행할 수 있는 적절한 장소(유적)와 시설 그리고 장비(도구)를 제공해야 한다. 둘째, 고용주는 장소, 시설 및 장비를 적절한 상태로 유지해야 한다. 셋째, 고용주는 적절한 근로 시스템을 구축하고 시행해야 한다.

고고학 발굴에서 잠재적으로 가장 위험한 두 요소는 깊은 구덩이와 기계장비이며 이 두 가지의 안전 측면을 매우 진지하게 생각해야 한다. 깊은 구덩이는 기본적으로 위험하며 깊이가 깊을수록 더 위험해진다. 1974년 근로 보건 안전법에 따라 발굴 책임자는 합리적으로 관리를 할 의무가 있다. 여기서 '합리적'의 의미에 대해 종종 논쟁의 여지가 있지만 영국 표준을 사용하여 '합리적인 관리' 사례를 만들 수 있다. 영국 표준은 전기 주전자 사용에서부터 작업 방법에 이르기까지 모든 종류의 관리 방법을 포함한다. 예로, BS6031:1981 토목공사 부분은 구덩이 파는 것에 대해 설명한다. 여기에는 발굴의 측면이 안전한 각도로 완만하게 경사지도록 깎을 수 없는 경우, 안정할 것이라 가정하면 안 되고, 굴착 깊이가 1.2m 이상인 경우, 수직 또는 가파른 면에 대한 지지대의 누락은 안전하다고 생각될 때만 해당되지 설명 없이 그냥 받아들이면 안 된다고 언급되어 있다.

여기에서 1.2m는 지침일 뿐이며 실제 작업 상황에서는 1.2m 미만에서도 위험하거나 2m에서도 완전히 안전할 수도 있다. BS6031의 요점은 구덩이를 파는 사람들은 구덩이의 안정성에 대해 생각해야 한다는 것이다. 때때로 1.2m보다 얕은 굴착에도 지지가 필요한 경우도 있다. 특히 토양이 모래나 자갈로 이루어져 응집력이 없는 경우 또는 사람이 웅크리거나 무릎을 꿇거나 바닥에 누워서 작업을 수행하는 경우에 그렇다. 구덩이의 보강에 대한 결정은 많은 요소를 고려해야 하는데 토양의 특성, 습기, 연중 계절에 따른 예상 기후, 발굴 유형(좁은 트렌치 또는 구역 발굴), 건물과 근접성, 매장 위치, 인접 도로 등에 의한 진동의 가능성 및 작업 기간 등이 해당된다. 굴착을 안전하게 만드는 주요 요소 중 하나는

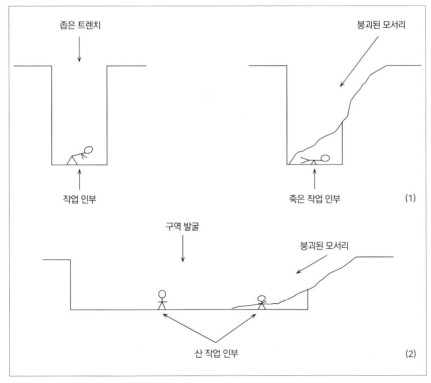

그림 5.1 유적 안전: (1) 위험한 좁은 트렌치, (2) 안전한 구역 발굴

그림 5.2 유적 안전: 버팀목으로 좁은 트렌치의 보강

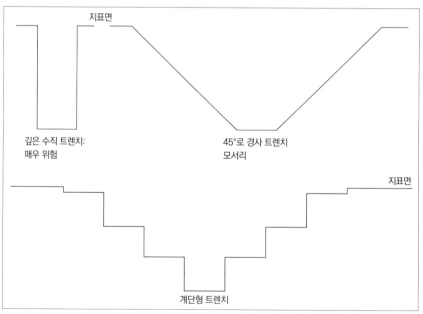

지표면

깊은 수직 트렌치:
매우 위험

45°로 경사 트렌치
모서리

지표면

계단형 트렌치

그림 5.3 유적 안전: 완만한 경사도(안전한 각도)로 또는 계단형으로 깎은 트렌치 모서리

구덩이의 모양이다. 길고 좁은 트렌치는 크고 정사각형의 개방형 발굴보다 훨씬 더 위험하다. 좁은 트렌치로 무너지는 트렌치의 가장자리는 트렌치 바닥에서 일하는 사람을 완전히 묻을 수 있는 반면, 넓은 구역 발굴에서는 붕괴된 가장자리의 토양은 퍼질 공간이 훨씬 더 많다(그림 5.1). 트렌치를 보강하기로 결정한 경우 약하게 보강하는 것은 아예 없는 것보다 더 나쁠 수 있으므로 전문가를 고용하는 것이 좋다. 보강은 보통 양질의 널빤지와 강철 비계기둥(그림 5.2)으로 이루어지지만, 모두 목재를 이용해도 가능하다.

트렌치가 너무 얕거나 토양이 모래로 무른 땅이라 보강에 적당하지가 않다면 경사를 주는 것이 대안이 될 수 있다. 이것은 중국 남부의 모래 유적에서 널리 사용되는 방법이다. 경사를 주는 것은 트렌치 모서리를 45° 이상의 안전한 각도로 깎아 내는 방법이다. 이 방법은 면이 수직이 아니기 때문에 기록상 약간의 문제를 야기할 수 있지만, 유적에 파고들 때 누적 단면을 만들거나 레벨에 따라 단면을 기록하여 극복할 수 있다. 만약 유적이 붕적층(Colluvium)이나 다른 유형의 과중한 퇴적층에 묻혔다면 과중한 퇴적층은 경사 트렌치로 파내고, 실제 유구가 구덩이 바닥의 수직면 트렌치 안에 있도록 한다(그림 5.3).

대안으로는 1.2m보다 깊은 수직면이 생기지 않도록 계단형 트렌치를 파는 것이다. 안전한 도랑을 파는 방법은 경험을 통해 배울 수 있지만 확신이 안 서면 기술자와 상담하는 것이 좋다. 상담 비용이 생명을 구하는 결과를 가져올 수도 있다(그림 5.4). 1.2m 이상 깊이의 모든 발굴과 얕더라도 머리가 트렌치 상단보다 낮게 작업을 해야 하는 경우 안전모를 착용해야 한다. 만약 1m 깊이의 트렌치 바닥에 무릎을 꿇고 작업을 해야 하는 경우 머리가 트렌치 아래에 위치하게 되기 때문에 모서리에서 떨어진 물건에 머리를 맞을 수도 있다. 이것은 트렌치 주변에 도구, 양동이, 돌 등을 두지 말아야 하는 이유 중 하나이다. 안전모는 BS 5240: 1975 범용 산업 안전모 규율을 준수해야 한다.

특정 상황, 특히 유적에서 기계를 사용하는 경우 기타 보호복이 필요하다. JCB 3C와 같은 백 액터(back actor, 굴삭기의 좁은 주걱이 있는 후방 유압 장치로 백호(backhoe)로도 불림)나 작은 현장의 경우 밥캣(Bobcat)과 같은 기계 사용시 올바른 작업 패턴이 적용되지 않으면 특히 위험할 수 있다. 기계 운용자는 유적에서 움

그림 5.4
유적 안전: 보강되지 않은 둑은
무너지고 사람을 죽일 수 있다
(사진의 사람은 이후 영국의 박스그로브
(Boxgrove) 프로젝트를 담당했다).

직이는 사람들을 볼 수 있어야 하며 기계가 작동하는 곳에 아무도 없음을 확인해야 한다. 눈에 잘 띄는 것이 매우 중요하므로 주황색 같은 밝은 색상의 안전 조끼와 같은 옷을 입어야 한다. 안전 조끼는 일반 건축 용품 상점에서 구입할 수 있다. 무거운 식물을 다루거나 위험한 지역에서 또는 곡괭이류와 쇠스랑 같은 도구로 작업하는 경우 강철 앞굽 보호 부츠도 착용해야 한다.

유적에서 기계가 안전하게 사용되는지 확인하려면 적절한 작업 습관의 시행은 필요하다. 이는 고용주가 적합한 근로 시스템을 수립하고 시행해야 한다는 근로 보건 안전법의 요구 사항에 명시되어 있다. 이상적으로 모든 기계 작업이 주요 인력이 발굴장에 도착하기 전에 수행되는 것이 좋으며 기계를 사용할 때에는 현장에 있는 사람이 적을수록 좋다. 현장에 근로자들이 있는 경우 기계의 작업 영역에서 멀리 떨어진 곳에 배치되어야 한다. 많은 고고학자들은 큰 구역을 파내야 하는 경우를 제외하고는 백 액터를 가진 장비를 선호한다. 이 장비가 자리 잡고 굴착시 뻗을 수 있는 작업 영역은 백 액터 팔의 최대 반경이다. 이 영역

안에서는 아무도 일하지 말아야 한다. 고고학자가 이 구역에 들어가고자 한다면, 백 액터를 정지시키고 운전자에게 통보를 한 후에 들어가야 한다. 이상적으로는 기계를 아예 중지해야 한다. 관찰자들이 있다면 작업 중에는 구역 밖에 배치해야 한다. 백 액터를 가진 장비는 종종 덤프트럭과 함께 토양을 제거하는 데 사용되는데 이것 자체가 덤프트럭 운전자와 현장 작업자 모두에게 위험 요인이 될 수 있다. 덤프트럭은 항상 적재를 위해 자리를 잡아 흙을 담을 수 있도록 해야 하지만, 백 액터가 운전자를 해칠 수 없는 위치에 있어야 한다. 그리고 발굴 현장에서 떨어진 곳에 흙을 모아두는 장소가 필요한데 현장 작업자들에게서 멀리 떨어진 곳에 있어야 한다.

근로 보건 안전법은 근로자의 복지도 고려한다. 대부분의 고고학 발굴은 야외에서 이루어지므로 악천후에 사용되는 대피소를 제공해야 한다. 대피소는 건조하고 따뜻한 쉼터나 일부 지역에서 한낮의 태양빛을 피할 수 있는 쉼터도 포함된다. 만약 현지에 접근 가능한 화장실이 없을 경우 따로 제공되어야 한다. 이와 더불어 유적이나 가까운 곳에 씻을 수 있는 시설이 필요하다. 특히 도심에서 일어나는 작은 발굴에서는 이러한 모든 시설들이 가까이 있을 수 있지만 큰 유적의 경우 이러한 시설들을 현장으로 가져와야 한다.

1981년 보건 및 안전(응급 처치) 규정에 따라 적절한 응급 처치가 이루어져야 한다. 이를 위해서는 고용주가 작업하기에 충분하고 적합한 장비와 시설을 제공해야 한다. 발굴장에서는 일반적인 구급상자 정도면 적합하다. 영국에서는 기본적인 구급품이 들어있는 흰색 십자 표시가 있는 녹색 공인 구급함을 구입할 수 있다. 여기에는 알레르기 반응을 일으킬 수 있는 물질이 포함되어 있지 않으므로 소독제, 크림 또는 아스피린이나 파라세타몰과 같은 알약들은 들어있지 않다. 사전에 발굴 작업자들에게 이 사실을 알리고 개인용 맞춤형 키트를 가져 오라고 조언하는 것이 좋다. 구급함은 지정된 담당자가 관리해야 하며, 훈련된 응급처치자가 담당하는 것을 추천한다.

영국에서는 유적에서 발생하는 특정 사고들을 보고해야 한다. 1985년의 부상, 질병 및 위험 발생 보고 규정(RIDDOR)을 바탕으로 보건 및 안전 담당관에게 보고해야 한다. 신고해야 하는 유형의 사고로는 사망, 손과 발을 제외한 뼈 골절, 절단 및 시력을 잃거나 24시간 이상 입원해야 하는 기타 부상들이 해당된다. 통보가 필요한 위험한 사건에는 굴삭기 뒤집힘 등을 포함하여 대부분 기계 관련 사고들이 포함된다. 신고해야 하는 질병은 의사의 확진을 받은 장티푸스 또는 간염과 같이 목록에 있는 질병들이다. 보고하기 용이하도록 책임 있는 담당자가 사고 기록을 보관해야 한다. 기록에는 날짜와 시간, 부상자의 성명 및 직업, 부상 또는 사고의 본질, 발생한 장소 및 상황에 대한 간략한 설명이 포함되어야 한다.

유럽 연합에 가입하며 1993년 1월 1일 새로운 규정이 발효되었는데 이것은 1974년 영국 근로 보건 안전법(British Health and Safety at Work Act)을 강화한 규정이다. 이 규정은 1990년 5월 29일의 유럽 지침 No. 89/391/EEC를 구현한다. 규정이 길고 복잡하지만 유럽에서 발굴을 계획하는 사람이라면 읽어봐야 한다. 여기에는 고용주가 직원의 건강 및 안전 위험도에 대해 적절하고 충분한 평가를('위험도 평가') 해야 한다는 요구 사항이 포함되어 있다. 또한 모든 직원에게 적절한 건강 및 안전 교육을 제공해야 한다고 나와 있다. 위험도 평가의 일환으로 짐을 들어올리거나 운반하는 것과 같은 활동에 대한 인체 공학적 방법을 다루어야 한다.

유럽 이외의 많은 국가에도 건강 및 안전 관련법이 있지만 일부는 시행하지 않거나 또는 부분적으로만 적용한다. 그러나 법적 적용범위가 어떻든 항상 현장에서는 가장 높은 수준의 건강과 안전을 목표로 해야 한다. 대부분의 경우는 상식적 내용이며 잘 운영되는 발굴 현장의 자연스러운 일부분으로 건강과 안전에 대한 고려가 강박적이 될 필요까지는 없지만 모든 결정의 일부분이어야 한다. 사실상 모든 규제는 고고학 발굴 현장이 아닌 건설 산업과 공장 현장의 열악한 기준 때문에 도입되었다는 것을 기억하자.

직원, 장비 및 물류

안전상의 이유로 발굴 현장에는 최소 3명 이상의 직원이 있어야 한다. 그래야 한 사람이 부상을 당하면 한 사람은 부상당한 사람과 함께 있을 수 있고 다른 사람은 도움을 구하러 갈 수 있다. 휴대 전화가 있다면 최소 인원을 2명으로 줄일 수 있다. 이를 바탕으로 발굴에 필요한 직원 수는 발굴의 규모와 수행할 작업의 성격에 따라 전적으로 달라진다. 일반적으로 프로젝트마다 총 책임자 또는 책임 조사원이 있다. 이 사람은 프로젝트의 학문적, 실질적 및 물류의 모든 측면에 대한 정책 결정을 담당한다. 큰 발굴 현장의 경우 한 사람이 감당하기에 책임이 너무 많을 수 있다. 그렇다면 프로젝트의 특정 측면을 공유하거나 인수하도록 보조 또는 부책임자를 임명할 수 있다.

그 아래로 역할이 겹치는 별개의 섹션이나 그룹이 있을 수 있다. 그 중 한 그룹에는 실제로 땅을 파는 사람들이 포함되어 있다. 이 그룹은 관리자들(부관리자, 유적, 트렌치, 시설 등)과 발굴자들(자원 봉사자, 현장 보조자, 조사원)로 구성된다. 또 다른 그룹은 수습한 발견물들을 관리하는 사람들로 구성된다. 이 그룹은 유물 관리자 또는 부관리자를 중심으로 조직된다. 유적 보존 처리자와 사진작가가 채용되는 경우에 이 그룹에 속하거나 환경고고학자와 측량사 같은 전문가들을 포함하는 세 번째 그룹에 포함될 수 있다. 마지막 그룹은 투어, 임시 전시회 및 미디어 담당을 포함한 유적 홍보를 위해 구성할 수도 있다(그림 5.5). 실제로 이들 중 다수는 예를 들어, 책임자가 홍보와 사진을 담당하는 것과 같이 여러 역할을

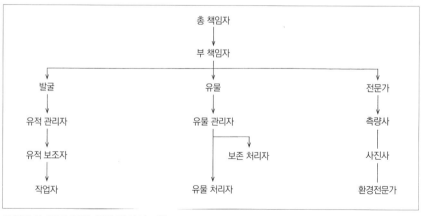

그림 5.5 발굴 현장 운영 다이어그램

동시에 수행한다.

야외 직원 구성의 가장 중요한 측면은 정확하고 명확하며 애매하지 않은 의사소통 라인을 구축하는 것이다. 누구누구를 또 어떤 점을 책임져야 하나? 누가 누구에게 작업 지시를 할 수 있는가? 모든 야외 프로젝트는 예를 들어, 조사원에게 말 한마디 하지 않는 총책임자가 있는 경직되고 계층적인 의사소통 분위기에서보다는 가볍고 친근한 분위기일 때 항상 더 나은 발굴로 이어질 것이다. 하지만 설사 조사원들이 방학 때 아르바이트 하는 학생들일지라도 발굴 작업은 진지한 일이라는 것을 항상 기억해야 한다. 야외 고고학이 특이하고 다루기 어렵고 심지어 성격이상자를 끌어 들이는 경향이 있기 때문에 총 책임자는 개인간의 문제를 처리하는 데에도 시간을 할애해야 한다는 것을 알아야 한다. 발굴 현장에서 술을 마신다거나 나이트클럽에서 바로 현장으로 오는 조사원들과 같은 많은 잠재적인 문제는 기본적인 보건 및 안전을 기준으로 신속하게 처리되어야 한다.

1946년에 리처드 앳킨슨(Richard Atkinson)은 '발굴자의 능력은 도구를 선택하고 사용하고 관리하는 것을 보면 알 수 있다'(Atkinson 1953)라고 말했다. 그는 예리코(Jerico) 유적을 발굴한 케니언(Kathleen Kenyon)과 같은 동시대 여성 학자들을 무시하는 잘못된 성향을 가지고 있었지만 좋은 지적을 하기도 했다. 실제 도구의 선택은 유적의 유형, 장소 및 가용 자원에 따라 크게 달라진다. 필수 장비는 일반적으로 발굴용 장비, 기록 장비, 발견물 처리 장비 및 일반 현장 장비와 같이 네 가지 주요 범주로 나눌 수 있다. 필요한 장비에 대한 점검 목록을 작성하는 것이 좋다. 왜냐하면 끈 없이 유적에 도착하는 것만큼 짜증나는 일은 없다.

발굴을 위해서는 중장비와 미세 굴착용 장비가 모두 필요하다. JCB 3C 또는 밥캣(Bobcat) 같은 기계는 일반적으로 운전자가 함께 고용된다. 기계는 바로 사용 가능한 것이 아니니 미리 알아봐야 한다. 무거운 발굴용 장비들로는 각삽(spades), 삽, 곡괭이류(mattock, pickaxe) 및 쇠스랑 등이 있다. 야외 고고학자가 선호하는 도구는 각기 다르겠지만, 기본적으로 각삽은 절단용, 삽은 땅 파기 용, 곡괭이류와 쇠스랑은 흙을 부수기 위한 도구이다. 긴 손잡이 삽은 영국에서 사용되는 일반적인 짧은 손잡이 삽보다 파는 사람의 허리에 무리가 덜 간다. 일반적으로 흙을 제거하기 위해 수레를 사용하며, 흙더미가 트렌치에 가까이 있을 경우에는 직접 흙을 던지거나 통을 사용한다.

더 세밀한 굴착을 위해서 미국과 영국에서는 3~4인치(7~10cm)의 앞이 뾰족한 흙손(mason's trowel)을 사용한다(그림 5.6). 못으로 고정하거나 용접된 날은 쉽게 파손되기에 날은 자루와 일체형으로 주조되어야 한다. 영국 고고학자들은 현재는 네일 툴(Neill Tools)이 소유한 WHS 흙손을 선호하는 반면 미국에서는 마셜타운(Marshalltown) 흙손을 가장 좋아한다. 흙손을 긁는 도구로 사용할 때의 문제점은 손가락 관절이 땅에 매우 가까이 위치하게 되어 튀는 돌에 다칠 위험이 있다는 것이다. 일부 현장의 경우 작은 곡괭이류(mini-hoes, picks)가 더 합리적일 수 있다(그림 5.7). 긁어낸 흙은 손 삽이나 튼튼한 플라스틱 또는 금속 쓰레받기에 긁거나 솔질하여 양동이로 비울 수 있다. 넓은 지역의 흙을 제거해야 하는 경우, 대형 마당 빗자루를 사용하기도 하고, 흙은 통로로 운반되는 수레에 삽으로 담는다.

뿌리를 다루기 위해 도끼와 뿌리 절단기가 필요할 수 있으며, 매우 미세한 굴착에는 칼날, 치과용 픽 및 미세하고 부드러운 페인트 붓이 필요하다. 더 미세한 회수를 위해서는 건식 체질에 사용될 체 또는 체망이 필요하며, 유기물 수습을 위해서는 현장에 물 부유식 시스템이 필요할 수 있다.

기록 장비에는 사용되는 모든 측량 장비가 포함된다(4장). 여기에는 유적에서 높이를 기록하기 위해 레벨, 테오도라이트 또는 토탈 스테이션과 같은 장비가 하나 이상 포함되어야 한다. 기타 기본 기록 장비에는 30m 길이의 줄자, 2m 강철 줄자, 1m 줄 그리드 그리는 용도의 프레임, 드로잉 보드, 플라스틱 제도 필름 및 제도 테이프, 스케일 자, 눈금자, 연필 및 지우개, 줄, 스피릿 레벨, 측량추와 못이 있다. 기록 장비에는 출판되기 전에 사용되는 기록 양식(7장)과 넓은 사진을 위한 측량대와 다양한 크기의 척도자를 포함한 사진 촬영 장비가 필요하다. 사진에 발굴 자료를 포함하려면 문자판 또는 칠판이 필요하다(7장).

발견물 처리 도구에는 (종이는 습기가 있거나 장기 보관 시 만족스럽지 않음) 비닐 지퍼백, 상자, 발견물을 청소하기 위한 세면기 및 칫솔 등이 있다. 유적 보존처리

그림 5.6 소형 굴착 도구: 앞이 뾰족한 흙손(mason's trowel)과 손 삽

그림 5.7 소형 굴착 도구: 작은 곡괭이와 손 삽

자를 고용하는 경우 자체 장비를 가져올 가능성이 높지만 그렇지 않은 경우 기본적인 유적 보존은 주의 깊은 이동과 포장이 요구된다. 금속 물질들은 중성지 포장이 필요하며, 실리카 젤을 사용하여 건조한 상태를 유지해야 한다. 은박지는 좋은 포장재이며 단단한 플라스틱 상자는 깨지기 쉬운 물건을 운반하는 데 좋다.

일반적인 유적 장비에는 테이블, 의자, 가스버너, 주전자, 머그잔, 차, 커피, 세제, 성냥, 물통 및 쓰레기봉투 등 잘 조직된 캠프에서 기대할 수 있는 다양한 것들이 포함된다. 유적에 울타리를 치려고 한다면 기둥과 울타리 재료가 필요하다. 이 모든 장비는 유적 숙소에 보관하는데 이상적인 것은 잠글 수 있는 사무실, 안전한 저장 창고 및 이동식 화장실이다(그림 5.8). 세계의 여러 지역에서는 이것들이 필요하지 않거나 사용이 불가능하며 때로는 간단한 텐트 또는 천막 막사가 충분할 때도 있다. 유적이 야간이나 주말에 방치되면 도난과 같은 큰 문제가 생긴다. 보안 장치를 사용할 수 없는 경우 도구들을 서로 묶어 보안을 강화할 수 있지만, 조사 및 사진에 쓰이는 특히 귀중한 장비는 매일 저녁 챙겨 가져가는 것이 좋다.

그림 5.8 유적 부대시설: 사무실, 보안 시설, 화장실과 유적 자동차

프로젝트가 세계 어디에서 있느냐에 따라 발굴 준비 관련 물류 관리가 상당히 복잡할 수 있다. 근거지에서 쉽게 운전해서 갈 수 있는 거리 내에서 작업하는 경우 세계의 반대편에서 작업하는 경우보다 당연히 물류는 더 간단하다. 근거지에서 먼 곳에서 작업할 때 주로 나타나는 문제는 유적에 장비와 사람들이 도달하는 것과 그것들을 일상적으로 유적에 적용하는 것과 관련이 있다. 아마존과 같은 오지에서 일하지 않는 한 일반적으로 유적의 숙박 시설과 기계를 임대하는 것이 가장 좋다. 그렇게 되면 발굴 현장까지 시설과 기구들을 이동하는 책임은 계약한 회사에 있고 계약한 회사가 당연히 보험을 들었겠지만 항상 확인은 해보는 것이 좋다.

제1세계 국가 출신이 제2세계 또는 제3세계 국가에서 일하는 경우, 가능한 한 현지에서 구매해야 하는 실질적이고 또 정치적인 이유가 있다. 이동해야 하는 장비의 양을 줄일 뿐만 아니라 지역 사회에 실질적으로 기여할 수 있기 때문이다. 자신의 장비 일체와 심지어 음식까지 가지고 오는 부유한 외국 고고학자는 정말 좋지 않아 보인다. 양동이, 못, 끈 등은 일반적으로 현지에서 구할 수 있다. 특정 장비를 현지에서 구할 수 없을 때는 무게를 줄이기 위해 일반적으로 사용하는 장비의 경량 또는 접이식 버전을 찾는다. 예를 들어, 일본 교토의 회사에서 만든 KDS 줄자는 무거운 함척과 비교했을 때 무게가 매우 가볍다. 실측 틀용으로 1m로 접는 철제 그리드를 파는 전문 회사들도 있다. 상상력과 유연성을 발휘하면 발굴장으로 옮겨야 하는 물류를 크게 줄여줄 것이다. 가까운 장소에서 작업한다면 필요한 모든 것을 적합한 차량에 싣고 현장으로 가져가기만 하면 되기에 이런 문제가 없다.

물론 적절한 교통수단은 필수적이다. 적절한 교통수단이 의미하는 것은 작업하는 장소에 달려 있다. 도로 접근성이 좋은 근거지 근처에서 작업하는 경우, 적절한 크기의 대부분 차량이면 거의 다 적합하다. 더 먼 곳 특히 어려운 지형에서 작업하는 경우 차량을 신중하게 선택해야 한다. 일반적으로 랜드로버, 지프 또는 픽업트럭 유형의 견고한 4륜구동 차량이 필요하다. 고립된 지역에서 작업하는 경우 팀에는 항상 적절한 도구와 예비 부품을 휴대하는 정비사가 포함되어야 한다. 딜런은 장기 여행에 필요한 100가지 필수 도구와 예비 부품을 나열해 놓았는데, 모든 유적에 항상 차량 접근이 가능한 것은 아니므로 유적에 도달하기 위해서는 짐을 싣는 동물, 사람 또는 보트를 고려해야 할 수도 있다(Meighan and Dillon 1989). 보통 이러한 모든 유형의 교통수단은 현지에서 고용하는 것이 가장 좋다.

국가 간에 이동 시 다른 국가에 가지고 들어갈 수 있는 물건에 대한 법적 제약이 있을 수 있으므로 세관에 도착하기 전에 항상 확인해야 한다. 예를 들어, 토양을 영국으로 가져 오는 것은 불법이다. 하지만 퇴적물은 수입해 올 수 있기에 세관과 각 용어의 정의를 놓고 잠재적으로 흥미로운 논쟁이 생길 수도 있다. 많은 국가에서 선사시대 뼈를 포함한 모든 유기물을 수입하려면 허가가 필요하다. 고고학자가 자신의 국적이 아닌 국가에서 발굴하려면 취업 허가가 필요할 수 있다. 마지막으로 보험 문제는 신중하게 고려해야 하는데 이때 현장팀의 보험과 방문객이 트렌치에 떨어진 경우와 같이 제3자의 보험이 모두 포함되어야 한다.

발굴에 대한 접근

유적을 발굴하는 '올바른' 방법은 없다. 각 국가마다 선호하는 접근 방식이 다르다. 중국에서는 남북 방향의 5m 정사각형이 표준이며, 인도에서는 휠러식 방격법(Wheeler grid system)이 널리 사용된다. 네덜란드와 영국에서는 전면(open-area) 발굴이 대부분이지만 미국에서는 1m 단위로 하는 것이 일반적이다. 모든 방식은 좋은 그리고 나쁜 고고학 결과를 가져올 수 있다. 그러나 안타깝게도 일부 주정부 고고학 기관은 허가 및 허가권에서 특정 접근 방식을 지정해 두었다. 이러한 점은 모든 유적이 다르기에 아쉬운 부분이다. 다양한 선택 중 가장 적합한 원격 감지 기술을 선택하는 것이 좋듯이 발굴자는 주어진 범위에 가장 적절한 발굴 접근 방식을 선택할 수 있어야 한다. 그러한 결정은 유적의 성격과 사용 가능한 시간과 비용 모두에 기초할 것이다.

전체 발굴 작업 시간이 몇 주 밖에 주어지지 않는다면 깊은 땅속 도시 유적 발굴 작업을 1m 단위로 토양을 손으로 체질하는 것은 터무니없는 일이다. 기계로 트렌치를 파면서 순서대로 또는 전면 발굴로 파면서 건별로 진행하는 방법 중 하나를 선택해야 할 수 있다. 구덩이를 어떤 모양과 방법으로 팔 것인지에 대한 결정은 여러 요인에 따라 달라지는데, 첫 번째 요인은 발굴의 목적이 탐색적인지 아니면 현실적으로 거의 불가능하지만 전체적인지이다. 또한 원격 감지 및 야외 조사와 같은 비파괴적 기술로 유적의 범위에 대한 지식을 얼마나 많이 수집 했는지에 따라 달라진다. 일반적으로 탐색 발굴의 목적은 문화적 물질과 매장물의 수평적 범위와 문화적 물질의 수직적인 순서, 즉 유적에서 발생한 사건의 순서를 확립하는 것이다.

유적의 수평적 범위를 확인하려면 추정되는 유적의 영역과 그 너머에 걸친 표본의 분포가 필요하다. 이것은 3장에서 지상 측량에 대해 설명된 것과 동일한 샘플링 전략을 사용하여 배치할 수 있다. 즉, 단순 무작위, 계층화, 체계적 또는 계층화된 체계적 비선형 방법 등이 있다. 가장 일반적으로 체계적인 그리드가 사용되며 그리드 크기는 유적의 크기에 따라 달라진다. 오거 조사(auger survey)를 통해 유적의 수평적 범위에 대한 광범위한 아이디어를 얻을 수 있다. 유적의 모든 그리드 교차점에서 토양심을 채집하는데 가능하면 오거는 기반암에 도달한 후에 꺼내야 한다. 유물, 목탄 반점 또는 인산염 농도를 통한 인간이 변형시킨 토양 등을 식별할 수 있으며 유적의 발굴 범위가 결정된다.

미국 및 기타 지역의 얕은 유적에서 선호되는 대안은 삽 시굴이다. 유적에 그리드를 만들고 각 그리드 교차점에서 삽날 높이의 측면을 갖는 사각형 구덩이를 판다. 이상적으로 이 구덩이는 유물 포함층 위의 표면만 파서 기록하고 다시 메워서 원위치 시켜야 한다. 종종 구덩이가 유적층까지 파지게 되는데 이렇게 되면 작은 구덩이로 현장이 덮이게 되고 아직 발견되지 않은 유구 간의 중요한 관계를 손상시킬 수 있다. 구제 고고학에서 삽 시굴은 일반적으로 매우 빠르게 파서 모든 토양에서 유물의 존재를 파악한다. 광범위하고 얕은 유적에서 신중하게 사용하면 삽 시굴은 매우 저렴한 비용으로 유적의 범위를 잘 보여줄 수 있지만 삽날보다 깊은 부지에서는 사용되지 않는다.

삽 시굴의 대안은 일반적으로 사방 1m 또는 1×2m의 작은 정사각형 또는

그림 5.9 시굴갱(test pit)을 이용한 유적 샘플링

직사각형 단위(unit)이다(그림 5.9). 다시 말하지만, 구제 고고학에서는 흙을 삽으로 파서 체를 통과시킨다. 그러나 시굴갱(test pit)의 크기를 감안할 때 이것들은 자연층에 따라 좀 더 조심스럽게 발굴되어야 한다. 각 자연층 별로 유물들을 별도로 보관되어야 한다. 유물을 임의의 수평층에 따라 기록하는 단위 높이 방법(unit level method)은 토양 퇴적물의 윤곽이 전체적으로 동일한 경우를 제외하고는 방법론적으로 적절치 않다. '소다지(sondages)'라고 알려져 있는 깊은 시굴갱은 단순히 광범위한 층서의 정보를 얻기 위한 것이며 만약 그리드를 따라 일정한 간격으로 배치한 경우 유적의 범위에 대한 정보도 제공한다. 그러나 대부분의 경우처럼 복잡한 유적에서는 매우 주의해서 사용해야 한다. 이상적으로 더 깊이 파 들어가지 않고 유물 포함층 바로 위까지만 발굴하여 고고학 유적의 범위를 확립하는 데에만 사용되어야 한다. 이는 작은 구덩이에서는 뚜렷하게 찾을 수 없는 층서 또는 유구 관계를 손상시킬 수 있기 때문이다. 만약 퇴적의 깊이를 알기 위해서 사용된다면 필연적으로 약간의 피해를 입을 것이다. 하지만 모든 발굴 작업은 피해를 입기 때문에 잠재적인 피해에 비하여 얻을 수 있는 이득을

그림 5.10
좁은 트렌치 또는 트랜섹트
(transect)를 이용한 유적
샘플링

신중하게 고려해야 한다.

시굴 단위, 시굴갱 또는 소다지는 모두 다양한 유형의 트렌치이다. 영국 계약 고고학에서 평가 발굴에 정기적으로 사용되는 또 다른 방법은 길고 좁은 트렌치(trench) 또는 트랜섹트(transect)이다(그림 5.10). 일반적으로 일정한 간격으로 또는 무작위로 배치하는 이러한 트렌치는 유물이 보이기 시작하는 시점까지만 기계를 이용해 긁어낸 후 추가적인 발굴 없이 평가된다. 여기서 얻어진 정보는 개발자와 전체 발굴을 위해 협상하는 데 사용되거나 그 가치가 제한적일 경우 고고학적으로 버려질 수 있다. 또한 트렌치는 유적에서 특정한 연구 질문에 답하는 데 사용될 수 있다.

예를 들어, 만약 유적에 도랑의 연계망이 있는 것으로 항공사진에 나타난다면 트렌치는 크기, 모양, 퇴적물 및 재절단 순서에 대한 세부 정보를 얻을 수 있도록 도랑을 가로질러 직각으로 파야 한다. 이로부터 대략의 연대를 추론할 수 있다. 다만 도랑의 연대 측정에 대한 문제는 6장을 참조하자. 트렌치는 선형 토루 또는 둑에서 대략의 순서를 파악하기 위해서 사용될 수도 있다. 그러나 고고학 유적에 무모하게 트렌치를 파는 것은 매우 위험하고 피해를 입히는 과정이 될 수 있다. 트렌치는 평가용으로만 사용하거나, 트렌치가 묻힌 유구와 긴밀한 관련이 있다는 것을 확실히 하기 위해서 항공사진이나 지리-물리적 조사에서 충분한 데이터가 있는 경우에만 진행하여야 한다.

발굴의 그리드 또는 박스 시스템은 모티머 휠러(Mortimer Wheeler)에 의해 역사적 사건들에 대한 공간적 정보를 얻기 위해 수평으로 굴착해야 하는 문제와 이러한 사건들의 순서를 나타내기 위해 수직으로 굴착해야 하는 문제를 해결하고자 고안되었다. 방법론적으로는 문제가 있지만 꽤 영리한 아이디어였다. 유적에 정사각형 그리드를 배치하고 그 사이마다 파지 않은 땅을 띠모양으로 남겨둔다. 정사각형을 파내면 그 공간이 둑으로 서있을 수 있는 공간이 된다. 트렌치는 수평면에 정보를 제공하고 수직 단면은 수직 순서를 제공한다. 하지만 현실에서는 둑 또는 수직 단면의 위치가 종종 잘못 잡히게 되고, 기둥 구멍이 둑에 묻히면 트렌치에서 발견되는 기둥 구멍에서 나와 흩어져 있는 것들의 의미를 찾을 수 없게 되듯 중요한 유구 관계가 묻혀버린다. 단면은 불가피하게 유구와 층을 둔각으로 절단하여 단면을 해석 불가능하게 만들어 버린다. 둑을 없애지 않는 한 그리드 시스템은 단순한 유적조차도 이해가 거의 불가능하게 한다. 당연히 그리드 사각형을 파고 평면을 완료한 후에 둑 부분을 조심스럽게 발굴할 수 있지만, 종종 중요한 관계가 이미 사각형에서 파헤쳐졌을 수 있다. 그렇다면 단면이 특별히 유용하지도 않고 작업이 끝없이 반복되게 된다면, 왜 발굴을 필요 이상으로 더 복잡하게 만들어 성가시게 할까?

그런 면에서 그리드 시스템의 수정된 버전인 사분법(quadrant system)은 원형 고대 무덤(barrows)이나 고분(burial mound)과 같은 작은 원형 봉분을 조사하는 간단하고 효율적인 방법이다. 사분법은 마운드를 네 개의 부분으로 자르고 그 사이에 서있을 둑을 둔다. 각 방향으로 연속적인 횡단면을 보장하기 위해 둑은 중심에서 뻗어나가야 한다. 이는 먼저 봉분 중앙을 가로지르는 줄을 십자 형태

그림 5.11 둥근 봉분의 사분면 발굴

로 배치한 후 두 사분면 사이에 둑을 만들면 된다(그림 5.11). 그런 후 네 개의 사분면을 발굴하고 단면을 그린 후(7장), 둑을 제거하고, 전체 조사 지역의 평면을 그린다. 이 방법은 봉분의 축조 순서에 대한 명확한 수직 정보를 제공하며, 봉분 축조 전과 도중의 활동에 관한 수평면의 정보를 제공한다.

작은 원형 고분을 발굴하기 위한 사분법을 제외한 지금까지 설명한 모든 접근 방식들은 중세 고문서에서 1cm 직사각형을 잘라내어 해석하려고 하는 것과 같다는 비판을 받을 수 있다(Barker 1977). 당연히 전체 문서가 불태워지게 되는 경우(즉, 개발로 인해 유적 전체가 파괴되는 경우) 어떠한 정보든 아무 정보도 없는 것보다 낫다는 주장이 제기될 수 있다. 하지만 안타깝게도 작은 구덩이는 잘못된 정보를 생성할 수 있으며 도랑을 가로지르는 한 절단면에서의 정보는 불과 1미터 떨어진 다른 절단면과 완전히 다를 수 있다. 따라서 우리는 잘못된 정보가 없는 것보다 더 나은지에 대한 문제를 고민해 볼 필요가 있다.

고고학 유적에 작은 구덩이를 파는 것에 대한 위험은 특히 게르하르트 베르수(Bersu 1940)의 작업을 통해 이미 수십 년 동안 알려져 왔다. 중미에서 '전화 부스'식으로 구덩이를 파는 것은 1970년대 중반 켄트 플래너리(Flannery 1976)에 의해 가차없는 비난을 받았으며, 영국의 필립 바커(Barker 1977)도 비슷하게 비난했다. 현재 대부분의 고고학자들은 취락 유적과 많은 다른 유형의 유적에서도 전면 발굴이 최선의 접근 방법이라는데 동의한다. 일부 유형의 유적과 예비적 평가의 경우 다른 접근 방식이 더 적절할 수 있지만 신중하고, 선택적이고, 유연하게 사용되어야 한다. 궁극적으로 잘 발굴되고, 기록되고, 완전히 출판된 1× 1m 단위의 발굴이 거대하고, 잘못 통제되고, 출판되지 않은 전면 발굴보다 훨씬 덜 해가 된다. 발굴의 전략을 결정하는데 중요한 요소들은 시간, 자원 및 능력이다.

이상적인 전면 발굴의 원칙은 유적 전체를 파내며(그림 5.12) 고고학적 퇴적물들을 퇴적의 역순으로 드러내고, 기록하고, 제거하는 것이다. 유적에는 토양 단

그림 5.12
전면 발굴

면은 없거나 일시적으로만 존재한다. 유적의 순서 또는 층서는 퇴적물 표면의 지속적인 기록을 통해서 자세히 기록된다(7장). 발굴된 영역의 크기와 모양은 야외 고고학자가 미리 정한 것이 아니며 전적으로 유적의 크기와 모양에 달려 있다. 홍보 활동을 위한 작업으로 고고학자들은 흔히 발굴 영역의 가장자리에 수직으로 절단된 직선 면을 만든다. 이것은 많은 대중에게 발굴을 건설 현장처럼 보이지 않고 좀 더 진지해 보이게 만든다.

일반적으로 전면 발굴의 규모 때문에 유물 포함층 위의 퇴적물은 기계로 제거된다. 이 방법은 때때로 발굴을 시작하는 매우 효율적인 방법이며 엄청난 인건비를 절약한다. 그러나 얕은 경작지인 발굴 현장에서는 쟁기질된 토양층을 기계로 파내고 나면 지표 밑의 유구만 남게 될 수 있다는 문제가 있다. 유적에 대한 놀라운 양의 세부적인 내용은 쟁기질된 토양에 생존해 있을 수 있으며 자화율(磁化率, magnetic susceptibility), 인산염 분석 및 신중한 유물 수습 등을 통해 회수가 가능하다. 과거의 사람들도 오늘날과 같이 구덩이와 기둥 구멍 아닌 지표면에서 생활하고 일상 업무를 수행했으며(Clark 1990, 106-7) 6장에서 발굴의 세부 사항에 대해 더 설명할 것이다.

유물 수습의 단계

발굴에 대한 광범위한 접근 방식과 파낼 구덩이의 수, 크기와 모양을 결정한 후에는 유물의 수습 방법을 고려해야 한다. 이 점은 쟁기 흙이든, 현장 바닥이든, 구덩이의 내용물이든, 각각의 고유한 위치에 따라 고고학 실체 또는 맥락으로 간주되어야 한다. 전체 지역 발굴에서도 샘플링은 유적의 일부에서만 이루어진다. 유적의 모든 벽 그리고 찾을 수 있는 모든 토기 조각들을 수집하려고 시도할 수 있지만 이것이 가능하더라도 모든 꽃가루와 곡물들을 수집하는데 어떤 의미가 있을까?

수습의 단계는 매우 거친 것부터 아주 미세한 것까지 다양하다. 가장 거친 형태의 수습은 무거운 흙을 움직일 수 있는 기계를 사용하는 것이다. 이것은 벽과 같은 유구를 찾는 데 사용할 수는 있지만 사실상 기계로 제거된 토양은 고고학 내용을 전체적으로 손실시킨다. 기계로 제거된 토양에서 뼈나 항아리조각을 줍는 것은 샘플이 너무 편향되어 있기 때문에 거의 의미가 없다. 기계로 밀어도 고고학 맥락적으로 안전한 상황은 도시의 콘크리트 바닥, 사막 부지에서 바람에 날아온 모래, 그리고 경사면 아래로 흘러내린 토양이 고고학 유적을 묻혀버렸을 경우이다. 긴급 또는 구제 발굴에서도 유적에 대한 연구를 할 수 있는 충분한 시간을 확보할 수 있는 유일한 방법일 수도 있다. 고고학 작업의 경우 가장 좋은 유형의 기계는 토양을 밀어내는 것이 아니라 토양을 끌어내는 유형이다. 백 액터(백호)가 달린 기계가 자주 사용되지만(그림 5.13) 현장 땅을 끌어낼 수 있는 블레이드가 있는 기계면 모두 사용할 수 있다. 흙을 앞으로 밀어내면서 유적 위를 지나가는 불도저형 기계는 권장되지 않는다.

기계를 사용 후 다음 단계의 수습은 다양한 형태의 곡괭이류와 삽과 같은 손으로 쓰는 무거운 도구로 구성된다. 능숙하게 사용되면 정밀 도구로 간주될 수 있지만, 일반적으로는 유물 포함층보다는 방해되는 윗부분을 정리하는 도구로 사용된다. 능숙한 발굴자는 곡괭이와 삽을 사용하여 매장지에서 놀랍도록 높은

그림 5.13 거신 발굴: JCB 3C를 이용한 발굴

비율의 유물과 유기질 유물을 수습할 수 있다. 문제는 수습되는 샘플들이 작은 것보다는 큰 것으로 배경 토양과 유사한 색상보다는 대조되는 것으로 편향된다는 것이다. 따라서 중회색 토양에서 수습된 샘플에는 소뼈들이 많이 포함되지만 작은 물고기 뼈는 거의 없고, 빨간색 도자기는 크기 별로 찾지만 회색 도자기는 큰 파편만 수습될 가능성이 높다.

더 미세한 수습 단계에는 앞이 뾰족한 흙손(mason's trowel)과 같은 작은 수공구가 필요하다. 일반적으로 발굴자는 흙손질을 할 때 웅크리거나 무릎을 꿇기 때문에 곡괭이나 삽을 서서 사용할 때 보다는 파는 곳에 훨씬 더 가깝게 있게 된다. 발굴자는 가까우니 세밀한 관찰이 가능하고 한 번에 옮기는 토양의 양이 적어 유물과 자연유물의 수습은 증가하지만, 여전히 크기와 색상에 대한 편향은 존재한다. 맥락의 특성과 유적의 유형 및 기간에 따라 이것은 중요하지 않을 수 있다. 예를 들어, 중세 도자기 가마를 발굴하고 이미 백만 개의 항아리 조각을 가지고 있다면 놓친 몇 가지 추가 항아리 조각이 그렇게 중요하지 않을 수 있다. 그러나 살아남은 무기물이 거의 없는 아메리카 원주민 유적을 발굴하는 경우 최대한 많은 수습이 권장될 수 있다.

수습을 높이기 위해서 스크린 또는 망 형태의 체를 사용할 수도 있다(그림 5.14). 미국에서는 정기적으로 사용되지만 영국에서는 훨씬 더 선택적으로 사용된다. 그 이유는 부분적으로는 두 국가의 유적에서 발견되는 유물의 상대적인 양과 관련이 있을 수도 있지만 리처드 앳킨슨(Richard Atkinson)이 쓴 교재인 '야외 고고학'에 나와 있듯이 '동전, 구슬 및 기타 작은 물체를 찾기 위해 상당히 거친 체가 필요할 수 있지만 이 방법은 발견물의 정확한 원래 위치를 알 수 없으므로 사용을 권장해서는 안 된다'(Atkinson 1953). 만약 토양을 단순히 삽질해서 체로 통과시키는 경우에는 이 말이 맞지만, 일반적으로 이미 조심스럽게 꽃삽으로 파낸 토양을 체질하므로 물체는 비록 본래의 위치에서 옮겨졌지만 체질이 없다면 분실되었을 것이다. 토양을 상황별로 따로 분리하여 체질하면 발견물을 원래 맥락과 명확하게 연결될 수 있다.

수많은 토기편이 있는 유적에서 작고 마모된 토기편을 체질하는 것은 무의미하지만, 작은 구슬과 동전은 흙손질에서 놓칠 수 있다. 동전은 종종 유물의 시

그림 5.14 정교한 수습 방법: 유물과 유기물 유물을 흙에서 분리하는 체

대/시간적 나이를 알려주므로 정확한 위치가 중요할 수 있다. 이들은 흔히 흙손질을 하기 전 금속 탐지기를 사용하여 현장에서 찾을 수 있다(그림 5.15). 동전이나 기타 금속 세공물들은 금속 탐지기를 통하여 위치를 표시하면 흙손질을 하는 사람은 그 영역을 훨씬 더 주의 깊게 볼 수 있다. 체질은 특히 물고기와 작은 포유류 뼈의 경우, 뼈 집합체의 편향을 줄이는 데 필수적이다. 이러한 뼈 유물에는 1mm 크기의 체를 사용해야 한다. 미세한 토양 입자가 체를 통과하도록 하려면 습식 체질이 필요할 수 있다.

다음 단계의 수습은 습식 체질 또는 물 부유(water flotation)를 포함한다(그림 5.16). 습식 체질은 작은 물질을 수습하는 데 사용할 수 있지만 물 부유는 일반적으로 탄화 씨앗과 숯을 수습하는 데 사용된다. 물에 체질하면 건식 체질의 연마 효과를 줄일 수 있다. 돌조각은 가라앉아 있으며 유기물은 물 위에 뜬다. 이러한 방법으로, 예를 들어, 마모되지 않은 숯을 수집할 수 있다.

물 부유 장치를 사용하면 유기물을 수습 과정을 신속하게 진행할 수 있다. 고

그림 5.15 금속 유물 수습: 금속 탐지기를 사용한 발굴

그림 5.16
물 부유를 사용하여 탄화 물질 수습

그림 5.17 거품 부유 장치(froth flotation unit)를 이용한 탄화 물질 수습

든 힐만(Gordon Hillman)이 근동에 있는 식물 잔해를 수습하기 위해 발전시킨 이 방법은 수도를 사용하거나 펌프를 사용하여 물을 재활용하여 운영할 수 있다(Williams 1973). 부유 장치는 물탱크와 탱크 상단에 흙을 담은 1mm 체로 구성된다. 물을 흙이 있는 곳으로 펌프하여 토양을 부수고 씨앗과 숯과 같은 유기물이 방출하게 한다. 가벼운 조각들은 탱크의 가장자리 위로 흘러서 체의 둥지에 모인다. 사용한 물은 재활용을 위해 재정착 탱크를 통과하거나 수도를 사용하는 경우 폐기된다. 토양을 부수고 거품을 만들기 위해 화학 물질을 사용하는 변형된 방법도 개발되었지만 이제는 단순한 물 부유보다 덜 사용된다(그림 5.17).

　다음 단계의 수습은 매우 작은 물질이나 사람의 눈에 보이지 않는 물질을 복구하는 것이다. 이것은 유적으로부터 약간의 토양 샘플을 옮겨서 실험실 조건에시 추출함으로써 수행할 수 있다. 이러한 방식으로 육지 연체동물과 꽃가루를 찾게 되는 것으로 둘 다 현미경으로 확인하고 수를 센다. 이 단계의 수습에서는 현장의 모든 토양을 다 모을 수 없기 때문에 샘플링이 중요하다. 일반적으로 이러한 샘플은 날짜가 표시되어 있고, 오염되지 않은 밀봉된 퇴적물에서만 채취해

그림 5.18
꽃가루 샘플링

야 한다. 매립지 표면이 특히 이러한 샘플링에 적합하다(그림 5.18).

　수습의 마지막 단계는 더 이상 존재하지 않는 유물 또는 자연유물의 화학적 흔적을 찾는 것이다. 예를 들어, 땅에 묻힌 사람의 유해는 농축된 화학 물질(예를 들어 인)으로만 땅속에 남아있을 수 있다. 발굴의 모든 단계에서 책임자 또는 위임된 유적 관리자는 특정 맥락에 적합한 수습의 단계에 대해 정보에 근거한 결정을 내려야 한다. 기억할 점은 무엇을 하든 결국은 샘플 하나를 수습하는 일이라는 사실이다.

6장

유적의 발굴

발굴을 착수할 때, 유적의 안전 및 일상적인 운영과 관련된 흙의 효과적인 관리를 위하여 약간의 주의를 기울여야 한다. 많은 시간과 노력은 흙을 옮기고, 다시 옮기는데 낭비될 수 있다. 여기서 고려해야 할 첫 번째 측면은 안전이고, 다음은 유적의 고고학 자료를 최선으로 생각하는 것이며, 마지막으로 흙의 가장 효과적인 이동 방법과 저장이다. 안전 관점에서 절대로 트렌치 가장자리에 흙을 단순히 쌓아 놓으면 안 된다. 이렇게 버려진 흙은 트렌치 가장자리가 붕괴될 가능성을 높일 뿐만 아니라 다시 트렌치 안으로 흘러들어갈 것이며, 트렌치가 깊어질수록 현장 근로자들이 특히 위험해질 것이다. 고고학적으로 후대의 층에서 나온 유물이 그 이전의 층으로 흘러들어 연대를 혼동시키는 것은 역시 좋지 않다.

흙은 절대로 트렌치 가장자리 반경 1미터 내에 버려서는 안 된다. 만약 깊은 트렌치라면 더 멀리 떨어져 흙을 쌓아야 한다. 그러나 발굴이 끝났을 때 흙을 어떻게 처리할지에 대해 생각해야 한다. 구제고고학인 경우는 예외이지만 일반적으로 트렌치를 다시 채우는데 그 과정을 손으로 할 것인지 기계로 할 것인지에 대해 생각해 볼 필요가 있다. 삽 시굴과 시굴 단위에서는 쉽게 흙을 다시 매울 수 있도록 구덩이 가까이에 쌓아놓기는 하지만 여전히 1미터 이상 떨어져 놓는다. 큰 유적의 경우, 특히 기계가 표토를 제거하였을 때는 현장에서 떨어진 곳에

그림 6.1 발굴의 배치. 특히 흙더미의 위치

한 두 개의 흙더미가 생길 수 있다(그림 6.1).

버린 흙더미의 위치를 고려할 때, 당신은 접근 용이성, 체질을 통한 선별과 사진촬영을 고려해야 한다. 접근 용이성에는 양동이를 운반하거나 손수레 길이 되는 짧고 안전한 통로의 확보가 포함된다. 가파른 수레 길은 젖은 상태에서 극히 위험해지므로 버린 흙더미로 오르는 나선형 손수레 길이 길고 똑바른 길보다 안전하다. 체질은 흙더미 위나 옆에서 해야 하기 때문에 풍향을 고려하여야 하는데 그렇지 않으면 미세먼지가 계속해서 발굴장 위로 날리게 될 것이다. 사진 촬영과 관련하여 버린 흙더미의 위치도 고려해 볼 만하다. 예를 들어, 직사각형 굴착 구덩이의 양쪽에만 흙더미를 둔다면 높이를 확보하여 사진 촬영의 준비된 플랫폼이 될 뿐만 아니라 흙더미 위에서의 사진 촬영을 하면 흙더미가 찍히는 것도 피할 수 있다.

물론 좁은 유적에서는 그것만의 특별한 문제가 있다. 소형의 도시 유적으로서 특히 개발이 뒤따를 경우 트럭으로 흙을 반출하는 문제를 개발자들과 교섭하거나 비용을 들일 필요가 있다. 어떤 유적들은 흙 적재 문제를 해결하기 위한

그림 6.2 4년에 걸쳐 한 사분면은 발굴되었고, 두 번째 사분면에는 흙을 쌓아 놓는 방식으로
제한적인 유적 발굴

여러 계절에 걸쳐 발굴에 매달려야 할 수도 있다. 예를 들어, 영국 서섹스에 있는 루이스 성(Lewes castle)의 작은 삼림(motte) 안 언덕 위에서 발굴하는 동안 흙을 삼림의 상단에 보관해야 할 뿐만 아니라 상단의 절반은 성을 방문하기 위해 돈을 지불하는 관광객들이 접근할 수 있도록 유지하여야 했다. 따라서 이 지역 발굴은 4년에 걸쳐 진행되었다. 매년 사분의 일면이 발굴되었고, 다른 사분의 일면은 흙을 쌓는데 사용되었으며, 나머지 2개의 사분면은 일반인에게 공개되었다. 매년 발굴장과 흙더미가 사분면에서 한 칸씩 옆으로 이동했다(그림 6.2). 유적 사무실과 시설의 위치도 발굴과 흙더미, 유적 사무실 출입 등과 관련하여 고려되어야 한다. 대개 이러한 임시 건물들은 도로 접근에서 가능한 한 가까운 곳에 위치하는 것이 가장 좋다.

발굴의 물리적 설계는 유적을 어떻게 파느냐에 따라 매우 달라질 것이다. 기계 운전자가 가는 끈을 볼 수 있을 것으로 예상하지 말아야 한다. 기계를 사용할 경우 대략적으로 트렌치를 배치한 다음 손으로 마지막 모양을 만들거나 표

그림 6.3 끈으로 표시한 트렌치의 모퉁이

시로 트렌치 가장자리 안쪽 삽의 폭 만큼 트렌치를 파내는 것이 가장 좋다. 기계 작업을 위한 거친 모양은 모래, 스프레이 페인트 또는 측량대(ranging pole)로 표시할 수 있다. 손으로 트렌치를 파는 경우, 가장자리에 6인치(15cm)의 못, 모래 땅인 경우 더 큰 것으로 박고 끈으로 분명히 표시해야 한다. 트렌치 모퉁이에 못을 박고 파면 못이 빠져 버리게 되는데 이 문제는 트렌치 바깥에 못을 박고 끈으로 트렌치 모퉁이를 가로지르게 하면 피할 수 있다(그림 6.3). 트렌치 가장자리는 수직 절단을 표시하기 위해 삽으로 시작할 수 있으며 마침내 발굴 작업이 진행된다.

발굴

발굴의 목적은 유적의 각 고고학적 맥락을 파악하고, 정의하고, 밝히고, 연대를 측정하고, 이해하는 즉 모든 형성과정을 해석하는 데 있다. 일반적으로 이 과정은 유적의 건설, 절단 및 퇴적의 역순으로 수행된다. 나는 오늘날 영국고고학에서 널리 사용되는 '맥락(context)'이라는 용어를 사용하겠다. 맥락은 유적에 있는 별개의 고고학적 존재를 뜻하므로 층, 구덩이 또는 기둥 구멍 등을 가리킨다. 그것이 유적에 추가되는 기록이든 혹은 손실되는 기록이든 종종 단일 행동의 결과이다. 예를 들어, 기둥 구멍의 절단은 무엇인가 제거되는 손실되는 기록을 남기는 반면, 기둥 구멍의 채움은 추가되는 기록(즉, 기둥의 내용에 순서가 추가됨)을 남긴다. 영국에서 맥락은 전통적으로 층과 유구로 알려져 있으며 이러한 용어들은 세계의 다른 곳에서도 널리 사용된다. 미국에서는 '층서적 단위(stratigraphic unit)'라는 용어가 사용된다. 일부 고고학자들은 한 단어나 다른 단어의 사용을 강력하게 주장하지만 이것은 단순히 용어의 편의성 문제이기 때문에 사실 그렇게 중요하지 않다. 어느 선사시대 사람도 '가서 오늘의 맥락을 만들자'라고 선언하지는 않았었다. 여기에서는 가장 짧기 때문에 '맥락'이라는 단어를 사용할 것이다.

맥락은 별개의 고고학 실체 또는 어떤 실체와 다른 맥락과의 경계면(interface)으로 구성될 수 있다(Harris 1979). 특정한 퇴적물은 다른 퇴적물의 위나 최상층이 아닌 경우 아래 그리고 다른 퇴적물들 옆에 위치한다. 그것들이 만나는 곳에는 경계면이 있다. 경계면을 분리함으로써 유적의 층서 즉, 순서를 확립할 수 있다. 모든 맥락과 경계면이 유적 전체에 걸쳐 있는 것이 아니므로 작은 구멍을 파는 것의 문제는 전체 유적의 전형적인 층서를 보여줄 수도 있고 보여 주지 못할 수도 있다는 것이다.

맥락은 자연적인 침식과 퇴적(Pyddoke 1961)과 이러한 자연적 과정의 맥락에서 일어나는 인간 활동의 결과이다. 침식과 퇴적의 자연적인 과정은 지질학적으로 큰 규모로 잘 알려져 있다. 모든 언덕은 점차 침식되고, 그로 인한 침식 생성물은 계곡과 같은 저지대에 퇴적된다. 이 과정은 매우 작은 규모로도 발생한다. 기둥 구멍에 기둥을 설치한 후 기둥 구멍에서 파낸 흙은 주로 바람과 비의 작용을 통해 침식된다. 이 흙은 움푹 들어간 곳으로 씻겨 들어가거나 표면에서 퍼진다. 구덩이 파기와 같은 인간 활동은 더 낮은 퇴적물로 파고들어 새로운 맥락을 만들게 된다. 즉 구덩이와 흙더미는 사용되고 변형되어 고고학자들이 분리해 내는 맥락이 된다.

따라서 발굴의 중요한 요소는 맥락을 정의하는 과정이다. 이것은 쉬울 수도 있지만 매우 어려울 수도 있어 기술과 경험이 필요하다. 벽, 난로, 구덩이는 분리해 내기 꽤 쉽지만, 기둥 구멍에서 침식된 흙더미는 인접한 맥락에 섞여버리게 된다. 맥락을 정의하려면 본질적으로 색상, 질감, 점도 및 거친 성분 등의 차이와 이러한 차이의 접합면 또는 경계면을 찾아야 한다. 이 네 가지 요소에 대한 설명은 7장에서 맥락의 기록에 대해 다룰 때 다시 이야기 할 것이다. 여기서 중요한 것은 유적에서 차이를 보이는 요소들을 단순히 정의하는 것이다. 간단하게 말하면 검은 토양이 있는 지역은 붉은 토양이 있는 지역과 다르며, 돌이 들어간 붉은 땅이 있는 지역과도 다르다. 이렇게 정의된 맥락은 평면도에 기록되고 (7장), 이를 어떻게 발굴할 것인지 방법에 대한 결정이 이루어져야 한다. 이 책은 야외고고학에 대한 '소개'이므로 다음에 나오는 책들이 모든 측면에서 더 많은 것을 다룰 것이다. 스티브 로스캠스(Steve Roskams 2001)와 존 콜리스(John Collis 2001)가 자세히 다룬 우수한 두 교재를 살펴보면 도움이 될 수 있다.

맥락의 반복되는 형식과 발굴

발굴할 때 기억해야 할 가장 중요한 것 중 하나가 사람들이 벽, 구덩이, 기둥 구멍 또는 도랑에 살지 않았지만 발굴은 종종 이러한 맥락이 지배하고 있다. 사람들은 표면에서 살았고, 그들이 표면에서 한 활동이 남긴 흔적은 극히 희미하거나 전혀 없다. 중세의 넓은 방(hall)의 타일 바닥과 같은 일부 표면은 분리하고 발굴하기가 상대적으로 쉽다. 점유시기 동안 자연지표면을 포함할 경우 분리하고 발굴하기가 매우 어려워진다. 이 경우 흙의 화학적 또는 자기적 민감성(3장)의 변화, 다져진 구역 또는 유물의 패턴을 통해서만 추적할 수 있다.

생활면의 식별은 침식 후 변형 과정(2장)에 의해 더 어려워진다. 패총 또는 쓰레기더미가 아닌 낮은 밀도의 유물층은 벌레에 의해 아래로 침식된 생활면의 유물일 수 있다. 유물의 패턴은 여전히 점유 표면에서의 활동을 반영할 수 있지만 실제로 살았던 표면보다 20cm 정도 아래에서 발견될 수도 있다(Darwin 1881). 이러한 표면이 다져진 것은 벌레에 의해 사라져버린 것일 수 있다. 이와 같은 표면은 빠르게 묻혔어야 살아남았을 것이다. 표면은 실제로 평면으로만 발굴할 수 있어 전면 발굴(open-area excavation)이 바람직하다.

영국 동 서섹스(East Sussex)의 청동기시대 유적인 블랙패취(Blackpatch)(Drewett 1982)는 어떻게 벌레로 교란된 유물들을 효율적으로 구획 정리하여 직조, 가죽, 목재, 뼈 작업과 요리 등의 특정 활동을 수행하였는지 제시할 수 있도록 보여주는 사례이다(그림 6.4). 여기서 사용된 발굴 기법은 발굴 지역을 1m 사각형으로 구획하는 것이었다. 이들은 모두 동일한 비율로 발굴되었으며 모든 유물과 자연 유물(ecofacts)은 제자리에 남겼다. 매일 마지막으로 모든 물체를 현장 평면도에 직접 기록하였고 사각형별로 정리되고 포장되었고, 청동 조각과 같은 특정 물체의 경우 2차원 좌표로 정리되었다(7장 참조). 생활면은 종종 주변 경관과 합쳐져 범위를 정의하기가 거의 불가능하기에 다소 임의적인 결정을 내려야 할 수도 있다.

그림 6.4 사방 1미터 사각형으로 나눠 오두막(hut) 바닥의 발굴

일부 유형의 고고학적 맥락은 표면보다 정의하기가 훨씬 쉽다. 반복적 맥락인 구덩이, 기둥 구멍, 도랑 및 벽과 같은 것이 이에 해당한다. 이것들은 전통적으로 '유구(feature)'로 알려진 맥락이다. 구덩이에는 생활면에서 바로 아래층으로 종종 기반암까지 판 다양한 구멍들이 있다. 애초에 쓰레기 구덩이 용도로 파진 경우는 매우 드물지만 결국 최후에는 쓰레기 구덩이가 되었을 수 있다. 구덩이들은 곡물 또는 기타 식품 저장, 물 저장, 채석장 구덩이, 오물 구덩이, 요리 구덩이, 토기 가마, 분뇨 저장소 또는 의식 기능을 포함하여 여러 가지 이유로 파졌다. 구덩이 굴착의 목적은 전체 유적 발굴과 마찬가지로 순서와 사건을 확증하기 위한 것이다. 구덩이는 언제 파졌고, 사용되었고, 버려졌고, 채워졌을까? 구덩이는 어떻게 파졌고, 그 크기, 모양 및 윤곽이 어떠하였으며, 그 생애 동안 어떤 사건이 일어났을까? 그렇다면 유적의 다른 구덩이들과 유적의 맥락과는 어떤 관련이 있을까?

순서를 확립하기 위해서 구덩이는 종종 반으로 나뉜다. 구덩이의 상단 가장자리를 신중하게 정한 다음 끈과 못을 이용해 절반으로 나눈다. 일부 발굴자들은 모든 단면선을 남북 방향으로 배치하는데 이것이 평면에서 깔끔해 보이기는 하지만 실질적인 가치는 없다. 절반이 햇볕에, 절반이 그늘에 있을 때 구덩이 단면을 그리는 것은 매우 어렵기 때문에 사진과 그림을 고려해서 모든 경우 햇빛과 관련하여 방향을 고려하여야 한다(그림 6.5). 임의로 한 삽 깊이(spit)로 파는 것은 자연 층을 결정할 수 없는 경우에만 파야 한다. 각각의 새로운 층의 표면은 의도에 따라 조심스럽게 발굴되어야 한다. 퇴적물을 오래된 저장 구덩이에 버려진 가정 쓰레기라고 생각하더라도 쓰레기 더미에도 구조적이거나 특정한 제물이 있을 수 있다. 오늘날 우리가 '쓰레기'로 보는 것은 과거에 모든 종류의 의미와 금기 사항을 가지고 있었을 수도 있다. 구덩이의 주요 기능에 관한 정보를 제공할 수 있으므로 구덩이의 가장자리와 바닥은 각별히 주의해야 한다.

구덩이의 절반을 파고 나면 서면, 사진 및 도면 기록(7장) 등의 형식으로 기록한 다음 나머지 절반도 같은 방식으로 조심스럽게 제거해야 한다. 구덩이는 깊이 때문에 종종 탄화 유기물이 잘 보존되므로 내용물들은 종종 물 부유의 대상이 된다. 그러나 구덩이의 내용물은 통상 2차 폐기물로 구성되어 있으며 유적의

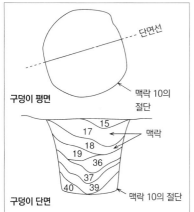

단면선

맥락 10의
절단

구덩이 평면

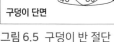

15
17   맥락
18
19
36
37
40   39

구덩이 단면

맥락 10의 절단

그림 6.5 구덩이 반 절단

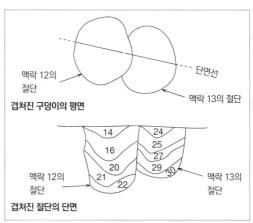

맥락 12의
절단

단면선

맥락 13의 절단

겹쳐진 구덩이의 평면

14   24
16   25
27
20   29
21   30
22

맥락 12의
절단

맥락 13의
절단

겹쳐진 절단의 단면

그림 6.6 겹쳐진 구덩이 절단

다른 활동에 대해 알려주지만, 폐기물 처리 활동을 제외하고는 구덩이 자체에서 발생하는 활동들이 아니다. 구덩이를 발굴하는 다른 방법은 평면에 있다. 각 자연 층서의 상단을 조심스럽게 정리하고 높이(level)를 잰다. 이러한 높이 단면(level section)은 어떤 라인에서든 퇴적물을 통해 재구성할 수 있다. 평면으로 발굴하는 것은 모든 활동(예: 봉헌 퇴적물)뿐만 아니라 표면 전체를 볼 수 있다는 장점이 있다. 반으로 나눠진 구덩이에서는 이러한 퇴적물을 파고 기록을 반씩 진행해야 한다.

만약 구덩이가 다른 구덩이를 절단한다면 구덩이 발굴 순서를 정할 수 있다. 다시 말하면 이것은 평면에서 수행할 수 있지만 그 관계는 일반적으로 단면에서 확인된다. 이를 위해 두 구덩이의 모서리를 평면으로 확인한 다음 각 구덩이를 개별 구덩이로 처리하는 대신 단면선을 두 구덩이에 배치해야 한다(그림 6.6). 운이 좋으면 한 구덩이가 다른 구덩이의 퇴적물을 어떻게 절단하는지 볼 수 있을 것이다. 그러나 뿌리, 빌레, 굴을 파는 동물들이 이 증서를 제거해버려 의심스러운 경우 그대로 기록한다. 그 관계는 분석이 가능한 유물과 같은 다른 요소들을 고려하면 해결될 수 있다.

땅에 설치된 목재 기둥은 아메리카 원주민의 큰 원형 주택에서부터 간단한 건조 선반에 이르기까지 다양한 건축에 사용되고 있으며 많은 지역에서 여전히 사용되고 있다. '기둥 구멍'을 인식, 확인 및 발굴하는 능력은 대부분의 발굴에서 필수적이다. 이러한 맥락에는 세 가지 주요 요소가 있다. 첫째, 때로는 '기둥 구멍'이라고도 하지만 흔히 '기둥 구덩이'로 알려진 구멍이 땅에 파여진다. 둘째, 기둥을 구멍에 넣고, 흙이나 암석으로 그 주변을 마무리, 즉 '기둥 채움(post-packing)'을 한다. 셋째, 썩거나 빠지면서 기둥에 채워진 퇴적물(packing)에 흔적을 남길 수 있다. 이것은 '기둥 주형(post mould)', '기둥 관(post pipe)' 또는 '기둥 소켓(post socket)' 등 다양한 것으로 알려져 있고, 때때로 이 요소만으로 '기둥 구멍'이라 불린다. 매우 큰 기둥을 설치하기 위해 기둥 구덩이로 내려가는 '기둥 경사로(post ramp)'가 있을 수도 있다. 따라서 여러 이유로 기둥 구멍을 신중하게 발굴하는 것이 중요하다. 첫 번째로 인간이 파거나 자연적으로 생긴 다른 많은 구멍과 혼동될 수 있고, 둘째로 건물을 복원할 때 기둥의 크기가 중요한데 기둥 구덩이의 크기는 기둥의 크기와 직접적인 관련이 있을 수도 없을 수도 있기 때문이다.

기둥 구멍을 발굴하는 가장 일반적인 방법은 절반으로 자르는 것이다. 이 방법은 원형 집과 같은 개별 구조물의 모든 기둥 구멍이 평면에서 보일 때 가장 잘 맞다. 먼저 평면에서 기둥 구멍의 상단을 조심스럽게 치운다. 운이 좋으면 기둥 관 또는 주형이 보이거나 그보다 일반적으로 기둥 관 상단 위로 침식 원뿔이 보일 것이다(그림 6.7). 만약 원래 기둥의 위치가 평면에서 보이면 기둥 구덩이의 가장자리까지 기둥 관과 퇴적물을 반으로 가로질러 구획한다. 그 다음 절반 부분을 조심스럽게 파내어 기둥 채움 발견물과 기둥 관 발견물을 분리한다. 서면, 그림, 사진 기록 등으로 단면을 기록하고 나머지 절반을 파낸다. 만약 기둥 관이 평면에 보이지 않으면 기둥 구멍은 사분되어 2개의 횡단면을 만들거나 평면으로부터 재건된 단면으로 평면식 발굴을 할 수 있다. 일반적으로 지적인 추정에 의해 구덩이 가운데로 하나의 단면은 절단된다. 그러나 이것은 기둥 관을 완전히 놓치거나 잘못된 결과를 초래할 수도 있다(그림 6.8).

기둥 구멍의 연대 측정은 간단하지가 않다. 기둥 구멍 내의 물체의 연대는 가장 이른 연대(terminus post quem)만 제공한다. 즉, 기둥 구멍은 구멍 내의 가장

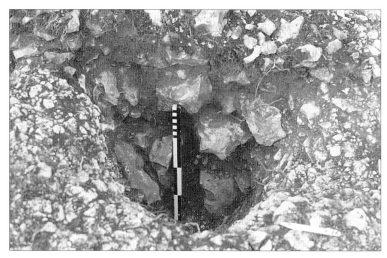

그림 6.7 반으로 나눈 기둥 구멍

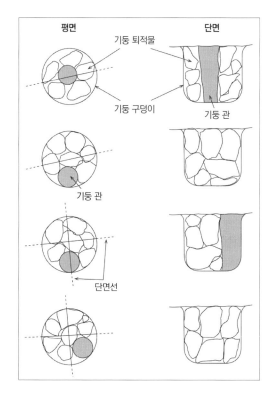

그림 6.8
기둥 구멍을 반절단 그리고
사분할 때 문제점들

오래된 물체와 같은 연대 또는 그 이후의 연대일 것이다. 분명히, 퇴적물 순서 측면에서 채움의 물체는 기둥 관의 물체보다 날짜가 더 빠를 것이다. 하지만 일반적으로 특히 여러 시기에 걸친 유적에서 기둥 구멍 내의 물체는 구멍의 연대와 거의 관계가 없으며 이것은 놀라운 일이 아니다. 기둥 구멍을 팔 때, 구멍 파는 사람은 더 이전 시대의 점유층(유물복합체 포함)을 관통하게 된다. 그런 후 기둥을 구멍에 세우고 파낸 흙으로 다시 채우거나 토기조각, 뼈, 돌과 같이 파낸 큰 조각들만 기둥을 안정적으로 유지하기 위해 채운다. 따라서 신석기시대의 유적에 박힌 중세 기둥 구멍의 채움이 오로지 신석기시대 유물만 포함될 수 있다.

기둥은 결국 썩거나 빠져 버릴 수 있다. 제자리에서 썩으면 미세한 토양 입자가 빈 공간을 채울 수 있고, 유물이 기둥 관에 들어갈 가능성이 없다. 그러나 기둥을 빼내면 표면의 쓰레기가 떨어지거나 구멍으로 밀려들어갈 수 있다. 이 자료는 기둥이 제거된 가장 늦은 연대(terminus ante quem)를 알려준다. 기둥은 기둥 관에서 발견된 가장 최근 물체의 연대 또는 그 이전에 제거되었을 것이다.

기둥 구멍의 연대를 측정하는 더 안전한 방법은 기둥 구멍을 판 표면의 연대를 측정하는 것이다. 특히 쟁기질된 유적의 경우처럼 기둥 구멍이 기반암에 이르기까지 일반적으로 잘 인식되지 않는 얕은 유적에서는 이것이 쉽지 않다. 다시 말해 기둥 구멍이 판 표면은 가장 이른 연대를 알려주지만 그 위층은 가장 늦은 연대를 알려 줄 것이다. 흔히 개별 기둥 구멍의 연대 측정은 불가능하지만 다행스럽게도 기둥 구멍은 구조의 평면이나 바닥과 같은 다른 맥락과의 관계에 의해 연대가 측정될 수 있는 더 큰 구조의 일부인 경우가 많다.

도랑은 과거에 다양한 이유로 파졌다. 거대한 도랑은 마을이나 언덕 요새를 방어할 수 있다. 홍수를 방지하기 위해 개별 주택 주변에 작은 도랑이나 배수로를 파낼 수도 있다. 크든 작든 선형 유구로 한 지점의 순서가 다른 지점의 순서와 완전히 다를 수 있다는 문제를 제시한다. 단일 직각 횡단면은 그 지점에서 도랑의 크기, 메꿔진 순서와 재단절을 알려줄 수 있다. 1미터 떨어진 단면은 완전히 다른 순서를 보여줄 수 있다. 도랑의 순서를 완전히 이해하려면 도랑을 가로지르는 단면과 연속적인 세로 단면을 얻을 수 있도록 일련의 사분면으로 발굴하는 것이 이상적이다(그림 6.9). 그러나 이 과정은 시간이 오래 걸리므로 배수로가 채워진 미세한 순서를 풀어내는 것보다 배수로 내에서 무슨 일이 일어났었는 지 이해하는 데 시간을 투자하는 것이 좋다. 도랑이 기반암으로 파고들었다면 가장자리가 아주 분명하다. 그러나 만약 의심스러우면 인접한 기반암(bedrock) 까지 더 파거나(overcut) 더 나아가 상형단면(箱形斷面, box section)을 만드는 것이 좋다(그림 6.10). 이 방법은 영국에서는 종종 좋지 않은 시선을 받지만 세계의 일 부지역에서는 널리 사용된다.

　평면에서 도랑이 교차하는 것을 확인할 수 있는 경우 유적의 발달을 판단하 는데 중요하므로 굴착의 순서를 파악하는 것이 중요하다. 때로는 교차되는 순 서를 평면에서 확인할 수 있지만 그렇지 않은 경우 교차를 확인하기 위해서는 두 도랑을 관통하는 단면을 만들기 위해 절개 위치를 신중하게 결정해야 한다 (그림 6.11). 구덩이와 기둥 구멍과 마찬가지로 도랑에 있는 물체의 연대는 가장 늦은 연대를 알려 줄 뿐이다.

그림 6.9
도랑의 길이에 따라 절단
(서섹스 야외 고고학 팀의
M. RedKnap와 M. Millet, Sussex
Archaeological Field Unit)

그림 6.10 도랑의 상형(box) 절단

　파냄과 메움이 있는 구덩이, 기둥 구멍 및 도랑의 발굴과는 다르게 벽은 자체적인 문제를 제시한다. 서있는 구조물의 발굴이 아닌 이상, 벽은 대체로 기초에 의해 혹은 도둑들이 돌을 훔쳐가고 남겨놓은 도굴 트렌치(robber trench)에 의해 고고학적으로 나타난다. 벽이 낮은 단순한 건물을 제외하고는 벽돌 구조물을 지표면에 직접 건설하는 경우는 드물다. 일반적으로 벽은 기반암이나 기초 트렌치(foundation trench)에 세운 기초(footings set)와 같은 단단한 것 위에 지어진다. 기초 트렌치는 두 가지 방법으로 사용될 수 있다. 도랑을 벽 기초 폭으로 파고 기초로 채우거나 도랑을 기초보다 넓게 파고 기초를 만든 후 나머지 부분을 다시 채운다. 기초 트렌치에서 발견된 물체는 벽보다 수 년 또는 수 세기 이전 시기의 것일 가능성이 높으므로 다시 한 번 가장 늦은 연대를 알려준다. 파낸 기초 트렌치의 층을 파악하기 위해 모든 노력을 기울여야 한다. 기초 트렌치의 연대는 해당 층과 같은 연대이거나 그보다 늦지만 파낸 기초 트렌치를 덮은 층의 연대보다는 이전이다(그림 6.12).
　간혹 벽 기초의 건설 순서를 벽과 벽이 약간씩 만나는 지점을 확인하여 알아

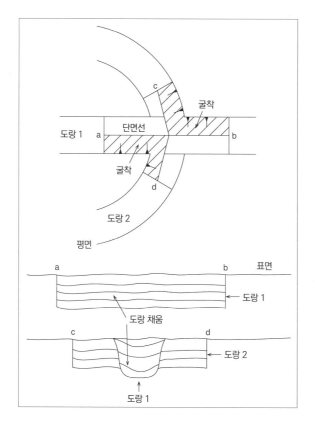

그림 6.11
교차하는 도랑들의 절단

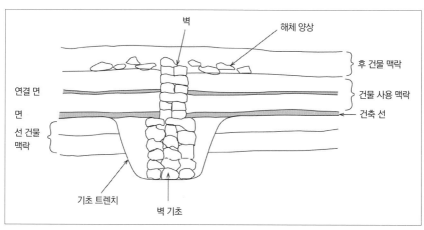

그림 6.12 벽 기초의 발굴 및 연대 측정

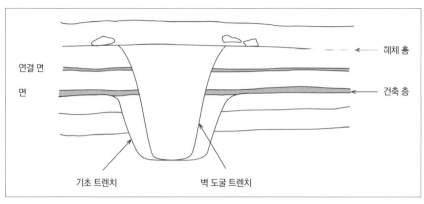

연결 면

면

혜체 층

건축 층

기초 트렌치   벽 도굴 트렌치

그림 6.13 도굴된 벽의 발굴 및 연대 측정

낼 수 있다. 벽과 벽이 일직선으로 맞닿는 경우 일반적으로 서로 다른 시기의 것일 때가 많다. 이점은 보통 건물 재료의 차이, 기초의 상대적 깊이, 그리고 사용된 모르타르의 차이에 의해 확인될 수 있다. 벽이 완전히 도굴당한 경우 도굴 트렌치의 패턴만으로도 이전 벽의 흔적을 찾아 낼 수 있다. 도굴 트렌치를 발굴할 때는 원래의 기초 트렌치와 연관해 그 범위를 알아내기 위해 많은 주의를 기울여야 한다(그림 6.13). 도굴 트렌치는 벽의 실제 너비와 비슷할 가능성이 높다. 벽돌 건물은 항상 벽과 직각을 이루는 단면으로 평면에서 발굴해야 한다.

　사람 무덤의 발굴은 야외 고고학자들에게 법적, 윤리적, 실질적 문제를 제시한다. 5장에서 언급했듯이 잉글랜드에서 유골을 발굴하려면(영국의 다른 지역에서는 입장이 다소 다르다) 1857년 매장 법에 따라 유골 이동을 위한 면허가 필요하다. 미국에서는 1990년 아메리카 원주민 무덤 보호 및 송환 법에 따라 인간의 골격 물질은 재매장을 위해 부족 후손에게 반환되어야 한다. 대부분의 국가는 유골에 대해 할 수 있는 것과 할 수 없는 것을 정의하는 법적 통제권을 가지고 있다. 그러나 법에 상관없이 야외 고고학자들은 결국 인간을 발굴하는 데에 대한 윤리적 입장을 항상 고려해야 한다. 대부분의 사람들은 죽은 사람이 묻힌 후에는 그렇게 유지되어야 한다고 생각한다. 대부분의 사람들은 모독이라고 생각함에도 고고학자들이 영리하게 정당성으로 포장하였지만 인간의 유해는 소수

집단의 이득을 위해 땅에 묻혀 있는 것은 아니다.

구제 또는 긴급 발굴 중 사람의 유해를 이동하는 것은 일반적으로 정당할 수 있지만 학술 발굴에서는 이 과정의 윤리에 대해 훨씬 더 자세히 고려해야 한다. 고려해야 할 주요 영역은 먼저 발굴에 대한 실제 과학적 정당성이 무엇인지이다. 이는 모든 이해 당사자에게 명확하게 설명되어야 한다. 둘째, 작업이 어떻게 합당한 예의와 존경심을 갖고 수행될 것인지 그리고 마지막으로 연구 후 유해를 폐기하는 가장 적절한 방법은 무엇인가이다. 많은 고고학자들은 무덤 발굴을 마무리하는 가장 적합한 방법으로 재매장을 고려한다.

사람의 유해를 발굴하겠다는 제안을 정당화하고 모든 필요한 동의 및 합의를 획득하였다면 무덤의 발굴 또한 여러 면에서 다른 맥락과 똑같이 대해야 한다. 매장(burial)은 특정한 폐기 과정이다. 폐기는 특수 지역 또는 특수 구조, 예를 들면, 묘지나 둥근 고분에서 이루어 질 수 있다. 그러나 일부 문화권에서는 죽은 사람이 살아있는 사람과 명확하게 분리되지 않으며 매장이 생활공간, 집 내부, 정원 또는 쓰레기더미 등에서 이루어진다. 따라서 무덤 발굴의 핵심 요소는 무덤의 맥락을 고려하는 것이다. 인간 활동의 다른 영역과 관련하여 무덤은 어디에 있나? 관련 구조물이 둥근 무덤과 같은 무덤 구조물일까, 아니면 쓰레기더미와 같은 집 내부의 구조물도 무덤으로 사용될까?

고고학자들이 발견하는 인간의 유해는 보통 분절된 뼈, 분리된 뼈 또는 화장된 뼈로 구성된다. 침수, 동결 또는 건조의 결과로 인체가 손상되지 않고 온전한 상태로 남는 경우는 매우 드물다. 사람의 머리와 그와 관련된 팔, 다리, 몸통 사이의 관계를 예측할 수 있기 때문에 분절이 있는 인체의 발굴은 여러 면에서 가장 쉬운 방법이다. 그러나 구덩이에 앉는 것보다 옆으로 눕혀져 있으면 발굴하기 쉽듯이 신전장(伸展葬)은 웅크리고 있는 매장보다 발굴이 훨씬 쉽다.

무덤 구덩이에서 신전장을 발굴할 때 일반적으로 두개골의 맨 위 또는 앞쪽이 먼저 발견된다. 이것은 즉시 나머지 신체의 방향에 대한 아이디어를 제공한다. 이상적으로 발굴자는 구덩이 위나 내부에 위치한 비계(scaffold)틀에 놓인 판자에서 작업해야 한다. 발굴자가 무덤 위에 서있는 경우 뼈와 동반되는 부장품이 부서질 수 있기 때문이다. 두개골의 위치를 파악하면 골격을 지나는 중심선을 추정할 수 있으며 이 선을 따라 조심스럽게 흙을 제거하여 모든 뼈를 찾아낸다. 일반적으로 표준적인 소형 도구들, 석공의 뾰족한 흙손, 페인트 붓, 양동이 및 꽃삽이 골격 발굴에 사용되지만 뼈가 땅에서 부식됨에 따라 부드러운 붓과 나무 주걱이 사각형 소형 미장 도구(plasterer's leaf)나 치과용 도구(dental pick)처럼 좀 더 섬세한 도구와 함께 사용되는 경우가 있다. 손잡이가 직각으로 구부러진 다양한 사이즈의 작은 숟가락은 뼈 사이에서 흙을 긁어내는 데 유용하다. 아무리 조심스럽게 파더라도 특이한 작은 뼈들 특히 귀, 손 및 발가락뼈는 예상치 못한 위치에 있을 수 있으므로 무덤의 토양은 항상 체질(screened)해야 한다.

분리된 뼈들의 무덤(세골장 무덤) 발굴은 뼈들 사이에 명백한 관계가 없을 수 있기 때문에 발굴이 더 어렵다. 이러한 발굴은 쓰레기 퇴적물을 발굴하는 것과 동일하게 조심스럽고 체계적인 방식으로 진행되어야 하며, 각 뼈를 드러내고 기록해야 한다. 뼈의 분리가 매장 전에 일어난 일인지 아니면 땅을 파는 동물에 의한 뼈의 교란과 같은 퇴적 후 변화의 결과인지 확인하기 위해 주의를 기울여야 한다. 뼈 분리 상태의 하나로 화장은 매장 전에 시체를 태워서 생긴 결과이다. 뼈는 화장 후 장작더미에서 손으로 골라져서 매장하기 전에 뭉개졌을 수 있다. 화장된 유골은 작은 구덩이에 직접 묻거나 항아리, 가방 또는 상자에 담겼을 수 있다. 썩지 않는 용기에 밀봉하지 않는 한 뼈는 퇴적 후 활동에 의해 퍼질 가능성이 있다. 따라서 화장매장지에는 일반적으로 중심퇴적물과 중심에서 떨어진 뼈들이 있다. 조심스럽게 체질하는 것이 완전한 화장된 유골을 되찾는 유일한 방법이다. 만약 토양이 인간의 뼈가 생존하기에 지나치게 산성이라면(뼈는 석회질) 유해는 유해 모양의 얼룩이나 예를 들어, 둥근 고분 아래에 남아있는 유해 모양의 높은 인산염(phosphate)으로 추적될 수 있다.

유구가 없는 유적

모든 고고학 유적이나 유적의 일부가 구덩이, 기둥 구멍, 벽 또는 무덤과 같은 유구를 가지고 있지는 않다. 유적, 특히 초기 유적은 활동 영역을 대표하는 유물 및 자연 유물의 분포만 확인될 수도 있다. 린쳇(lynchet: 선사시대 구릉 경작지, 段地)이나 마른 계곡의 퇴적물과 같은 유적들은 인간의 활동을 나타내고 과거에 대한 상당한 데이터를 제시하고, 그 자체가 유구가 될 수 있지만 유구를 가지고 있지 않을 수도 있다.

유구가 없는 대부분의 활동 영역은 실제로 전면 발굴(open-area excavation)을 통해서만 철저하게 조사될 수 있다. 예를 들어, 깨진 플린트 조각의 정확한 위치는 유적 내에서 플린트를 깎아서 다듬은(knapping) 위치와 그 당시 사람이 서 있었는지 앉아 있었는지 또는 웅크리고 있었는지의 여부를 나타낼 수 있다. 다듬은 위치 별로 독특한 폐기물 생산 패턴을 생성할 수 있다. 유적 내에 폐기된 돌 조각이 없는 네거티브 영역 또한 앉는 공간이나 부지를 통과하는 경로를 나타내어 똑같이 중요할 수 있다. 그러나 이러한 종류의 증거는 퇴적된 이후 유적이 방해 받지 않은 경우에만 복구될 수 있다. 남아있기 위해서는 일반적으로 퇴적물에 의해 매우 빠르게 덮이거나 절벽 붕괴가 일어나야 한다. 돌 조각들이 실제로 제자리에 보존된 것인지 확인하려면 세심한 주의가 필요하다. 예를 들어, 흐르는 물에 넣어진 석재는 물의 흐름에 따라 단일 방향으로 이동하겠지만 쟁기질로 인해 모든 패턴이 손실될 수 있다. 또한 날카로운 모서리를 가진 석재는 둥근 모서리가 있는 석재보다 멀리 이동할 가능성이 적다.

대량의 토양 이동이 일어났지만 여전히 고고학적 중요성을 지닌 린쳇과 마른 계곡 퇴적물은 특정한 발굴 기술을 필요로 한다. 이 둘을 연결해서 이야기하는 이유는 형성 과정과 발굴 방법이 비슷하기 때문이다. 둘 다 토양이 내리막을 따라 이동하다가 경관에서 특정 지점에 멈춘 결과물이다. 모든 린쳇과 대부분의 마른 계곡 퇴적물은 과거에 농업 활동이 있었다. 린쳇은 농업의 결과물로 흙이 경사면을 아래로 이동하여 밭 바닥에 퇴적된 것이다.

린쳇이 단일 현장이 아닌 경지 제도(field system)의 일부인 경우 추가되는 요소와 손실되는 요소(positive and negative element)를 가진다. 들판 아래쪽에서는 추가되는 린쳇으로 토양이 쌓이는 반면 다음 들판의 위쪽에서는 침식이 일어나며 손실되는 린쳇이 만들어지게 된다. 대부분의 고고학 정보를 제공하는 것은 추가가 일어난 린쳇이다. 쟁기질하지 않은 흙이나 울타리, 벽 또는 제방과 같은

그림 6.14 린쳇 섹션 발굴

장벽에 부딪혀 흙이 쌓였을 수 있다. 그렇다면 기둥 구멍 같은 유구가 관련되어 있을 수 있다. 린쳇을 발굴하는 일반적인 방법은 직각 단면으로 절단하는 것이다(그림 6.14). 전면 발굴은 경지 전체 또는 경지 제도 구역 전체가 발굴되는 경우에만 가능하며 이는 일반적으로 구제 또는 긴급 발굴에서나 가능한 일이다.

　린쳇 발굴의 목적은 경지 또는 경지 제도에 대한 농업사를 파악하는 것이다. 이것은 항아리조각과 같은 인공물을 포함하고 있는 가정 또는 농가 퇴비(farmyard manure)로 정기적으로 퇴비한 경작지에서만 효과적으로 수행할 수 있다. 인공물들은 퇴비와 함께 경작지(field)에 유입된 순서에 따라 경사면 아래로 이동되고 그 순서대로 린쳇에 퇴적된다. 유물을 단면을 따라 옆으로 그리고 아래로 2차원적으로 구분하면 시기·연대를 산정할 수 있는 유물이 있는 층위를 찾을 수 있으며 이는 오랜 쟁기질 기간을 나타낸다. 이것은 연체동물분석(아래 참조)에서 추론된 환경적 순서와 연결지을 수 있고, 일련의 경작지 내에서 목초지의 변화 단계를 알려줄 수 있다.

　린쳇 발굴은 표면에서부터 아래쪽으로 각 유물의 정확한 위치를 표시하면서 완전히 수작업으로 진행될 수 있다. 과정을 가속화하기 위한 대안으로 나는 1976년 서섹스(Sussex)의 불록 다운(Bullock Down) 발굴에서 1m 폭의 트렌치를 기계로 팠다. 단면을 그려 놓고, 50cm의 단면을 트렌치의 한쪽에서 손으로 파 내고 이미 그려 놓은 섹션에 발견되는 유물을 바로 그려 넣었다. 이것은 린쳇을 절개하는 데 걸리는 평균 시간을 3분의 2로 줄였고, 상당한 시간과 비용을 절약 했다.

린쳇 형성과정에서 멈추지 않은 토양은 결국 계곡 바닥에 안착하게 될 것이 다. 따라서 이 토양은 지역의 농업 및 환경 역사를 보존하게 된다. 농업을 암시 하는 빠른 토양 축적의 순서를 알아내기 위해 린쳇과 같은 방식으로 건조한 계 곡을 통하는 단면을 절개하고 유물을 주의 깊게 구분할 수 있다. 지역의 환경 역 사는 종종 초기에 자연적으로 축적된 계곡 퇴적물 연구에 의해 농업 기간보다 연대가 더 이르게 올라갈 수 있다.

유물과 자연 유물의 발견 및 처리

유물, 자연 유물 및 관련 환경 데이터의 복구는 유적을 이해하는 데 필수적이 다. 발견물, 특히 유물은 예를 들어, 예술품과 같이 그 자체로 중요할 수도 있지 만 일반적으로 그 중요성은 유적에서의 연관성과 맥락에 있다. 그것들은 유적에 서 어떤 일이 일어났는지, 유적 어디에서 일어났는지 그리고 유적에서 언제 일 어났는지에 대한 정보를 제공할 수 있다. 유물을 발굴하고 기록하는 방법은 발 굴되는 유적의 유형과 관련 퇴적물의 유형에 대한 야외 고고학자의 평가, 특히 1차 또는 2차 쓰레기인 경우에 더 크게 좌우된다(2장). 생성된 곳에서 버려지는 1차 쓰레기는 2차 쓰레기보다 훨씬 더 신중한 발굴과 기록을 필요로 한다. 2차 쓰레기는 일반적으로 맥락에 따라 발굴되고, 수습되어 그룹화되는 반면, 1차 쓰 레기는 각 조각의 정확한 위치가 활동 영역을 찾는 데 중요할 수 있다.

발굴되는 유적이 물에 잠기거나 건조되거나 얼지 않았던 한 발견된 대부분의 유물은 기간에 따라 무기물, 특히 석기 또는 도자기일 가능성이 높다. 석기와 도자기는 대부분의 토양 유형에서 살아남으며 일반적으로 물체 주변의 토양을 조심스럽게 제거하고, 전체 범위를 확인한 후 조심스럽게 들어올림으로써 안전하게 발굴할 수 있다. 물체가 처음으로 드러났을 때 일부가 땅에 단단히 붙어있을 수 있어 부서질 수 있기 때문에 절대로 땅에서 빼내지 말아야 한다. 그 다음 물체를 최소한 유적 이름이나 코드 그리고 상황 번호 또는 위치가 정확하게 파악되는 경우 3차원 좌표를 명확하게 표시를 한 발견물 상자 또는 봉투에 넣는다(7장 참조). 크고 완전하거나 깨지기 쉬운 항아리는 굴착 시 더 많은 주의가 필요하며 제자리에서 전문적인 보존 처리가 필요한 경우 특별한 들어올리는 기술이 필요할 수 있다. 대규모 프로젝트에는 일반적으로 유적 보존처리자가 있거나 특정 문제 발생시 호출에 즉시 응할 수 있는 사람을 둘 수 있다. 보존처리자가 없는 경우 야외 고고학자는 문제를 해결할 수 있는 충분한 기본적인 보존 지식을 가지고 있어야 한다.

야외 보존의 주요 목표는 어떠한 손상도 입지 않고 대상을 안전하게 들어올려 운반할 수 있는 환경을 제공하고 미래의 보존을 방해하지 않는 방식을 제공하는 것이다(Payton 1992). 부드러운 자기는 들어올리기 전에 약간의 경화 처리가 필요할 수 있다. 아세톤의 폴리아세트산비닐(PVA)은 가장 일반적으로 사용되는 경화제 중 하나이지만 Paraloid B-72 및 Butvar B98과 같은 다른 것들도 사용 가능하다. 물체를 들어올리기 위해 지지가 필요한 경우 물체와 지지대 사이에 보호막을 두는 것이 좋다. 음식 포장용 비닐랩, 알루미늄 호일 또는 무산성 화장지 종이로 물체 주위를 조심스럽게 포장할 수 있다. 그 후 소석고(plaser of Paris), 에어로졸(aerosol) 또는 두 가지 성분의 폴리우레탄 폼에 넣거나 석고 붕대로 감는다. 물체가 크거나 무거우면 들어올릴 수 있도록 판자를 그 아래로 밀어 넣는다. 물체를 들어올릴 때 특히 굳힌 물체의 하부를 절단하려고 시도할 때 유적이나 인접 물체를 손상시키지 않도록 매우 조심해야 한다.

석기(lithics) 또한 발굴되고 유적에서 들어올려 이동될 때 주의해야 한다. 석기 관련 주된 문제는 부주의한 취급이 파생적 변형과 외관상으로 보이는 미세 마모를 일으킬 수 있다는 것이다. 제자리에서 깎아서 다듬는(knapping) 활동을 한 바닥에서는 특별한 주의를 기울여 처리해야 한다. 가장 작은 플린트 조각을 모두 복구하려면 미세 망사 체질이 필요하지만 건식 체질은 가장 미세한 가장 자리의 대부분을 재타격할 수 있다. 토양을 주의 깊게 습식 체질하면 체질의 연마 효과가 감소한다. 석기는 이동 중에 마모를 방지하기 위해 별도로 포장해야 한다. 물론 린첫 섹션의 석기와 같은 2차 또는 굴러진(rolled) 상황을 다룰 때는 이런 점이 문제가 되지 않는다.

대부분의 다른 인공물들은 굴착, 포장 및 보관 중에 특별한 주의를 필요로 한다. 금속은 건드리지 않고 들어올리는 것이 가장 좋으며 부식을 늦추고 건조 상태로 유지하려면 실리카겔과 함께 알루미늄 호일에 조심스럽게 밀봉해야 한다. 그러나 나무와 같이 수분이 있는 유기물은 곰팡이가 생기는 것을 막을 수 있는 충분한 살균제를 사용하여 젖은 상태로 유지해야 하며 최대한 빨리 연구실로 옮기거나 나무를 버리기 전에 그림 기록을 남기고, 사진을 찍고, 나무의 종류를 확인해야 한다. 어떠한 박물관도 곰팡이 나거나 썩은 나무 조각을 받아 처리할 준비가 되어 있지 않다!

뼈와 조개껍질은 석회질(calcareous) 토양이거나 특별한 조건에서만 살아남는다. 이런 것들은 처음 발굴되었을 때는 상당히 부드러울 수 있지만 건조해지면 보통 단단해진다. 그것들이 매우 부드럽다면 강화 처리와 세심한 들어올림이 필요할 수 있지만 일반적으로 자기와 유사한 방식으로 처리하면 된다. 다시 말하지만, 날짜와 상황에 따라 적절한 발굴 및 처리 방법이 결정된다. 기원전 400,000년의 인간의 뼈는 잔여(residual)의 맥락에서 19세기 뿔보다는 더 조심스럽게 취급될 것이다.

환경 데이터를 발굴하는 방법은 유물이나 음식 쓰레기 유형의 자연 유물을 발굴하는 방법과는 상당히 다르다. 회수 가능한 두 가지 유형의 주요 환경 데이터는 일반적으로 산성 유적의 꽃가루와 알칼리 유적의 육상 연체동물이다. 둘 다 토양 샘플을 채취하고 연구실 조건에서 증거를 추출해야 한다. 이상적으로 유적에서의 샘플링은 야외 고고학자와 협력하여 환경 고고학자가 수행해야 한다. 샘플 채취는 일반적으로 입면(standing sections)에서 실시되지만 전면 발굴에서는 발굴이 진행됨에 따라 샘플을 채취해야 할 수도 있다. 꽃가루 샘플은 매립된 땅 표면에서 1cm 또는 2cm 간격으로 기둥 모양(column)의 토양 샘플을 채취하여 얻을 수 있다(그림 5.18). 연체동물 표본은 더 커야 하며 도랑의 층과 같이 독립된 상황에서 채취되어야 한다. 축축한 토양 샘플은 비닐봉지에 밀봉하여 따뜻한 현장 오두막에 보관하면 곰팡이가 생길 수 있다. 이상적으로는 샘플을 환경 연구실로 바로 가져 가야한다. 그렇지 않으면 가방을 시원하게 유지하거나 소량의 살균제를 추가해야 한다.

모형(Matrices), 시기(phase)와 연대 측정

시간의 흐름에 따라 고고학 유적의 발달을 밝히려면 층서적 순서를 밝혀내야 한다. 층서(맥락)의 개별 요소들을 단계화 즉, 시기에 따라 배치한다. 시기는 시대로 묶여질 수 있다. 복잡한 유적에서는 모형의 구성이 이 과정에 도움이 될 수 있다. 가장 이른 연대(terminus post quem)와 가장 늦은 연대(terminus ante quem)의 원칙은 시기와 시대 측정을 돕기 위해 적용된다.

시기는 맨 아래에서부터 위의 순서로 설정된다. 전통적으로 일련의 퇴적물과 동반되는 유구 또는 구조를 확립하기 위해서는 입면(서있는 단면)이 주의 깊게 연구되어야 한다. 전면 발굴에서 이것은 맥락 기록 시스템을 통해 수행된다. 각 맥락은 다른 맥락의 아래나 위에 위치하거나 어떠한 다른 층서적 관계를 갖는다는 것을 기록하면 된다(그림 6.15). 층서적으로 연관되는 맥락들은 시기의 형성으로 인식할 수 있다. 시기의 요소들은 유물이나 연대를 고려하지 않고 층서학적 증거에 대한 연구만을 기반으로 한다. 건물 등급과 같은 요소나 공반하는 연대를 알 수 있는 유물이나 자연유물을 고려하여 단계를 시기로 묶여질 수 있다.

복잡한 유적에서 층서적 순서와 시기를 분류하는 것은 유적의 모든 맥락 간의 관계를 보여주는 도식도를 만듦으로써 크게 도움을 받을 수 있다(Harris 1979). 그림 6.16은 간단한 예로, 맥락 1은 쟁기질된 토양으로 지층인 맥락 2와 파진 구덩이와 채움의 맥락 3, 4 및 5 위에 쌓여 있을 수 있다. 맥락 2는 맥락 6을 덮고 있고, 모든 맥락은 맥락 7 위에 놓여 있다.

층서 이론은 한 유적의 시기와 시대의 순서를 제공하는 데 중요한 도구이다.

야외 고고학 단위

서술

좌표		유적 코드		유적 구획		맥락 번호	
범주							
길이		폭		지름		높이/깊이	
토양	색상						
	질감						
	굳기						
	거친 성분						
구조	접합제						
	구성물						
추가 설명							

발굴

발굴 방법	
발견	
샘플	

물리적 관계

보다 이른	아래	
	채워진	
	절단된	
	(구조)에 의해 부딪친	
동시적	안의	
	내용물	
	(구조)와 접착된	
	동시	
보다 늦은	위	
	채움	
	절단	
	(구조) 부딪친	
불확실		

해석

해석 의견

점검표

도면 번호		평면		단면	
사진 번호		흑백		컬러	
녹음기		점검		계속	

그림 6.15 맥락 기록 양식의 사례

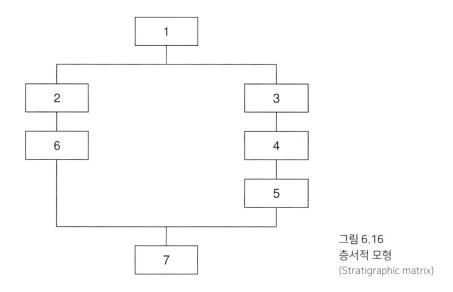

그림 6.16
층서적 모형
(Stratigraphic matrix)

이 층은 저 층보다 오래되었다는 식으로 유적에 순서를 제공한다. 하지만 유적 내 요소들의 연대를 제공하지는 못한다. 이를 위해서는 가장 이른 연대와 가장 늦은 연대의 이론이 추가적으로 필요하다. 단순한 예로, 이 층은 클로비스 포인트(Clovis points)가 있어 기원전 9000년이고 또는 중세 도자기가 있어 서기 1400년이다라고 말할 수 없으며 지층에 있는 숯 조각의 방사성 탄소 연대를 구하여 그 층이 기원전 2000년이라고 말할 수 없다는 것이다. 우리가 할 수 있는 것은 가장 이른 연대와 가장 늦은 연대의 이론을 적용하는 것이다.

가장 이른 연대(terminus post quem) 측정을 위해서는 동전, 특정 유형의 도자기 또는 방사성 탄소 연대 측정에 적합한 유기물과 같은 연대 측정이 가능한 물건을 층 내에서 발견해야 한다. 이 이론에 따르면 해당 지층의 연대는 연대 측정이 가능한 가장 최신 지층내 물건과 동일한 연대 또는 그 이후에 있다고 주장한다. 따라서 이 '연대 측정된' 층 위의 모든 층은 해당 연대보다 젊어야 한다. 그러나 이 이론은 2장에서 설명된 변환 과정 이론과 함께 적용되어야 한다. 연대 측정이 가능한 객체가 침입적인지 아니면 잔류인지, 지렁이 또는 나무뿌리와 같은 변형 과정이 개체를 이동했는지를 고려해야한다. 한 이론의 사용은 그것을 검증하기 위한 다른 이론이 필요할 수 있다.

가장 늦은 연대(Terminus ante quem) 측정은 방법적으로 가장 이른 연대 측정과 관련이 있지만 층, 퇴적물 또는 유구의 연대가 연대 측정된 요소들보다 나중이 아니라 이전인 것과 연관이 있다. 연속되는 순서내의 특정 요소가 과학적(예: C-14 연대 측정) 또는 건축적 수단(연대 측정이 가능한 구성 기술)을 통해 '절대' 연대를 지정할 수 있는 경우 그 아래의 모든 층과 유구가 그보다 단 몇 초라도 이전 연대여야 한다. 예를 들어, 한 지역이 돌무더기로 덮힌 다음 바로 그 위에 바닥을 깔릴 수 있다. 고고학적으로 돌무더기 기초와 바닥은 동시대적이지만 엄격한 층서학적 개념에서 보면 돌무더기 기초는 바닥보다 더 오래되었다. 즉 바닥의 연대가 그 아래의 모든 것에 대한 가장 늦은 연대를 제공하게 된다.

따라서 가장 이른 연대와 가장 늦은 연대의 이론은 비교적 간단하다. 그러나 현실에서는 많은 문제가 있는데, 가장 큰 문제는 고고학적 순서에 있는 어떤 것이든 그것의 연대 측정을 실제로 얼마나 신뢰할 수 있는지 이다. 물체의 연대를 정확하게 측정할 수 있는 경우는 매우 드물며, 달력 연대가 새겨진 중세시대 이후의 항아리 조각이 보이는 경우처럼 연대가 확실해 보이더라도 그 연대를 믿을 수 있으며 그 물체가 퇴적된 연대는 그때와 얼마나 가까운 시기였을까? 기원 후 1650년에 새겨진 기념 항아리는 원칙적으로 그 항아리에 대한 시장수요가 계속된다면 몇 년 후에도 여전히 생산되었을 것이다. 그 후 수 세대 동안 가보로 보관되었을 수 있다. 예를 들어, 1750년에 항아리가 부서졌다고 치면 그 조각이 쓰레기 구덩이에 버려지고 50년 후 새집을 짓기 위한 평탄화 작업에 사용되었을 수가 있다. 따라서 1650년의 항아리 조각은 사실상 1800년 퇴적된 층에 있는 유일한 기념명 유물이 될 수 있다. 이러한 맥락은 동시대 연대로 인식되지만 이것이 선사시대 맥락에서도 해당이 될까?

선사시대 유적에서 '절대' 연대는 탄소-14 또는 열발광과 같은 과학적 연대측정으로부터 얻어질 가능성이 더 높다. 이러한 경우에도 '절대' 연대라고 하는 것은 보이는 것과는 다르다. 대부분의 과학적 연대 측정 기법은 달력 연대에 가깝게 만들기 위해 어떤 형태의 교정이 필요하며 그럼에도 불구하고 우리는 자료에 대한 대략적인 연대 범위(date bracket)만 얻게 된다. 자료가 어떻게 그리고 언제 특정 고고학적 맥락에 남게 되었는지는 항상 논쟁의 여지가 있는 질문으로 남아 있다.

발굴과 대중

고고학 발굴이 냉담한 학문적인 엘리트의 사유지였던 시대는 지났다. 과거는 모든 사람의 것이므로 모든 사람이 접근할 수 있어야 한다. 이것은 야외의 유적, 박물관의 유물 및 발굴에 대한 고고학적 발견의 즐거움을 모두 포함해야 한다. 그러나 발굴에 대한 접근은 대중의 안전과 유적 보호를 위해 신중하게 통제되어야 한다. 첫째, 야외 고고학자는 수요 가능성을 평가해야 한다. 유적은 어디에 위치해 있으며 무엇을 찾을 수 있을까? 인구 밀도가 높은 지역이나 관광 경로에 있는 유적은 쉽게 접근할 수 없는 인구 밀도가 낮은 지역보다 방문자들이 많을 가능성이 높다. 예로, 로마 빌라 발굴은 린쳇 섹션보다 더 많은 방문객을 끌어들일 가능성이 높다.

방문에 대한 기본적 대비에는 학교 단체 견학을 위한 특별 준비와 함께 게시판, 유적 견학, 공개 강의 및 발견물 전시회 등이 포함될 수 있다. 게시판에는 '고고학 발굴: 들어가지 마시오' 이상의 내용이 기재되어야 한다. 이러한 통지가 필요한 경우 최소한 '안전을 위해 조직된 견학이 아닌 경우 들어가지 마시오'라고 적혀 있어야 한다. 이상적으로는 게시판에는 유적에 대한 기본 정보와 유적 견학 날짜 및 시간을 제공해야 한다. 어떤 지역에서는 유적 견학을 널리 광고하는 것이 충분할 수도 있다. 그러나 주요 도시의 핵심 유적은 특히 주요 발견이 발표된 경우 거의 연속적인 유적 견학이 필요할 수 있다. 유적 견학은 방문자에게 자신의 열정을 불어넣을 수 있는 엄선된 유적 작업자가 진행하는 것이 가장 적합하다. 견학을 적절한 길이로 유지하고 명확하게 말하고 너무 많은 전문 용어를 사용하지 말아야 한다. 발굴은 결국 과학적 작업이기에 적절하게 설명하면 몇 가지 특수 용어의 사용이 이벤트에 특별함을 추가할 수 있다.

유적 견학은 방문 당시 유적의 '스냅 샷(snapshot)'만 제공할 수 있으므로 마무리 공개 강연은 종종 유적 홍보에 유용한 추가 자료가 된다. 이것은 지역 고고학 또는 역사 학회, 박물관 혹은 대학과 함께 할 때 가장 잘 조직된다. 만약 안전하게 준비될 수 있다면 신중히 선정된 물건들을 전시하는 것도 좋다. 초등학생들은 트렌치 가장자리에 서서 강의를 듣는 것을 좋아하는 경우가 거의 없기에 초등학생들을 위한 규정은 별도로 고려되어야 한다. 가능하다면 그들을 참여시켜 유적의 구덩이에서 안전하게 흙손질을 할 수 있는지, 씻을 수 있는 조개껍데기나 토기조각이 있는지, 만약 유적 발굴조사의 일부가 완료되면 기둥 구멍에 서 있는 건물을 '복원'할 수 있는지 고려해 보면 좋다. 명심할 것은 그들이 차세대 고고학자나 박물관 학예사, 또 미래에 고고학 발전에 영향을 미칠 수 있는 정치인까지도 될 수 있다는 것이다.

7장

고고학 발굴 기록

고고학 발굴 기록은 네 가지 주요 요소들로 구성되어 있는데 서면 기록, 도면 기록, 사진 기록 및 현장으로부터 가져온 자료들, 즉 유물, 자연유물, 환경적 표본으로 구성된 '발견물'이다. 발견물 자료에 대해서는 8장에서 더 자세히 언급할 것이다.

서면 기록

전통적으로, 발굴에 대한 서면 기록은 유적, 영역, 트렌치(또는 단위)로 분리되어 야외 노트북에 보관한다. 이 기록들은 발굴의 특정 부분을 책임지고 있는 사람이 담당하게 된다. 유적 노트북에는 토양 변화와 구조에 대한 상세한 기록에서 생각, 아이디어 및 해석에 이르기까지 발굴의 모든 측면에 대한 세부 정보가 포함되어야 한다. 빈틈없는 야외 노트북은 발굴에 대한 완벽하게 좋은 서면 기록이 될 수 있지만 죽은 고고학자의 야외 노트북을 바탕으로 발굴 보고서를 작성하려고 시도해 본 사람은 체계적이지 않은 야외 노트북에 담겨있는 많은 모순과 노골적인 누락을 알고 있을 것이다. 이러한 서면 기록은 발굴 일지와 같이 사회학적인 면(sociology)을 보여주는 기록으로 괜찮을지 모르지만 체계적인 기록 자료로서 적합하지 않다.

이러한 이유로 이제는 미리 인쇄된 맥락(context)이나 유구/층 양식이 많은 고고학자들에 의해 선호되고 있다. 영국에서는 사실상 모든 발굴에 이것들이 사용된다. 미리 인쇄된 '맥락 기록 양식'의 장점은 기록해야 하는 현장의 모든 정보 중 빠진 것이 없는지 한 눈에 확인할 수 있다는 것이다. 유적에 따라 맥락 기록 양식이 약간씩 다르기는 하지만 위치 정보, 토양 또는 구조물 정보, 발굴 방법, 층서 관계, 그리고 그림과 사진 기록에 대한 해석과 상호관계 등 모든 것을 포함해야 한다. 어떤 양식은 발견물 정보를 포함한 반면에 일부 고고학자들은 이를 분리한다. 지난 20여 년 동안 맥락 기록 양식을 수정하는 일이 영국 고고학 학회에서 무슨 스포츠 경기를 하듯 경쟁적으로 진행되었지만(something of a national sport) 변화되는 것은 실제 내용보다는 양식의 세부사항과 배치 정도뿐이었다. 그림 6.15는 전형적인 맥락 기록 양식을 보여주고 있다. 그것은 다음과 같은 방법으로 완성될 수 있었다.

좌표(Co-ordinates) 이것들은 맥락의 위치를 찾을 수 있게 해준다. 이것들은 유적의 그리드에 기반을 둔 측정값과 직각의 축을 따라 측정값을 알려준다. 만약 그리드가 남-북 방향이면 좌표는 그리드의 기반 선에 따라 서쪽에서 동쪽으로 측정되어 기록된다. 그리고 그 지점에서 남쪽에서 북쪽으로 두 번째 측정이 이루어진다.

유적 코드(Site code) 이상적으로 유적 코드는 모든 발견물에 표시되므로 명확하고 단순해야 하며 향후에 발견물에 표시가 추가되는 일을 줄이도록 설계되어야 한다. 모든 발견물은 반드시 공공박물관에 수장되어야 하므로 박물관 수탁번호를 유적의 코드로 사용하는 것이 현명하다. 이 방법을 쓰면 박물관 수집품으로 들어갈 때 다시 표시할 필요가 없기 때문이다. 영국의 박물관들은 각 물체 또는 함께 들어오는 물체 취득 시 연도와 개별 번호를 부여하므로 1999년 물건의 경우 1999.1, 1999.2, 1999.3 등으로 번호가 지정된다. 그렇다면 유적 코드는 1999.51식으로 박물관에서 할당한 번호 다음에 와야 한다. 또는 유적 이름을 축약하여 유적 코드를 만들 수 있다. 예를 들어, Off76은 1976년 영국 오프

햄(Offham)에서 발굴된 유적이다. 그리고 코드는 발견물이 저장되어질 지역에서 아직 할당되지 않았음을 확인하는 것이 중요하다.

유적 구획(subdivision) 유적은 어떤 식으로든 분할될 경우에 기록된다. 예를 들어, 시굴갱 또는 단위별로 자체 번호가 있거나 유적이 구역으로 나누어질 경우 글자를 이용해 표시할 수 있다.

범주 이것은 대표되는 맥락의 형식을 묘사한다. 예를 들어, 퇴적물 또는 토양층일까, 아니면 구덩이 또는 도랑을 판 것일까?

길이 맥락의 길이를 측정한 것이다. 이것은 영국식 도량형제도(Imperial) 또는 미터법 측정을 사용하여 국가 규정을 따른다. 미터법 측정은 미터와 센티미터 단위이거나 건축 관례에 따라 모두 밀리미터 단위일 수 있다.

지름 맥락이 둥근 구덩이 또는 기둥 구멍이면 지름이 기록된다. 일부 양식에서는 같은 정보가 반복되므로 평면도에 표시가 되어 있는 길이, 너비 및 지름이 적혀 있지 않다.

높이/깊이 맥락의 수직 측정값은 일반적으로 범위(예: 깊이 50~25mm 또는 단순히 최대 측정값)로 제공된다.

토양 토양을 설명할 때 네 가지 주요 요소는 색상, 질감, 굳기 및 거친 성분이다. 정밀 분석은 실제로 실험실에서만 수행할 수 있지만 고고학 목적을 위해 물리적 방법에 기반한 간단한 야외 서술만으로도 일반적으로 충분하다. 발굴에서 토양을 서술하는 데 많은 노력을 기울이지만 실제로 고고학자들이 이러한 데이터를 거의 사용하지 않는다는 점은 흥미롭다. 일반적으로 원래의 순수한 아카이브 데이터로 남아있게 되며 종합적 고고학 연구에 쓰이지 않는다.

토양 색상(colour) 이 정보가 어떻게 사용되는지에 따라 색상을 매우 일반적인 수준, 예를 들어, 밝은 갈색, 진한 회색, 검은색 등으로 나누거나 색상 차트를 사용하여 더 정확하게 색상을 나눌 수 있다. 먼셀 토양 색상 차트(Munsell Soil Color Charts)는 특별히 토양 색상을 설명하기 위해 미국에서 개발되었다. 색상은 색조, 값 및 채도로 나뉜다. 색조(hue)는 전체 스펙트럼을 빨강색-보라색(RP), 빨강색(R), 노랑색-빨강색(YR), 노랑색(Y), 초록색-노랑색(GY), 초록색(G), 파랑색-초록색(BG), 파랑색(B), 보라색-파랑색(PB)에서 보라색(P)까지의 10개 부분으로 나눈다. 각 부분은 10개로 분할되어 1B는 파랑색-초록색 테두리에 있는 파랑색, 5B는 중간 파랑색, 10B는 보라색-파랑색 테두리에 있는 파랑색이다. 값(value)은 색상의 음영을 10개 분할로 어두운 색에서 옅은 색으로 나누므로 1을 가장 어둡고, 10을 가장 밝은 값으로 나타낸다. 채도(chroma)는 색상의 순도를 나타내는데 대부분의 토양은 약간의 회색이 포함되어 있기 때문에 1은 회색에 가깝고 10은 거의 순수한 색상이다. 따라서 모든 색상은 9B 2/4와 같이 간단한 코드를 지정할 수 있다. 하지만 푸른 토양은 별로 흔하지 않다.

토양 질감(texture) 토양의 기본적인 질감 설명을 위해 광물 입자는 모래(0.06~2.00mm), 미사(0.002~0.06mm) 및 점토(0.002mm 미만)의 세 가지 크기 등급으로 나눌 수 있다. 질감은 실험실 분석을 통해서만 정확하게 확인할 수 있지만 일반적인 질감은 토양 샘플을 손으로 굴려서 확인할 수 있다. 토양 샘플이 축축했을 때 길게 말아 고리 모양으로 구부릴 수 있다면 대부분 점토이다. 길게 말아 구부려져 링을 형성하지 않으면 미사이며 모래는 어떤 모양도 유지하지 못한다.

토양의 굳기 토양의 굳기 역시 간단한 손 시험으로 결정할 수 있다. 점토 이외의 물질(예: 탄산칼슘)과 결합된 토양은 굳혀진 것으로 설명될 수 있으며 젖었을 때 손가락에 달라붙는 토양은 끈적끈적한 것이다. 조형력(plastic)이 있는 흙은 손바닥 사이에서 벌레모양으로 말 수 있지만 느슨한 흙은 육면체로 만들 수 없다. 그러나 무른 토양은 육면체로 만들 수는 있지만 단순한 압력으로 붕괴된다. 단단한 토양은 두 손가락 사이로 육면체를 무너뜨리기 위해서는 상당한 힘이 필요한 반면 아주 단단한 토양의 육면체는 두 손가락 사이에서 뭉갤 수 없다.

거친 성분(coarse components) 대부분의 토양에는 '거친 성분'이라고 하는 큰 알갱이(bits)가 포함되어 있다. 소형(최대 8mm), 중형(최대 16mm), 대형(최대 32mm) 또는 매우 큼(32mm 이상)으로 나눌 수 있다. 토양에 있는 자갈의 모양이 중요할 수도 있기 때문에 매우 각진 것, 각진 것, 각이 있는 것, 조금 둥근 것, 둥근 것, 아주 둥근 것까지 둥근 지수에 따라 설명되어야 한다.

만약 맥락이 토양 퇴적물이 아닌 우물과 같은 구조물이라면 '토양' 칸 아래 칸을 채워야 한다. 구조물은 일반적으로 모르타르와 같은 결합재에 의해 붙어있는 벽돌들(구성요소)과 같은 물질로 이루어져 있다. 과거에는 많은 돌담들이 건식 건축되었기 때문에 결합재를 사용하지 않았다. 석조물 구조를 기록하는 데 중요한 요소는 개별 돌의 마감(예: 마름돌, 사각형, 거친)과 특히 벽돌의 경우, 그것들의 결합된 방식이다. 영국식 쌓기, 프랑스식 쌓기 또는 헤링본 쌓기와 같은 방식은 연대 정보를 제공할 수도 있다. 결합재는 토양과 같이 즉 색상, 질감 및 거친 성분 등으로 설명되어야 한다. 조성 분석을 위해 모르타르 샘플을 채취할 수 있으며, 이는 석조(masonry) 잔존물을 시기구분에 유용할 수 있다.

맥락 기록 양식에 대한 초기 비판 중 하나는 기계적으로 채울 수 있다는 점과 사전 인쇄물 범주에 해당하지 않지만 발굴자가 넣고 싶은 중요한 관찰이 있을 수 있다는 점이다. 이러한 이유로 '추가 설명(Descriptive Text)' 칸이 앞에서 기록되지 않은 다른 것들을 설명하는 데 유용하다.

양식의 두 번째 부분은 발굴 과정과 관련되는 데, 첫 번째는 '발굴 방법'이다. 맥락이 기계로 제거되었는지, 삽질되었는지, 조심스럽게 흙을 파냈는지 또는 1mm 그물 체질을 하였는지 등을 기록하는 것은 분명히 중요하다. 미세 그물 체질한 맥락에서 모아진 뼈 모양을 삽질된 맥락의 뼈 모양과 비교하는 것은 좋은 생각이 아니다. 토기, 뼈, 금속과 같은 발견의 기본 범주는 '발견' 칸에 나열할 수 있으며 샘플(예: 토양)은 '샘플' 칸에 샘플 번호별로 나열할 수 있다.

맥락 양식의 세 번째 주요 부분은 맥락의 물리적 관계, 즉, 층서 관계를 설명한다. 이를 기록하는 또 다른 방법은 설명하려는 맥락 위와 아래의 작은 칸에 맥락 번호를 표시하는 것이다. 이것이 전체 유적에 대한 층서 모형(matrix)을 구성하는 과정의 시작이다. 이 양식에서는 관계를 '보다 이른', '동시적인', '보다 늦은'으로 분류한다. 대상 맥락이 다른 맥락보다 더 이르다는 것을 보여주는 관계는 네 가지가 있다. 첫째, 그것이 다른 맥락 아래에 봉인되었다면 덮고 있는 것보다 더 이른 시기이다. 둘째, 그것은 다른 맥락으로 채워졌다면 채워진 것보다 이전이다. 예를 들면, 파진 구덩이가 구덩이에 넣어진 쓰레기보다 시기가 빠르다. 셋째, 묘사하고자 하는 맥락이 도랑이고, 도랑의 가장자리에 구덩이가 파져있다면 도랑은 구덩이에 의해서 절단된 것으로 더 이른 시기의 것이다. 마지막으로 맥락이 석조물이고, 다른 조각이 그 위에 건축되었다면 첫 번째 구조물은 다음 구조물과 부딪치므로 더 이른 시기의 것이다.

어떤 맥락들이 유적 내에서 다른 맥락들과 동시적인지를 확립하려고 노력하는 것은 중요하다. 이를 위해서는 어떤 맥락 그룹이 다른 맥락 그룹보다 더 이른 것인지 그리고 더 늦은 것인지를 설정하면 된다. 그러나 한 맥락이 나타내는 활동이 다른 맥락과 동시에 일어난 활동인지를 확증하는 것은 거의 불가능하다. 예를 들어, 기둥을 올리는 것과 같은 일부 활동은 다소 동시적 맥락을 생성할 수 있다. 단상 원형집(a single phase round house)의 모든 기둥은 거의 동시에 올렸을 가능성이 높다. 기둥 채움도 기둥 구멍을 판 맥락과 함께 했을 것으로 거의 동시적이다. 기둥 구멍 파기는 기둥 채움 맥락을 포함하게 된다. 직각으로 두 개의 벽이 서로 결합된 건축물이나 벽돌 벽의 경우 동시적 건축을 나타낸다. 때때로 서술하려는 맥락이 이미 기록된 것과 동일한 것으로 판명될 때도 있다. 예를 들어, 도랑이 유적의 양쪽에서 발굴되었는데 유적 중앙의 다른 층이 제거될 때까지 동일한 것으로 보이지 않는 경우이다.

시간의 관계는 '보다 늦은(Later Than)' 칸에 표시된다. 서술되는 맥락은 위 칸에 있는 어떤 맥락보다 늦다. 당연히 이 칸은 아래의 맥락에 도달하기 전까지는 채워질 수 없다. 도랑으로 침적된 흙은 도랑을 판 시기보다 늦은 것이 당연하다. 따라서 침적(silt)의 맥락은 채움이며 도랑이 파진 시기보다 늦다. 그러나 파진 도랑이 구덩이를 절단하였다면 도랑의 파임은 구덩이보다 늦다. 마지막으로 맥락이 석조물이나 벽돌이고 그것이 다른 구조에 부딪친다면 그 구조가 더 이른 것이 분명하다. 이론적으로 이러한 모든 관계는 경험이 풍부한 야외 고고학자이면 알아낼 수 있지만 실제로는 말처럼 항상 쉬운 것은 아니다. 벌레, 굴을 파는 동물 또는 뿌리와 같은 자연 변형 과정은 애초부터 별로 명확하지 않은 관계를 교란시킨다. 발굴 후 연대 측정을 한 후에서야 더 많은 관계가 성립될 수 있으므로 현장에서 관계가 여전히 불확실하다면 '불확실한(uncertain)' 칸에서 두고 그리함을 언급하여야 한다.

이 맥락 기록 양식의 네 번째 주요 부분은 해석에 관한 것이다. 위의 부분들은 주로 서술적이지만 해석이 대부분 포함되어 있다. 그러나 '해석적 설명' 칸은 발굴자나 작성하는 사람이 그들 앞에 놓인 맥락의 해석에 대해 생각해보게 한다. 이것은 쓰레기 퇴적물일까, 아니면 의식적 요소일까? 건물 건축을 위해 바닥을 평평하게 하기 위해 의도적으로 배치하였나? 그것은 침식으로 인해 자연적으로 축적된 퇴적물일까? 침식의 원인은 인위적이었을까? 모든 해석을 발굴 후 단계로 남겨 두는 것은 해석이 실체가 아닌 기록에만 근거할 수 있음을 의미한다. 기록이 아무리 좋다고 하더라도 해석을 시도할 때 현장 맥락만큼 좋을 수는 없다.

맥락 기록 양식의 특별한 버전의 다섯 번째이자 마지막 부분은 그림 및 사진 기록에 대한 상호 참조를 가능하게 하는 점검표(checklist)이다. 각 평면과 단면에는 번호가 매겨지고 그 번호는 '도면 번호'가 되고 흑백 또는 컬러로 제작된 사진 이미지에는 각각 번호가 매겨져 '사진 번호'가 된다. 기록자의 이름(유적 관리자가 확인한 경우 해당 이름)이 하단 라인을 따라 채워진다. 때로는 양식에 한두 가지 범주를 추가할 공간이 필요할 수 있다. 따라서 만약 페이지를 추가하는 경우, 이를 기록해 두어야 한다. 일부 맥락 기록 양식은 뒷면도 작성할 수 있다. 여기에는 맥락의 스케치와 레벨 정보를 위한 공간이 포함될 수 있지만 레벨은 보통 도면에 기록하는 것이 더 적절하다.

각 맥락은 한 장 한 장의 개별 종이 서류에 기록되므로 안전하게 링 바인더 또는 폴더로 모아 주어야 하고, 각 유적마다 하나의 맥락 등록부(register)를 둬야 한다. 맥락 등록부에는 할당된 각 맥락 번호와 함께 유적 내의 구획과 같은 맥락의 위치에 대한 기본 정보 및 맥락의 범주를 기록한다. 이렇게 하면 모든 구덩이 또는 기둥자리에 대한 정보를 쉽게 찾을 수 있으며 두 맥락에 동일한 번호가 부여되지 않도록 할 수 있다.

서면 기록에는 도면(도면 등록), 사진(사진 기록) 및 발견물(일반 및 특수 발견 등록)을 기록하는 양식도 포함된다. 이들은 아래에서 적절하게 설명된다. 특수한 유형의 유적은 특정 상황에 적합하게 만들어진 별도의 기록 양식을 필요할 수도 있다. 예를 들면, 매장 유적과 습지 유적은 일반적으로 특수 기록 양식을 필요로 한다. 골격 양식에는 뼈 그림이 이미 그려져 있어 발견된 뼈를 양식에 간단히 채색만 하면 될 수도 있다. 목재 기록 양식에는 도구 자국, 접합 부분 및 목재에 대한 정보가 포함된다. 그러나 양식은 어떤 용도로든 디자인될 수 있으며 양식의 다양성은 항상 더 높은 효율성이나 더 나은 기록이 아닌 단지 종이의 과부하로 이어진다. 물론 종이 과부하는 이러한 모든 정보를 휴대용 컴퓨터에 직접 기록하여 줄일 수 있지만 발굴의 모든 단계에서 무엇을 기록할지 신중하게 고려하지 않으면 여전히 정보 과부하가 일어날 수 있다.

도면 기록

도면 기록은 본질적으로 표면의 측량된 도면 즉, 수직(단면) 및 수평(평면)으로 구성된다. 고고학자들은 사건의 순서에 대한 정보(층서학)를 제공하기 위해 유적의 특정 지점들에 단면을 만든다. 이러한 순서는 수년 혹은 수세기에 걸친 유적의 전체 순서처럼 장기적이거나 기둥자리 하나의 단면에서 밝혀진 순서와 같이 매우 단기적일 수 있다. 단면을 그리는 방법은 크기에 상관없이 기본적으로 동일하다. 그러나 평면은 다른 방식일 수 있다. 적절한 형식의 평면은 미리 결정된 관념(dogma)이 아닌 발굴중인 유적의 형식에 의해 결정되어야 한다. 수세기 동안 백악 표면에 쟁기질된 얕은 백악 유적은 대체로 기반암으로 파고 들어간 유구로서 생존할 가능성이 높다(쟁기 토양의 고고학 잠재력에 대한 3장의 지구 물리학적 조사 참조). 이러한 경우 각 구덩이, 기둥 구멍 및 도랑이 평면에서 다른 유구들과 비교될 수 있도록 명확하게 표시되는 다중 유구 평면(그림 7.1)으로 가장 잘 그려질 수 있다. 다른 표면 없이 기반암 표면만 남아있을 경우 고고학자는 일련의 유구들의 순서를 교차(intercutting) 유구와 개별 유구의 연대 측정을 통해 정해야 한다.

복합 평면은 현재 가장 일반적으로 제작되는 고고학 평면이다(그림 7.2). 이것은 동시기의 도랑, 작업 공간, 쓰레기 퇴적물과 관련된 벽과 바닥과 같은 맥락들을 표면에 기록하고자 한다. 이러한 평면은 고고학자가 주요한 표면으로 간주하는 것의 명확한 '스냅 샷'을 생성하며 일반적으로 특정 시기의 활동을 나타내게 된다. 이러한 방법은 한 시기의 유적에서 특정 시점의 유적을 시각적으로 표

블랙 패취
오두막 부지 4

오두막 1

오두막 2

B a n k

연못 1

울타리 4

울타리 5

PIT 2

연못 2

- 토기
- 플린트 박편
- 석핵
- 불로 깨진 플린트

0 1 2 3 4 5
m

그림 7.1 다중 유구 평면

현하는 확실한 방법이다. 그러나 깊은 도시 유적과 같이 다중 시기 유적일 때 문제가 발생한다. 때때로 주요 표면이 결정될 수 있지만 일반적으로 맥락이 겹치고, 삽입되고, 절단되고, 만들어진다. 고고학적으로 생성된 표면은 보통 전혀 다른 시기의 맥락들의 조각만 보여주게 된다. 그 결과 표면은 그것을 만들어낸 고고학자의 창작물이 되어버린다. 즉 발굴자는 표면을 만들어갈 때 다른 맥락 아래로 파고 들어가 있을 수도 있는 상황에서 그 맥락을 어디에서 끝낼 지 임의로 결정하게 된다.

이 문제를 해결하는 한 가지 방법은 각 맥락을 단일 층(Harris 1979) 또는 단일 맥락(Spence 1990) 평면(그림 7.3)으로 개별적으로 그리는 것이다. 이 방법에서는

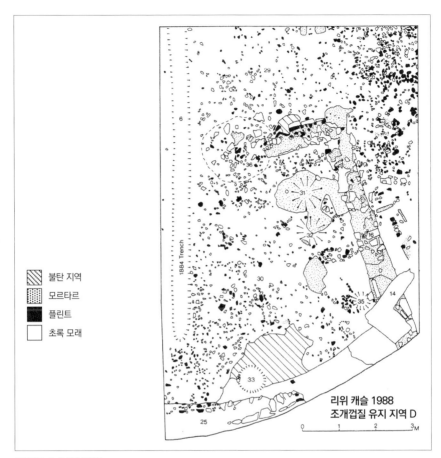

그림 7.2 복합 평면

각 맥락이 최대한으로 정의된 다음 개별적으로 평면에 그려진다. 이것들은 아카이브 평면을 형성하지만 필요에 따라 복합 평면 또는 출판을 위한 다중 평면을 생성하기 위해 결합할 수 있다. 단일 맥락 평면 시스템의 유일한 문제점은 생성된 아카이브의 방대한 분량 문제이다. 그러나 최근에는 컴퓨터 기반의 작도법(CAC)이나 디자인(CAD)의 발달로 많은 문제가 줄었다.

현장에서 평면을 생성하는 실제 과정은 다중 유구, 복합 혹은 단일 맥락 여부에 관계없이 기본적으로 비슷하다. 모든 평면은 발굴 내내 일정하게 유지되는

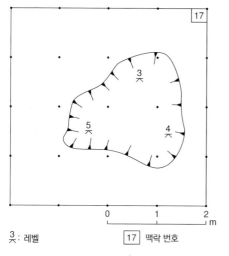

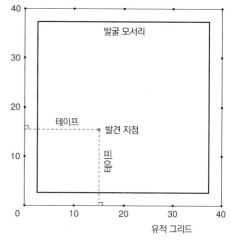

3 ☵ : 레벨

17 맥락 번호

그림 7.3 (토지의 기복을 나타내는 가는 선과 높이를
나타내는 점들을 그린) 단일 맥락 평면도

그림 7.4 유적 기록용 그리드

고정점과 연관되어 그려야 한다. 이를 위해서는 보통 발굴을 시작하기 전에 유적 그리드를 설정한 후 발굴 내내 유지하면 된다. 물리적으로 유적 그리드는 말뚝(peg) 또는 강철 막대기를 발굴 영역 외부의 지면에 박거나 시멘트로 접합하여 유적에 단 3개의 고정점으로 표현하여 정확하게 측량하고 표시할 수 있다. 말뚝을 기준선의 각 끝에 하나씩 꽂고 다른 하나는 기준선의 원점에 직각으로 꽂는다. 직각은 4장에서 설명한대로 다양한 방법으로 배치할 수 있다.

유적 그리드는 일반적으로 진북(true north)에 배치되지만 제한된 유적에서는 더 실용적인 경우 다른 방향을 고려할 수 있다. 기본 3개의 그리드 점으로부터 원하는 만큼의 중간점들을 설정할 수 있다. 이것들은 발굴의 2면 또는 모든 4면을 따라 1, 2, 5 또는 10m 간격의 말뚝이나 유적 전체에 영구적으로 설치된 사각형 그리드의 모서리일 수 있다(그림 7.4). 발굴장 내에 사각형 모서리를 영구적으로 표시하는 경우 땅을 뚫고 들어가는 얇은 강철 막대가 발굴이 진행됨에 따라 느슨해지고 자주 움직이는 6인치(15cm) 못보다 낫다. 원래의 위치에 있는 구석기시대의 박편을 만들던 바닥(flaking foor)과 같은 극히 일부 형식의 유적에서

나 발굴 구역 내에 끈으로 표시한 영구적 사각형이 필요하다.

평면 도면은 고정점에서 지거(offsets) 또는 삼각 측량(triangulaion)을 이용하거나(4장) 지거 측량의 일종인 도면 틀(frame)을 사용하여 그릴 수 있다. 내안으로 토탈 스테이션(4장)을 사용하여 도면 만들기를 수행할 수 있다. 하지만 이것은 삼각 측량과 마찬가지로 상세한 세부 사항보다는 도랑과 구덩이와 같은 큰 맥락과 자갈 또는 철거 잔해 등의 범위를 기록하는 데 더 적합하다. 세부 사항을 그릴 때는 도면 틀을 사용하는 것이 가장 좋다. 도면 틀은 목재 또는 금속의 정사각형(일반적으로 1m) 틀로 20cm 또는 10cm의 정사각형으로 나누어져 있다(그림 7.5). 기록하고자 하는 영역을 끈과 못을 사용하여 1m 사각형으로 그리드화한다. 유적 그리드와의 관계를 기록한다. 그 다음 도면 틀을 첫 번째로 그리고자 하는 정사각형 위에 놓고 20cm 정사각형 바로 위에서 내려다보며 자갈돌과 같은 세부 사항을 투명 복사지(plastic tracing film)가 장착된 도면 보드에 눈으로 보이는 것을 일정한 비율로 그려 넣으면 된다. 대부분의 도면은 1/20의 축적으로 그려지므로 땅에서의 20cm 정사각형은 도면 보드에 1cm로 나타난다. 따라

그림 7.5 도면 틀

서 도면 틀을 사용하면 땅에서 1cm 내외의 정확도는 완벽하게 가능하다. 그러나 큰 바위가 있어서 틀이 땅에서 멀어지거나 도면이 바로 위가 아닌 각도가 생긴 상태에서 그려진다면 부정확성이 생길 수 있다.

이상적으로 도면의 위가 북쪽인 것이 좋지만 도면이 어떻게 그려지던 간에 도면 안에 북쪽을 표시하여야 한다. 가능하다면 바로 위에서 보이는 대로 그리는 것이 좋다. 석조 덩어리들이 아닌 돌들은 개별적으로 그려 넣어야 한다. 벽이나 다른 곳에 사용된 다른 종류의 돌은 색이 다른 연필로 그려 넣을 수 있다. 그러나 도랑의 가장자리와 같은 경사면 표현의 관습에 따라 보통 토지의 기복을 나타내는 가는 선(hachures)을 사용하여 그린다(그림 7.3).

도면을 수직적으로 연관시키려면 유적 기준점(datum)과 비교하여 맥락의 레벨을 맞추어야 한다. 기준점은 발굴 영역의 외부에 고정된 지점이다. 레벨 또는 토탈 스테이션을 사용하여 육지 측량부 기준점(ordnance datum)에 맞추거나 (4장) 임시 수준점(Temporary Bench Mark, TBM)이라 하는 50과 같은 임의의 값을 부여 한다. 레벨은 일반적으로 발굴장 외부에 설치되어 TBM에서 읽는다. 후방 시야로 1.2m가 읽히면 시준면(collimation)은 51.2m가 된다(즉, TBM 값 50에 1.2m를 더한 값). 그리고 레벨을 측정하고자 하는 맥락을 향한 전방 시야 값을 읽는다. 맥락 옆에 함척(staff)을 두고 값을 읽는다. 예를 들어, 1.5m로 읽힌다면 TBM에 대비해 감소된 레벨은 49.7m이다(시준 값 51.2에서 판독 값 1.5m를 뺀 값). 레벨을 낮추는 방법은 4장에 설명되어 있다. 지점의 높이(레벨)는 맥락의 표면을 가로질러 기록하면 되는데 거꾸로 세운 V위쪽에 일자선을 그은 표시 위에 숫자로 표시하면 된다(그림 7.3).

유적 평면을 생성하는 다른 방법은 사진을 사용하는 것이지만 예를 들어, 돌무덤과 같이 복잡한 돌더미가 포함되어 있지 않는 한 이 과정은 기존 평면 작성보다 저렴하거나 훨씬 빠르지 않다. 상당히 정확한 평면을 생성하려면 수직 사진들을 40~50%가 겹치는 모자이크로 여러 장 찍어야 한다. 이를 위해서는 유적의 각 섹션 위에 카메라를 수직으로 올리기 위해 사각대(quadripod), 양각대(bipod) 또는 단각대(monopod)를 사용해야 한다(Dorrell 1989). 근본적인 문제는 둥근 카메라 렌즈 모양으로 인한 왜곡이다. 카메라에 의해 생성된 이미지는 사진의 가장자리 쪽으로 비스듬해지지만 사진들을 겹쳐 중앙부분만 사용하면 이 문제가 감소하나 완전히 제거되지 않는다. 그 후 이미지를 투명 복사지(tracing film)에 직접 그리거나 컴퓨터로 디지털화하여 그릴 수 있다.

수직 단면은 일반적으로 평면보다 더 큰 축적으로 현장에서 그려진다. 세부 사항이 존재하는 경우 1 : 10이 일반적인 축척이지만 세부 사항이 거의 없는 큰 단면은 1 : 20으로 그려질 수 있다. 단면을 그릴 때는 바람에 느슨해지거나 넘어질 수 있는 토양 위가 아닌 토양 표면에 고정된 수평 기준에서 그려야 한다. 측정은 기준에서 직각으로 이루어지므로 단면 중간에 고정하는 것이 가장 좋다(그림 7.6). 기준은 먼저 단면의 한쪽 끝에 6인치(15cm) 못이나 방향표시판(surveyor's arrow)을 넣어서 설정한다. 그 다음 얇은 끈을 여기에 묶고 섹션을 따라 단단히 잡아 당겨 대략 수평이 되도록 한 후 끈에 매달린 단순한 라인 레벨을 사용하여 정밀하게 수평을 맞출 수 있다. 이것은 두 사람이 수행하며 한 사람은 레벨을 보고 다른 사람에게 줄을 올리거나 내리라고 알려주는 것이 가장 좋다. 수평이 맞춰지면 줄을 단면의 다른 쪽 끝에 못 박는다.

그림 7.6 수평 기준으로부터 단면 그리기

이 과정은 덤피 레벨(dumpy level), 데오라이트 또는 트랜싯으로도 수행할 수 있다. 이것은 단면에서 떨어진 곳에 설치되고, 함척은 단면의 중간 면에 둔다. 못을 함척의 아래 단면에 박은 후 함척을 단면을 따라 움직이다 정확히 동일한 판독 값을 갖는 곳에 못을 박는다. 모든 판독 값이 동일하면 못의 선은 수평이어야 한다. 그 다음 수평 기준을 만들기 위해 끈으로 연결한다. 기준의 높이는 유적 기준점과 연관하여 기록해야 한다. 줄자는 수평 기준 끈 바로 위 또는 바로 아래에 기준 끈에 평행하게 고정되는데 이때 새로운 못으로 고정해야 한다. 줄자는 절대 묶지 말고 못 위에 한 번만 접어서 종이집게(bulldog clip)나 빨래집게(peg)로 집어 놓는다.

기준 선은 축소해서 그림판에 장착된 투명 복사지에 그려 넣는다. 날씨가 축축하거나 바람이 부는 경우 투명 복사지를 제도용(drafting) 테이프로 모두 밀봉해야 한다. 평소에는 각 모서리를 가로지르는 띠로 붙이는 것만으로 충분하다. 투명 복사지에 모눈종이가 미리 인쇄되어 있지 않을 경우 기준 틀이 되도록 투명 복사지 아래에 모눈종이를 한 장 둘 수 있다. 일반적으로 단면은 그리는 사람과 측정하는 사람 이렇게 두 사람이 작업한다. 눈으로 또는 구심추(plumb-bob)를 사용하여 기준에서 수직으로 바라보고 측정한다. 기준을 따라 그리고 직각으로 기준 위 또는 아래 값 이렇게 두 개의 측정값을 읽으면 된다. 일반적으로 단면의 상단과 하단을 먼저 그리는 것이 가장 좋다. 이것이 구덩이 가장자리와 같은 파임(cut)과 함께 각 맥락의 위와 아래 부분을 표시하므로(한 맥락의 위에 있는 맥락은 또 다른 맥락의 아래에 위치하게 된다) 개별 맥락을 채울 수 있는 틀을 제공한다.

단면에서 보이는 모든 맥락을 최대한 기록해야 하지만 맥락을 얼마나 자세히 그려야 하는지에 대해서는 의견이 나뉜다. 돌, 벽돌, 토기와 같은 큰 조각들은 확실히 단면에 표시되어야 하지만 얼마나 작은 조각들까지 기록되어야 하는지는 시대와 유적 유형에 따라 크게 달라진다. 일반적으로 좋은 단면은 양식을 따르면서 회화적 요소를 갖고 있다(그림 7.7). 단면에 그려지는 각 맥락에는 명확하게 표시된 맥락 번호가 주어져야 한다. 맥락에 대한 모든 설명은 맥락 기록 양식에 적으면 되므로 단면에 맥락을 서술하려고 하지 말아야 한다. 단면의 양 끝에

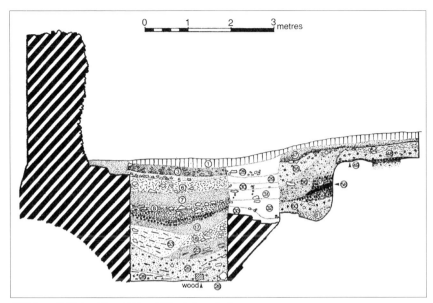

그림 7.7 양식과 그림 표현이 조합된 단면도의 예

있는 동서남북 방향(cardinal point)을 표시하고 유적 이름, 단면 번호, 축척, 기록자 이름 및 도면 날짜 등을 함께 기록해야 한다.

사진 기록

대부분의 유적 사진을 촬영할 때 이제는 디지털 카메라를 사용한다(4장 참조). 다만 흑백사진의 기록 보관을 위해서는 여전히 전통적인 카메라가 사용될 수 있다. 4장에서 설명한 기본적인 유적 사진 장비에 추가할 가장 중요한 장비는 튼튼하고 잘 만들어진 삼각대이다. 현장의 먼지에 의해 손상될 수 있는 것은 피해야 한다. 간단한 클램프 다리와 상하 좌우 회전을 자유로이 할 수 있는 팬 앤드 틸트 헤드(pan and tilt head)가 가장 좋다. 수직 사진 또는 유적 사진을 찍기 위해서는 삼각대, 사각대, 양각대 또는 단각대(그림 7.8)가 발굴 사진작가의 장비에 추가될 수 있다(Dorrell 1989). 디지털 캠코더도 고려해 볼 필요가 있다.

그림 7.8
사진 폴대(사진: Lisa Fisher)

　도면 기록 및 서면 기록과 함께 사진은 발굴 기록의 핵심 양식이다. 이상적으로 발굴기간 동안 전문 고고학 사진작가가 유적에 상주해야 한다. 소규모 발굴에서는 다른 역할과 겸할 수 있다. 어쨌든 일관성을 유지하기 위해 한 사람이 유적 사진, 장비 및 기록 보관에 대한 책임을 지는 것은 필수적이다. 만약 전문 고고학 사진가가 없다면 고고학 교육을 받지 않은 사진가를 고용할 수 있지만 고고학적으로 무엇이 필요한지에 대한 지속적인 조언을 필요로 할 것이다. 사진 교육을 받지 않은 고고학자가 더 안 좋은 사진을 찍을 수 있다.

　고고학 발굴의 사진 기록은 작업이 시작되기 전 밖으로 보이는 고고학 유구의 자세한 사진과 함께 전체적인 유적의 사진으로 시작되어야 한다. 4장에서 설명한 것처럼 이 작업은 현장 조사 사진과 같은 방식으로 촬영되어야 한다. 현장 조사 사진과 마찬가지로 기본 기록은 디지털이어야 하지만 주요한 유적 아카이브를 위해서는 전통적인 흑백사진도 필요하다. 발굴의 각 단계를 사진으로 찍어야 하며 각 맥락과 그에 관련된 맥락군도 영구적인 기록을 위해 촬영해야 한다.

일부 고고학자들은 기록을 위한 사진과 출판을 위한 사진을 분리하는네 이러한 분리는 좋지 않다. 많은 경우 그 차이가 발굴조사 중에는 명확하지 않고 기록을 위해 촬영한 대충 정리된 맥락의 사진을 최종적으로 출판하고 싶어질 수도 있다. 모든 사진을 출판 수준으로 찍는 것이 좋다. 잘 운영된 발굴에서는 유적이 항상 깨끗하고 깔끔하게 유지되기 때문에 문제가 되지 않겠지만 아무리 잘 운영되는 유적에서도 사진 촬영을 위한 약간의 준비가 필요하다.

이제 기술적으로는 뒤떨어졌지만 쿡슨(M. B. Cookson 1954)의 고전인 '고고학자를 위한 사진'이라는 저서에는 '깔끔함'의 중요성을 매우 강조했다. 어떻게 깨끗하게 유지할지는 유적의 유형과 토양 조건에 따라 달라지지만 좋은 고고학 사진의 기본인 것은 여전하다. 먼저 사진에 필요하지 않은 모든 것을 제거한다. 여기에는 흙 부스러기, 양동이, 흙손, 꽃삽과 일반적으로 사람도 포함된다. 그러나 때로는 큰 유적의 경우 적절히 배치된 사람들이 규모의 시각화를 돕고 더 흥미롭게 만들 수 있다.

촬영의 대상인 맥락은 깨끗하게 정리가 되어야 하고, 한 장면에 포함될 주변 모든 지역도 깨끗해야 한다. 만약 나뭇잎이나 먼지가 계속 불어오는 경우처럼 유적이 지속적으로 깨끗하게 유지하기 어렵다면 카메라의 뷰파인더를 통해 청소가 필요한 실제 영역을 정하는 것이 좋다. 그러나 먼지에 의해 더러워질 수 있기 때문에 카메라를 세워 두지는 말아야 한다. 사진을 촬영할 지역은 중심에서 밖으로 또는 한 쪽에서 다른 쪽으로 정리하여야 한다. 건물이나 단단한 표면에는 뻣뻣한 빗자루가 유용하고 습한 토양의 경우 빗자루질이 서로 다른 색의 흙을 문질러 알아볼 수 없게 할 수 있어 흙손으로 걷어내는 것이 더 좋다.

이상적으로는 맥락의 가장자리를 청소로 정리한 다음 물을 뿌려 색상의 차이를 강화시킨다. 일부 고고학자들은 예를 들면, 구덩이의 맨 위의 레벨을 1~2cm 낮추는 차등 파기 방식으로 맥락을 정리한다. 그러나 단면 층 사이의 절단선은 나중에 사진으로 재해석을 매우 어렵게 만들기 때문에 피하는 것이 좋다. 구덩이 또는 도랑의 채움과 자연 기반암이 만나는 교차점은 예외가 될 수 있다. 이 접합부에서 약간의 하부 자름(undercutting)은 채움의 모양을 더 선명하게 만든다(Cookson 1954, plate 2). 그러나 색상의 대비는 토양을 적셨을 때 더 잘 강조된다. 토양은 매우 조심해서 미세한 스프레이 형식의 정원용 분무기를 사용하여 적셔야 한다. 너무 많은 물이 뿌리면 색상이 사라지고 너무 세게 뿌리면 얼룩무늬 효과(splash effect)가 모든 대비를 가려버릴 수 있다. 출판을 위해서는 촬영할 전체 영역에 물을 뿌려야 하고 설명을 위해서는 '조작'이라는 비난을 받을 수도 있지만 해당 맥락에만 부분적으로 물을 스프레이 하는 것도 정당하다.

전통적인 필름 카메라는 필터를 사용하여 색상과 빛의 강도를 조정할 수 있다. 디지털 카메라에서는 카메라에서 자체적으로 또는 컴퓨터에 이미지를 다운로드 받아서 프로그램을 사용하면 된다. 디지털 사진에 사용되는 대부분의 필터는 고고학 사진에 적합하지 않은 특수 효과 필터이다. 그 중 배경의 푸른 하늘을 어둡게 하여 대비를 증가시키는 편광 필터(polarizing filter)는 유용할 수 있다. 자외선(Ultraviolet)을 차단하는 UV 필터는 필수적인 것은 아니지만 먼지가 많은 발굴현장에서 카메라 렌즈를 보호하는 데 유용하다.

어떤 형식으로든 눈금자(scale)는 모든 사진에서 필수적이다. 눈금자를 사용하지 않으면 사진의 프레임에 채워 찍은 작은 기둥 구멍이 거대한 구덩이처럼 보일 수 있다. 눈금자는 사진 과정에 내재된 둥근 렌즈로 보면 눈금자가 피사체로부터 멀어질수록 더 작게 보이는 왜곡으로 인해 근사치만 제공한다. 사선으로 촬영하게 되면 사진 상단의 구덩이가 카메라에 더 가까운 사진 하단의 것보다 작아진다. 따라서 사진의 눈금자를 이용해 측정하려고 해서는 안 된다. 그러한 자세한 정보는 평면과 단면에서 얻어야 한다. 눈금은 명확하게 보이는 이미지에 적합한 크기여야 한다. 촬영하고자 하는 것은 맥락이나 유적인 것을 기억하여 눈금은 분명하지만 지배적이지는 않아야 한다. 유적에서는 2m의 측량대부터 50cm 또는 40cm의 눈금자, 작게는 10cm, 5cm 또는 더 작은 눈금자까지 다양한 사이즈가 필요하다(그림 7.9). 빨강색과 흰색 눈금으로 된 것이 칼라 사진에서는 가장 눈에 잘 띠지만 흑백에서는 단색이 더 좋다. 측량대는 일반적으로 빨간색과 흰색으로만 표시되므로 다시 칠하지 않는 이상 그대로 흑백 사진에 써야 한다.

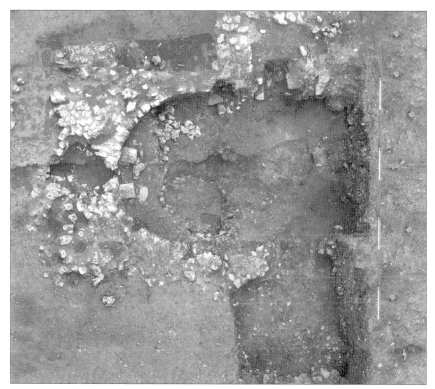

그림 7.9 단각대에서 찍은 수직 사진(사진: Lisa Fisher)

일부 고고학자는 사진 기록에 세부 사항을 기록하는 대신 사진에 방향 표시를 넣는 것을 좋아한다. 필요한 경우 넓은 지역을 찍는 세로사진을 제외하고는 눈금자와 북쪽 표시를 별도로 두어 이미지를 어지럽히는 것보다 북쪽 표시가 있는 눈금자를 방향에 맞게 배치하는 것이 좋다(그림 7.10). 정보 게시판까지 도입하면 사진이 더욱 복잡해진다. 이것이 무질서한 야외 고고학자에게 필수적이기는 하지만 사진에 쑤셔 넣는 것보다는 별도의 사진 기록 종이에 유적, 연도, 유구 번호, 레벨 등에 대한 모든 중요한 정보를 기록하는 것이 일반적으로 더 좋다. 정보 게시판, 눈금자 및 북쪽 표시까지 배치하면 사진 프레임 안에 맥락 자체를 위한 공간이 별로 남아있지 않을 수도 있다. 만약 정보 게시판이 필수적 요소라면 눈금자를 가장자리에 붙이고 게시판을 북남 방향으로 놓아둔다.

그림 7.10 측량대 눈금이 포함된 단면 사진(사진: Lisa Fisher)

　대부분의 맥락에 해당하기는 하지만 특히 단면 사진을 촬영할 때 눈금자를 사진의 프레임과 수직 또는 수평으로 놓는 것이 더 잘 보인다. 이때 사진은 왜곡이 생겨 사진 프레임의 둘레가 실제로 수직 또는 수평인 경우가 거의 없기 때문에 구심추(plumb-bob) 또는 수평계(spirit level)를 사용하지 말아야 한다. 그보다는 뷰파인더를 통해 보면서 다른 사람이 유적에서 수직으로 또는 수평으로 보이도록 눈금자를 움직여서 맞추면 된다. 실제로는 수직에서 30° 이상 벗어났다 해도 걱정할 필요 없다. 이렇게 하는 것이 완전히 이상하게 놓은 듯한 눈금자를 담은 사진보다 훨씬 보기 좋은 사진을 만들 수 있을 것이다.

　만든 이미지를 기록하는 것은 처음에 그것을 만드는 것만큼이나 중요하다. 비디오의 경우 해당 맥락과 관련된 정보 게시판과 함께 음성 해설을 넣을 수도 있다. 스틸 사진의 경우 비록 정보 게시판을 사용하였다고 하더라도 자세한 사진 기록이 필요하다. 각 프레임마다 프레임 번호, 주제, 맥락 번호, 보는 방향, 날짜, 사진작가의 서명을 포함한 자체 정보 기록이 있어야 한다.

발견 기록

발견 기록은 서면 기록 및 사진 기록과 겹치지만 그 자체 독립적 기록으로서 간주되어야 한다. 이것은 유적에서 이동되는 모든 요소를 포함하는 유적 기록이므로 유물, 자연유물 및 환경적 샘플을 포함한다. 기본적으로 이 기록은 정량화 또는 분석을 포함하지 않지만 평범한 지붕 타일과 같은 특정 등급에 대한 추가 작업을 수행한 후 그것들을 현장에서 폐기할 수 있다는 이점이 있다. 이를 통해 엄청난 시간과 돈을 절약할 수 있다.

유물과 자연유물의 위치는 기본적으로 맥락에 따라 또는 정확한 위치에 따라 기록될 수 있다. 모든 유물 및 자연유물의 정확한 위치를 기록하는 것은 발견물의 수가 많은 경우에는 실용적이지 않고, 발견물들이 주로 사용된 그 자리에 남아있는 것으로 보일 때 고려해볼 가치가 있다(2장). 재퇴적된 폐기물은 일반적으로 맥락에 따라 기록되어야 한다. 특정 희귀 물체의 경우 정확하게 위치를 표시할 가치가 있다. 이러한 물체를 일반적으로 '특별한' 또는 '작은' 발견물이라고 한다. 일반적인 발견물과 특수 발견물은 처음 발견된 순간부터 다르게 취급되며 각 유형에 따른 별도의 기록을 갖는다.

일반적 발견물은 유적의 맥락 별로 함께 집단화된다. 명확하게 꼬리표가 붙은 정리 상자에 담거나 발견물 봉투에 넣는다. 꼬리표에 기록할 최소한의 정보는 유적 이름이나 유적 번호와 맥락 번호이다. 유적에서 봉투가 사용되는 경우, 각 봉투에는 별개의 번호가 매겨져야 한다. 만약 발견물들이 한 맥락의 발굴이 끝날 때 또는 하루의 근무가 끝날 때 트레일(tray)로부터 봉투로 옮겨진다면 봉투는 번호가 매겨져야 한다. 이것이 발견물 봉투를 분실하지 않는 유일한 방법이다. 번호가 매겨진 발견물 봉투들은 발견물 등록부에 기록되어야 한다. 이 발견물 등록부에는 봉투의 번호, 맥락 번호, 맥락의 위치를 기록하기 위해 유적 그리드에서의 그리드 참조 부호, 날짜, 필요하다면 간단한 필드 설명 그리고 예를 들어, 토기, 돌, 뼈 등 봉투에 있는 물질의 범위에 대한 어떤 표시가 기록되어야 한다.

특수 발견물은 발견되는 순간부터 별도로 보관해 두어야 한다. 가능하다면 특수 발견물 봉투에 꼬리표(label)를 부착하고 특수 발견물 등록이 완료될 때까지 그 자리에 두는 것이 좋다. 꼬리표에는 최소한 유적 이름 및 특수 발견물 등록부에서 발행한 특수 발견물 번호가 표시되어야 한다. 특수 발견물 등록은 특수 발견물 번호, 맥락 번호, 대략적 물체 분류(예를 들어, 금속 또는 동전), 수평 위치를 지정하는 유적 그리드 참조 부호, 유적 기준점(궁극적으로 육지 측량부 기준점) 대비 깊이를 나타내는 레벨을 기록한다. 만약 발견물이 도면 또는 현장 사진으로 기록되었다면 도면 및 사진 번호를 상호 참조하면 된다. 또한 물체의 일반적인 묘사, 보존의 필요 여부와 양식을 채우는 자의 서명 및 날짜 등을 적는 칸이 있을 수 있다. 마지막 두 요소는 실수가 있을 경우 후속 조치가 가능하게 해준다. 환경 샘플들은 별도의 환경 샘플 등록부를 가지고 있으며 각 샘플에는 샘플 번호가 부여되며 특수 발견물과 유사한 방법으로 등록된다.

유적 발견물의 처리 및 기록의 본질적인 목적은 유적에서부터 발굴 후 실험실 또는 작업장까지 안전한 방법으로 물체와 시료 또는 물체 그룹과 시료 그룹을 이동하고 쉽게 찾을 수 있게 하는데 있다. 그리고 발견물은 발굴 이후 작업을 시작하기에 적합한 상태여야 한다. 항상 그런 것은 아니지만 일반적으로 프로젝트의 발굴 단계에 발굴 이후 단계보다 더 많은 노동력이 집중되어 있다. 이러한 경우 유적에서 최대한 가능한 기본 처리를 끝내는 것이 필수적이다. 이것은 8장에서 추가로 고려될 발견물의 세척과 표시를 포함한다.

8장

야외 작업 후 계획, 처리 및 발견 분석

야외 작업 후 계획

　많은 야외 고고학자들은 야외 작업의 발굴 후 단계를 시작할 때 자신이 실제로 어떤 일에 뛰어드는 것인지에 대해 충분히 인지하지 못한 채 바로 시작하려고 한다. 발굴 후 작업과 출판 준비는 시간과 비용 면에서 실제 발굴보다 훨씬 길고, 비싸게 든다. 일반적인 수준에서 야외 프로젝트 설계는 프로젝트의 발굴후 및 출판 단계(1장)를 고려해야 했지만, 발굴이 완료될 때까지 상세한 발굴 후 프로젝트 계획을 수행할 수 없다. 그때가 되어야 수습된 데이터의 범위, 품질 및 양을 완전히 알 수 있다.

　따라서 발굴 후 프로그램의 첫 번째 단계는 수습한 항목, 잠재적 중요성 및 이에 대해 물어보고 싶은 질문을 평가하는 것이다. 이를 바탕으로 적절한 분석 형식을 고려할 수 있다. 물론 대부분의 질문은 프로젝트 시작 때 공식화되어 야외 작업 단계에서 수정되었을 것이다. 예를 들어, 야외에서 샘플을 채취하지 않았다면 특정 상황에 대해 탄소-14 연대 측정을 결정하는 것은 분명히 야외 작업 후 단계에서 너무 늦었을 것이다. 마찬가지로, 유기물이 적절한 상황에서 부유(flotation)에 의해 회수되지 않았다면 유적의 경제에 대해 많은 질문을 하는 것은 불가능할 것이다. 따라서 발굴 후 질문은 1차 연구 질문에 대한 검토와 획득한 데이터가 이러한 질문에 답하기에 적합한지 여부로 시작된다. 예상치 못한 데이터도 수습되었을 수 있다. 이러한 데이터에 대해 새로운 질문이 만들어질 수 있다.

유적에서 세척과 표시가 이루어지지 않은 경우, 유물들이 발굴팀 정리실이나 박물관에 도착하자마자 이를 수행해야 한다. 토양이 물체에 딱딱하게 마르면 제거하기가 매우 어려워진다. 대부분의 유물과 동물의 뼈와 조개껍질과 같은 많은 자연유물은 분석 단계로 이동하기 전에, 그리고 최종적으로 박물관 또는 다른 수장처에 보관하기 전에 청소되어야 한다. 뼈와 조개껍질과 함께 토기와 석기는 부드러운 칫솔을 사용하여 깨끗한 물로 조심스럽게 씻을 수 있다. 토기 조각은 세척하기 전에 음식 찌꺼기나 부서지기 쉬운 물감이 있는지 살펴보아야 한다. 둘 중 하나가 묻어 있으면 씻지 말고 적절한 크기의 플라스틱 상자에 플라스틱 에어캡(bubble wrap)으로 조심스럽게 포장하는 것이 좋다.

세척된 유물은 최소한 유적 이름(약식 양식) 또는 유적 번호 및 맥락 번호를 명확하게 표시되어야 한다. 표시는 검정색 또는 흰색 먹물(Indian ink)로 매핑 펜(mapping pen) 또는 기타 적절한 펜을 사용하여 수행된다. 물체의 표면이 부서지기 쉬운 경우, 아세톤(손톱 광택 제거제)을 소량 사용하여 글을 쓸 수 있는 표면을 만든다. 그리고 그 위에 아세톤을 한 번 더 도포하여 숫자를 보호할 수 있다. 이것은 매우 건조한 도자기에서만 가능하므로 주의를 기울여야 한다. 파편에서 증발하는 물은 아세톤과 숫자를 떼어 낼 수 있다. 플린트나 처트 도구를 포함한 대부분의 석재 유물도 안전하게 세척하고, 표시할 수 있다.

튼튼한 뼈와 조개껍질을 제외한 금속과 대부분의 유기물은 세척하지 말아야 한다. 금을 제외한 대부분의 금속은 안정적이지 못하며 발굴을 통해 환경이 변하는 즉시 급격히 부식된다. 예를 들어, 공기와 습기에 노출되면 철분이 빠르게 부식된다. 그러므로 세척을 통해 물에 노출되는 것은 분명히 실수이다. 강한 금속은 부드러운 솔로 조심스럽게 '깨끗이 건조'할 수 있다. 그러나 깨지기 쉬운 물체 또는 동전이나 브로치와 같이 고고학적으로 아주 중요한 것은 보존 연구실에 맡기는 것이 최선이다. 금속 세공물은 상자 내부를 건조한 상태를 유지하기 위해 실리카겔과 함께 단단한 폴리에틸렌 상자에 보관해야 한다. 상자에 유적 이름 또는 번호 및 맥락 번호가 완전히 표시되어 있는지 확인해야 한다. 금속 물체 자체에는 표기해서는 안된다.

숯과 같은 탄화 물질은 일반적으로 건조 상태로 유지하는 것이 가장 좋지만 유기물은 발견된 것과 유사한 조건에서 보관해야 한다. 축축한 씨앗은 젖은 상태로 유지하는 것이 가장 좋으며, 물에 젖은 나무는 항상 젖은 상태로 유지해야 한다. 곰팡이가 생기는 것을 막으려면 1% 살균제 용액을 사용한다.

또한 유적 기록은 전체 발굴 후 프로젝트가 시작되기 전에 기록을 확인하고 정리해야 한다. 모든 유적 도면은 확인되고 순서대로 정리되어야 한다. 유적에서 평면과 단면이 항상 확인되어야 하므로 이것은 이중 확인이다. 도면 번호, 제목, 축척 및 북쪽 지점들은 확인해야 할 핵심 요소이다. 일반적으로 디지털 형식으로 안전하게 복사본을 만들어 두어야 한다. 도면은 발굴 후 단계에서 포트폴리오 케이스에 평평하게 보관할 수 있다. 사진 기록도 정리하여 모든 사진이 유적 사진 기록에서 일련번호가 부여되도록 해야 한다. 흑백 필름을 사용한 경우, 네거티브를 폴리에스테르 주머니에 어둡게 보관하여 훼손을 막아야 한다.

발견물과 기록, 그림 및 사진 기록이 정리되고 쉽게 접근할 수 있어야 발굴 후 프로그램을 준비할 수 있다. 다시 한번 돈과 자원이 관련되므로 갠트 챠트(Gantt chart)와 같은 프로젝트 관리 도표가 프로세스를 지원하는 유용한 도구가 될 수 있다. 복잡한 발굴 후 프로그램의 경우, PERT(프로그램 평가 검토 기법)가 적절할 수 있다(1장). 발굴 후 프로그램의 목표는 첫 번째로 기본 유적 아카이브를 생성하고, 두 번째로 인쇄물이나 전자적으로 널리 확산시키기 위해 이것으로부터 중요한 요소를 선택하는 것이다. 궁극적으로 모든 야외 프로젝트의 최종 결과는 게시된 보고서 형식이어야 한다. 피트 리버스(Pitt-Rivers) 장군이 1898년에 말했다. 즉 '발견된 연대는 땅에서 발견된 시간이 아니라 기록된 시간이다.'(Pitt-Rivers 1898).

발굴된 모든 것이 과거에 대한 지식의 발전 측면에서 동등한 가치가 아니라는 것은 발굴 후 프로그램의 시작에서 반드시 인식되어야 한다. 발굴 유적에서 엄청난 양의 토기가 출토되었다고 해서 대부분의 시간과 돈을 여기에 집중되어야 하는 것은 아니다. 토기는 더 상세한 연구가 새로운 정보를 거의 제공하지 못할 정도로 일반적인 유형일 수 있다. 이러한 재료는 최소한의 수준에서 연구될 수 있으며 아마도 새로운 방법, 접근 또는 기술이 개발되었을 때 향후 연구를 위해 보관될 수 있다. 또는 특정 분석을 위해 샘플을 선택할 수 있다.

특별히 특정한 물질 또는 유물 유형의 전문가가 포함된다면 실질적인 이유로 모든 종류의 물질을 분석을 위해 개별 집단으로 분리하는 것이 대체로 더 좋다. 그러나 최종 보고서가 출판될 준비가 되었을 때 유적은 특정 유형의 물질보다 더 중요한 것일 수 있다. 여러 다른 물질을 포함하는 활동 영역이나 퇴적물로써 그룹화된 다양한 물질을 포함하는 구덩이 무리(pit groups)는 과거에서 큰 의미를 가질 수도 있었던 연관성을 보여주기 위해 재그룹화 되어야 한다. 따라서 다음 절에서 물질의 유형별로 고려하겠지만 그것들의 화학적 또는 형식학적 세부 분석만큼 중요한 것은 다른 물질과의 연관성과 어떻게 그리고 어디에 그것이 퇴적되었는가이다.

발견품 분석

토기

토기를 만드는 방법에 대한 지식이 어느 지역에 도착하면 그때부터 종종 고고학 발굴에서 지배적인 발견이 된다. 이러한 이유로 여기에 다른 등급의 자료보다 더 자세한 내용이 제공된다. 토기 복합체의 분석을 다루는 방법은 물어야 할 질문과 발견의 맥락에 기반해야 한다. 외곽의 쓰레기 처리장에서는 항아리가 사용된 집의 진흙 바닥에 짓밟힌 항아리 조각과 다른 유형의 정보를 제공한다. 그러나 두 가지 맥락의 조각은 연대측정에 사용될 수 있다. 당신의 항아리 조각 연대를 측정한다면, 당신은 그들이 발견된 퇴적물의 연대에 대해 적어도 가장 이른 연대(terminus post quem)를 가지고 있다. 탄소-14 연대가 도입되기 전에는 비록 영국의 선사시대의 경우 그 편년이 종종 너무 짧았지만 토기가 그 지역의 가장 신뢰할 수 있는 편년을 제공하는데 사용되었다.

토기가 제공할 수 있는 두 번째 주요 정보는 항아리 자체의 움직임에 관한 것이다. 항아리에 사용된 점토 또는 점토에 추가된 물질(충진제)이 특정 지리적 출처를 가지고 있고, 항아리가 해당 출처에서 멀어졌다는 것을 입증할 수 있다면, 아마도 그것을 통해 그곳으로 가져갔음이 분명하다. 항아리 소유자의 거래, 선물 교환 또는 이동, 연대 및 유통 연구는 항상 토기에 대한 고고학 연구를 지배해 왔지만, 삶의 맥락에서 토기의 기능과 취락 조직과 과거 사회의 사회적, 경제적, 의식적 및 상징적 삶에 대해 나타낼 수 있는 것 역시 마찬가지로 중요하다. 이러한 고려가 이루어지기 전에 항아리 또는 항아리 파편이 어떤 방식으로든 분류되어야 한다.

토기 분석의 세 가지 핵심 요소는 소재(fabric), 형태 및 장식이다. 항아리의 형태는 저부(base), 동체부(body), 경부(neck) 및 구연부(rim)의 네 가지 주요 요소로 구성된다. 항아리 전체가 발견되면 네 가지 요소를 모두 사용하여 그 형태를 설명할 수 있다. 그러나 고고학 유적에서 나온 대부분의 토기는 조각으로 발견되므로 소재로 나누는 것이 종종 도자기 분류에서 가장 가치있는 첫 단계로 간주되는 경우가 많다. 하나의 항아리가 다른 소재로 만들어지는 경우는 드물다. 물론 이것은 특히 손으로 만든 토기에서 발생할 수 있다. 항아리의 소재는 때로 점토 주형(matrix)과 첨가물(inclusions), 내열제(tempering) 또는 충진제(filler)로 구성된 태토(paste; 이 용어는 도예가들 사이에서 더 제한적으로 사용되지만(Rhodes 1989))라고 한다. '첨가물', '내열제' 또는 '충진제'는 모두 건조 및 소성시 수축을 제어하기 위해 점토 본체에 가소성이 거의 또는 전혀 없는 물질을 첨가하는 데 사용되는 용어이다.

소재 분석의 첫 번째 단계는 막 깨어진 조각의 시각적 검사를 포함한다. 펜치(pliers)로 깎아내는 것이 필요할 수 있다. 일부 첨가물은 눈이나 쌍안 현미경으로 쉽게 식별할 수 있는 반면, 일부 첨가물은 간단한 테스트 또는 얇은 부분 절단 및 편광 현미경을 사용한 검사가 필요할 수 있다. 첨가물이 적당한 크기인 경우, 그로그(오래된 항아리를 갈아서 만든), 플린트, 껍질 또는 석영을 포함하는 소재는 쉽게 확인될 수 있다. 조개껍질과 석회석과 같은 기타 석회질 첨가물은 10% 염산 용액을 사용하여 확인할 수 있으며, 자석은 철 성분의 존재를 확인할 수 있

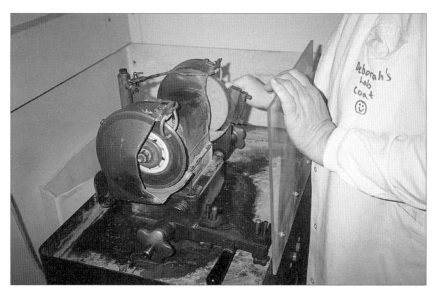

그림 8.1 얇은 단면을 만드는 실험실에 있는 석재 절단 톱

다. 도공에 의해 점토에 추가된 많은 암석 조각은 암석학 분석으로 간단하게 식별할 수 없고, 얇은 단면 샘플이 필요하다.

암석학적 분석을 위해서는 얇게 절단된 샘플이 필요하다. 즉 이를 만들기 위해서는 먼저 돌을 절단하는 다이아몬드 날을 사용하여 파편으로부터 하나의 얇은 조각(slice)을 만든다(그림 8.1). 그리고 이 조각의 모서리(edge)는 평평하고 젖은 유리 표면에서 더 미세한 강옥(corundum) 입자(입방 밀리미터 당 220 그릿, 600 그릿 및 1,000 그릿)로 연마된다. 강옥 입자는 씻어 내고, 소재에 들어간 모든 것은 초음파 수조에 담가 제거한다. 깨끗한 조각 부분을 조심스럽게 건조시킨 후, 열 경화 수지(hot-cure resin)를 사용하여 유리 슬라이드(slide)를 부착한다. 수지(resin)가 단단하면 파편은 약 0.01mm 두께로 기계적으로 연마된다. 이 섹션은 0.003mm 두께로 강옥 입자로 손으로 연마하여 대부분의 광물이 반투명하거나 투명하게 되는 최적의 두께로 광학적 특성을 연구할 수 있다. 이제 연삭 및 연마를 위한 반자동 시스템도 있다. 마지막으로, 새로운 표면을 깨끗이 하고, 수지를 사용하여 유리 슬라이드 덮개로 밀봉한다. 수지를 사용하여 표면의 빈 공간을

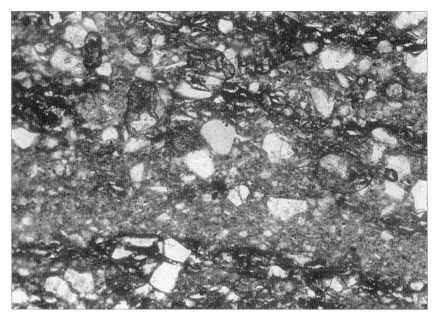

그림 8.2 자기 얇은 단면(단면 및 사진: Lys Drewett)

채워 시야의 선명도를 극대화한다. 그 다음 슬라이드는 회전이 되고 편광 광원이 있는 암석학 현미경에서 연구된다. 편광을 통해서 다양한 광물의 특성을 식별하려면 광학적 광물학(Kerr 1977)에 대한 깊은 지식이 필요하다(그림 8.2).

　색상과 경도는 소재에 의해 파편을 나눌 때 고려된다. 양자의 특성은 도공에 의해 사용된 점토나 첨가물이 아니라 소성의 조건에 의해 결정된다. 색상은 정확하지 않고, 모든 사람에게 다르게 의미되는 적갈색과 같은 기본 색상을 수정한 용어보다는 표준 색상 시스템에 의존하는 것이 가장 잘 설명된다. 가장 일반적으로 사용되는 컬러 시스템은 컬러 차트를 사용하는 미국 문셀(American Munsell) 시스템이다(184페이지 참조).

　경도도 상대적으로 의미가 있다면 표준이 필요하다. 독일의 광물학자 프리드리히 모가 고안한 모스 척도는 보편적인 표준이다. 모는 광물의 경도를 10의 척도로 나눴다.

1. 활석

2. 석고

3. 방해석

4. 형석

5. 인회석

6. 정장석

7. 석영

8. 황옥(토파즈)

9. 강옥(사파이어)

10. 다이아몬드

토기 경도의 경우, 모스 척도로 1-2로 손톱에 의해 긁힐 수 있으므로 무른 것으로 간주된다. 3-5는 손톱으로 긁힐 수 없으므로 단단한 것으로 간주된다. 반면 6-10은 강철 칼로 긁힐 수 없기 때문에 매우 단단하다. 소재 분석에서. 새로운 조각을 비교할 수 있는 일련의 소재를 설정할 수 있다.

일단 파편이 소재로 나누어지면 그 다음은 형태별로 나눌 수 있다. 파편은 저부, 동체부(몸통), 경부(목) 및 구연부(입술) 등 네 가지 주요 요소가 포함된다(그림 8.3). 이 중 항상 그런 것은 아니지만 일반적으로 구연부가 분석하기 가장 좋으

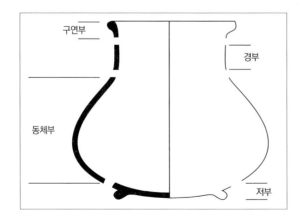

그림 8.3
항아리 요소
: 저부, 동체부, 경부와
구연부

며 장식되지 않은 몸체가 가장 분석의 여지가 적다. 경부와 저부의 진단적 가치는 연구 중인 복합체의 시기와 지리적인 기원에 따라 크게 달라진다. 예를 들어, 영국의 전기 신석기시대 토기의 저부(모두 원형 서부)가 특히 진단적이지는 않지만, 중국 왕조에서의 저부는 편년적으로 중요한 변화를 보인다.

구연부는 매일 사용하는 항아리의 가장 눈에 띄는 요소 중 하나이므로, 토기 제작자가 모든 편리한 방식으로 형태를 다양화한 것은 놀라운 일이 아니다. 구연부는 평평한 것부터 두꺼운 것까지, 수직적, 벌어진, 안쪽으로 구운, T자 모양, 장식적이거나 수평적인 것에 이르기까지 다양한 형태로 만들어질 수 있으며 이에 따라 분류될 수 있다. 마찬가지로, 저부도 원형, 편평, 오목, 납작한(disk), 뾰족한 그리고 기타 다양한 지역적인 형태로 나눌 수 있다(Joukowsky 1980). 개별적인 몸체와 경부 조각은 어떤 형태를 보여주기가 어렵다. 그러나 온전한 항아리가 존재한다면 구형, 난형 또는 원통형과 같은 기하학적 고형품을 기반으로 하는 형태 설명이 가능해진다(Shepard 1956). 이러한 모양에서 복합체를 위한 형식 시리즈(type-series)가 수립된다.

토기 분석의 세 번째 핵심 요소는 장식을 고려하고 분류하는 것이다. 소성 전에 새로 만든 토기의 축축한 표면은 홈파기(grooving), 빗질(combing), 새기기(incising) 및 눌리기(impressing)에 의한 장식을 위한 이상적인 매체이다. 소성된 표면은 그림이 그려질 수 있고, 반면에 유약은 항아리 표면에 채색 유리 코팅을 하는데 사용된다. 대안으로, 소성 전에 성형된 점토 조각을 표면에 첨가할 수 있다. 이 모든 장식 기술은 다양한 모양으로 적용되며 일부가 순수한 장식으로 적용되고, 다른 일부가 토기를 사용하는 사람들에게 특별한 의미를 제공한다. 장식된 토기 복합체를 분석할 때는 장식 기술과 디자인의 형식 시리즈(type-series)가 확립되어야 한다.

따라서 모든 토기 복합체 분석의 첫 번째 단계는 일련의 소재, 형태 및 장식의 형식 시리즈를 만드는 것을 포함한다. 분명히 단일 조각은 소재와 형태를 가지며 장식을 가질 수 있으므로 세 가지 요소를 단일 기록 양식에 결합하여 전체 집합에 대한 형식 시리즈를 만들 수 있다(Orton, Tyers and Vince 1993).

두 번째 단계는 특정 복합체에서 얼마나 많은 종류의 토기가 있는지 확인하는 것이다. 여기에는 어떤 형태의 계량화와 정량화가 포함된다. 이것의 근본적인 문제는 고고학자들이 일반적으로 조각으로 작업을 하는 반면에 과거 사람들은 항아리를 사용했다는 것이다. 이상적으로, 고고학자들은 조각들이 얼마나 많은지가 아니라 특정 형식의 항아리가 얼마나 많은지 알고 싶어 한다. 그러나 종종 고고학자들은 한 유적의 두 지역 간에, 유적들 간에 혹은 시기 간에 서로 다른 형식의 조각 양을 비교해야 한다.

토기 복합체를 정량화하는 가장 중요한 방법 중 하나는 형식 시리즈에 정의된 각 형식의 조각 수를 세는 것이다. 이것은 예를 들어, 세밀하게 장식된 조각과 비교하여 거친 토기 조각에 대한 아마도 세지 않은 관찰의 대략적인 아이디어를 제공할 것이다. 계수의 문제는 서로 다른 형식의 항아리가 서로 다른 방식으로 깨지는 것이다. 따라서 서로 다른 형식의 비율을 설정하려고 할 때 조각의 수가 편향된다. 복합체 사이에 깨지는 정도가 다르다는 문제도 있다(Orton 1975).

토기를 정량화하는 대안적인 방법은 다른 형식의 조각 무게를 다는 것이다. 여기서 문제는 플린트가 묻은 저장 용기와 같이 무거운 형식의 토기가 풀이 첨가된 토기와 같은 더 가벼운 형식에 비해 과도하게 표현된다는 것이다. 따라서 조각의 무게를 측정하는 것도 편향을 유발하지만 적어도 편향은 복합체 사이에서 동일하다. 사실 무게에 의한 정량화 문제는 잘 알려져 있지만 여전히 널리 사용되는 방법이다(Orton, Tyers 및 Vince 1993).

과거 사람들이 조각보다는 항아리를 사용했음을 감안할 때, 조각의 수보다는 다른 형식의 항아리 수를 정량화하는 것이 분명히 더 만족스러울 것이다. 전체 또는 완전히 복원된 항아리가 없으면 이것은 추정치일 뿐이다. 매우 대략적인 추정치는 동일한 항아리에서 나온 것으로 보이는 모든 조각을 그룹화하여 만들 수 있다. 즉, 동일한 항아리에서 나온 것으로 보이지만 실제로는 서로 맞지 않는 조각을 그룹화하여 만들 수 있다. 이것은 특정 형식에 존재하는 최소 항아리 수를 제안하는 데 사용할 수 있다. 이러한 형식의 추정은 너무 거칠어서 가치가 불확실하다. 대안은 각 형식의 전체 항아리의 무게를 측정하고(사용 가능한 경우) 특정 형식의 조각 무게를 동일한 형식의 전체 항아리의 무게로 나누는 것이다. 이것은 존재하였던 최소한의 항아리 수를 제공한다.

만약 복합체가 둥근 입술에 회전축을 쓴 토기로 구성되어 있다면 예상되는 용기 등가(estimated vessel equivalent, eve)를 계산할 수 있다(Orton, Tyers and Vince 1993). 여기에는 입술 직경 차트를 사용하여 동일한 소재 및 형태의 항아리의 입술 직경 측정이 포함된다. 각 입술 조각은 전체 입술(360°)의 일부이다. 따라서 동일한 원주의 각 입술 조각에 의해 형성된 원주의 비율을 측정하고 이 모든 것을 더하고 총합을 360°로 나눔으로써 표현할 수 있는 최소 항아리 수를 추정할 수 있다(즉 eve). 그러나 최소한의 숫자, 아마도 당시 상황에서 실제로 존재했던 것보다 훨씬 적은 수의 항아리가 남아 있다.

석재

금속이 도입되기 전에 석재는 도구를 만드는 핵심 원재료였다. 그러나 일부 고고학 복합체에서 석재가 많은 것은 부분적으로 거의 파괴되지 않는 특성의 결과이다. 유기 재료로 만든 도구는 특별한 상황에서만 살아남는다. 석재는 과거에 도구를 만드는 것 이외에도 다양한 용도로 사용되었다. 여기에서는 석재 도구의 분석부터 시작하겠다.

석재 도구는 크게 갈라지거나 박리된 도구와 쪼아지거나 연마된 도구로 나눌 수 있다. 그러나 박편된 도구는 영국의 일부 신석기 플린트 도끼처럼 갈거나 연마될 수 있다. 가능한 경우 플린트, 처트, 흑요석 및 석영과 같이 조개껍질 모양으로(conchoidally) 부서지는 암석은 박리에 선호되는 반면, 화성암 및 일부 퇴적암은 가장 잘 쪼아지거나 연마된다. 석기 분석의 첫 번째 단계는 사용된 석재를 식별하는 것이다. 광범위한 식별은 종종 매우 기본적인 지질학적 지식만으로 수행될 수 있다. 플린트, 흑요석 또는 석영은 쉽게 식별할 수 있는 반면, 화성암과 퇴적암에는 더 전문적인 지식이 필요하다. 편광 현미경으로 암석을 광물적으로 식별하려면 토기 조각에 대해 수행되는 것처럼 얇은 단면으로 절단해야 할 수 있다.

사용된 원재료를 식별 후, 석기(lithic) 재료의 1차 구분은 사용된 조각과 도구를 제조한 결과로 얻어진 폐기물로 분류된다. 이 구분은 도구가 어떻게 작동하는지에 대한 기본적인 지식이 필요하다. 먼저 갈라지거나 박리된 도구를 살펴본다. 이것들은 일반적으로 플린트, 처트, 흑요석 및 석영과 같은 실리카로 만들어지며 조개껍질 모양의 흔적이 있다. 이 암석을 직각으로 치면 조약돌을 물에 떨어뜨리는 것처럼 압력이 일련의 파도로서 그것을 통과한다. 떨어져 나가는 박리는 압력점에서 방사되는 이러한 고리 또는 파도를 보여준다. 이 지점 아래에는 압력의 공모양(bulb)과 종종 볼록한 흉터와 균열이 있다(Crahtree 1972). 단단한 망치(돌)로 만든 조각은 부드러운 망치(뼈 또는 나무)로 만든 조각과 분리될 수 있다. 부드러운 망치를 사용하면 타격흔의 각도와 깊이가 훨씬 적다. 기타 폐기물 또는 부스러기(debitarge)는 석핵을 도구로 만들었던 공작단계(industry)를 제외하면 박편을 떼어낸 석핵도 포함된다(Butler 2005).

폐기물 또는 부스러기의 분석은 감소 순서에 대한 정보를 제공할 수 있을 뿐만 아니라 유적에서 만들어져 다른 곳에서 사용 또는 손실될 수 있는 도구에 대한 정보도 제공할 수 있으므로 중요하다. 토기와 마찬가지로 맥락이나 시대에 따라 다른 형식의 개수로서 정량화가 중요하다. 측정은 시간에 따른 기술 변화를 차트로 표시하는 데 사용될 수도 있다. 길이, 너비, 두께 및 박편 각도는 일반적으로 측정되지만 특정 목표가 있는 경우에만 수행한다. 측정을 위한 측정은 최종 보고서가 '과학적'으로 보이더라도 시간 낭비이다(Sutton and Arkush 1996).

도구를 만드는 사람들에게는 갈라지거나 박리된 도구가 이것들에 의해 생성한 폐기물보다 분명히 더 중요했다. 도구는 형태별 또는 가능한 경우, 기능별로 분류해야 한다. 박리된 도끼, 화살촉, 스크레이퍼(scrapers) 및 끌은 형식으로 나누어 세어진다. 일부 도구의 실제 기능은 항상 명확한 것은 아니므로 '양쪽면(biface)' 또는 '한쪽면(uniface)'과 같은 용어가 사용된다. 이제 세계의 많은 지역이나 시기에서 박편 도구 형식분류와 이름을 붙이는데 동의했다. 비교를 돕기 위해 합의된 이름이 명백히 부적절하지 않는 한 새로운 용어를 도입하는 것보다 이를 사용하는 것이 좋다. 때때로 도구의 사용은 사용 마모 분석에 의해 결정될 수 있으며, 이는 본질적으로 사용으로 인한 석재 도구에 대한 손상의 연구이다. 줄무늬, 모서리 손상, 모서리 둥글게 처리 및 광택 처리를 확인할 수 있고, 실험적으로 만들어져 사용되는 비슷한 석재 도구와 변화 사항의 유사성을 비교할 수 있다(Semenov 1964; Hayden 1979; Keeley 1980).

찍거나 연마된 석재 도구는 일반적으로 분류 가능한 부스러기를 생성하지 않는다. 찍는 것(Pecking)은 작은 조각(chip)을 생성하지만, 연마는 생산품이 충분히 크지 않는 한 고고학자에게 사라져버린 먼지만 남긴다. 따라서 분석은 도구 자체에 달려 있다. 플린트 도구로서 기능과 형태는 지역적 또는 연대순으로 분포된 다른 유형과 함께 분류의 기초가 되어야 한다. 도끼와 자귀는 지역적 편년적 분포를 가지는 많은 다른 형식과 함께 대부분의 연마된 석재 도구 복합체의 주를 이룬다.

석재는 도구를 만드는 데만 사용되지 않아, 발굴에서 발견된 다른 모든 사용된 석재 또는 유입된 석재는 분석이 필요하다. 석기 도구에서 지질학적 식별은 분석의 첫 번째 단계이다. 건축용 석재는 일반적으로 유적에서 확인된 다음 조각된 건축 조각의 형태가 아닌 한 폐기된다. 돌 조각을 주의 깊게 검사하여 연마 또는 연마 영역을 찾아야 한다. 이는 연마석 또는 숫돌에서 나온 것일 수 있다. 유적에서 분명히 이질적인 석재 조각이 있을 수도 있다. 빙하나 강가의 상황이 아니라면 아마도 다양한 이유로 유적으로 가져온 석재임을 보여준다. 그것들의 중요성은 유적에 따라 변화한다. 그러나 그것들은 화덕돌(hearthstone)로 혹은 토기의 충진제로 사용되었을 수 있거나 어떤 상징적인 가치를 가졌거나 어린이를 위한 장난감일 수 있다.

금속

금속 물체는 토기 또는 석재보다 고고학 유적에서 훨씬 덜 일반적이다. 이것은 무엇보다도 금속이 아마도 훨씬 덜 일반적인 사실에 부분적으로 기인하지만 재활용이 가능하고, 묻혀있을 때도 거의 모든 금속이 대부분의 토양 조건에서 부식된 덩어리로 환원되어 식별이 어렵거나 불가능하다는 사실에도 기인한다. 모든 금속 중에서 가장 희귀한 금속 중 하나인 금만은 대부분의 토양에서 잘 살아남는다.

금속 발견의 중요성과 그에 따른 분석에 얼마나 많은 노력을 기울일 가치가 있는지는 발견 날짜와 상황에 따라 크게 달라진다. 청동기시대의 도끼는 아마도 부식된 18세기 못의 덩어리보다 더 많은 시간을 요구할 것이다. 못의 중요성은 그것들이 발견된 맥락에서 존재하는 못이라는 것이다.

따라서 분석의 첫 단계는 어떤 금속인지와 어떤 물체인지 밝히는 것이다. 통상 육안 검사는 일반적으로 금속이 철(크게 부식됨), 동이거나 동 합금(녹색 부식), 금, 납 또는 은인지 확인하는 것이다. 합금은 더 많은 문제이고, 미량 물질을 식별하기 위한 미세 원소 분석을 확인하기 위한 실험실 분석이 필요하다. 광학 방출 분광법, 원자 흡수 분광법 또는 X-선 형광법은 모두 합금의 성분을 확인하기 위해 사용된다.

만약 물체가 심하게 부식되지 않았다면 도끼, 칼 또는 동전 등은 간단하게 식별될 수 있다. 부식된 경우, 표면 관찰로 물체를 식별하지 못할 수 있다. 가끔 물체가 부식된 겉면 안에 살아남아 X-ray로 드러날 수 있으며 이것이 완전한 보존처리과정보다 훨씬 빠르고 저렴하다. 그러나 물체의 조각은 해당 분야의 전문가를 제외하고는 식별하기가 더 어렵다. 금속은 일정한 수량이 나타나면 형식을 정의하고 맥락에 따라 숫자를 파악하여야 한다.

유기 유물

과거 대부분의 시기에 많은 유물은 나무, 가죽, 나무껍질, 깃털 및 뼈와 같은 유기물로 만들어졌다. 유기물을 보존하려면 특정 매장 조건이 필요하므로 대부분의 고고학 유적에서는 물체가 탄화되지 않는 한 유기물을 출토되지 않는다. 물에 잠기거나 건조된 장소를 제외하면, 고고학자는 유기물 발견에 대한 강한 편견과 석재나 토기와 같은 무기물을 선호한다는 것을 짐작할 수 있다.

부식 생성물이 목재를 대체할 수 있기 때문에 목재가 금속 물체와 닿아 묻혀 있을 때에도 목재의 형태가 살아남을 수는 있지만, 목기는 물에 잠기거나 건조되거나 탄화된 경우에만 생존할 수 있다. 대부분의 유기물은 분석을 시작하기 전에 보존이 필요하다. 최근까지 가장 일반적인 형태의 목재 보존은 대상물의 수분 함량을 폴리에틸렌 글리콜(PEG) 용액으로 대체하는 것이었지만, 이제는 작은 유물을 위해 냉동 건조가 자주 사용된다(Dowman 1970).

목기의 안정화 후 분석의 첫 번째 단계는 수종을 식별하는 것이다. 이것은 횡방향, 방사상 세로 길이 및 접선 세로 단면을 검사하기 위해 물체에서 입방체를 잘라내는 것을 포함할 수 있다(Dimbleby 1978). 이를 통해 나무의 세포 구조를 렌즈나 현미경으로 검사할 수 있다(그림 8.4). 각 종의 나무는 그 자신의 고유한 구조를 가지고 있다(Jane 1956). 분석의 다음 단계는 절단, 긁기, 조각, 연마 등의 흔적과 나중에 기획 방법을 확인함으로써 물체가 어떻게 만들어졌는지 고려하는 것이다. 마지막으로 가능하다면 목기의 특성과 용도를 결정해야 한다. 활, 화살통, 핀 및 도끼 손잡이와 같은 일부 물체는 합리적으로 식별되는 반면, 특히 단편적인 형태의 다른 물체는 전문지식이 필요하다(Taylor 1981).

뼈 유물은 나무보다 더 넓은 범위의 토양 조건에서 생존한다. 뼈는 칼슘과 콜라겐의 조합으로 구성되어 있다. 콜라겐 요소는 물이 많은 산성 조건에서 잘 살

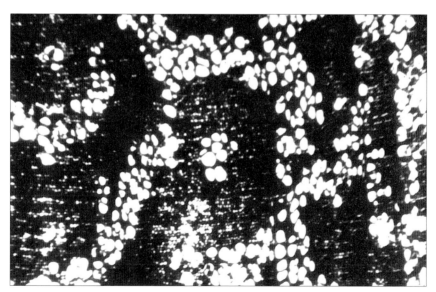

그림 8.4 현미경으로 볼 수 있는 목재의 세포 구조

아남는 반면 칼슘 요소는 많이 건조한 석회질 토양에서 살아남는다. 목재와 마찬가지로 발굴 후 분석은 보존(필요한 경우)에서 종 식별, 제조 공정 및 기능 식별에 이르기까지 진행되어야 한다. 바구니 세공품, 직물, 가죽, 나무껍질 및 깃털 공예품과 같은 다른 유기물은 드물게 발견되며 일반적으로 전문가에 의한 보존과 식별이 필요하다.

유리, 호박 및 상아와 같은 다른 재료의 유물은 모두 이 분야의 전문가를 찾아서 분석하기 전에 전문가의 보존 처리가 필요하다.

자연유물

드물게 야외고고학자가 이러한 분야에 대한 전문 지식을 가지고 있지만, 발굴 후 단계에서 자연유물과 환경 샘플의 분석은 일반적으로 발굴을 지휘하는 야외 고고학자보다는 이 분야의 전문가들이 수행하여야 한다. 따라서 야외 고고학자의 역할은 샘플을 안전하게 포장하고 전문가에게 전달하고, 자세한 맥락 정보를 제공하며 분석결과를 최종 아카이브 및 게시된 보고서에 통합하는 것으로 제한되어야 한다.

'자연유물'이라는 용어는 일반적으로 인간에 의해 변형되고, 문화적으로 관련된 모든 비유물적 자료를 포괄한다. 이것은 동물의 뼈와 조개류의 껍데기와 같은 음식 쓰레기뿐만 아니라 꽃가루, 육상 달팽이 및 인간이 변형한 토양을 포함한다. 그러나 나는 이 부분에서 비록 겹치거나 서로 간섭하는 경우도 있지만 경제적 데이터를 제공하는 증거와 본질적으로 환경 데이터를 제공하는 증거를 분리할 것을 제안한다.

뼈 뼈는 일반적으로 너무 산성이 아닌 토양에서 잘 살아남지만 그것들은 부식동물(scavengers)에 의한 마모와 풍화를 통한 자연 침식을 피하고 묻혔을 것이다. 그러나 뼈의 콜라겐 요소는 유럽의 습지 사람들의 경우와 같이 산성의 침수 조건에서 잘 살아남을 것이다. 발굴에서 나온 음식물 쓰레기 뼈는 아마도 약간 다른 방식으로 회수되었을 것이다. 새와 물고기 뼈는 미세 메쉬 체질(1mm)이 필요한 반면, 큰 포유류 뼈는 일반적으로 꽃삽과 아마도 거친 메쉬 체질(lcm)을 통해 회수된다. 뼈는 분석 전에 물과 부드러운 솔로 조심스럽게 세척해야 한다. 연약한 뼈는 마른 솔질이나 묽은 PVA 용액으로 경화시킬 필요가 있다.

뼈 분석의 첫 번째 단계는 각 뼈가 어떤 종이고, 신체의 어떤 부분인지 확인하는 것이다. 이것은 비교 참조용 표본을 사용하는 것이 가장 좋지만, 시작은 삽화를 참조하는 경우가 있다(Ryder 1968). 파편화된 뼈, 특히 깃대 조각은 통상적으로 전체 뼈보다 식별하기가 더 어렵다. 뼈 집합체의 비율은 종 수준으로 식별되지 않을 수 있다.

뼈가 종과 골격의 일부로 식별되면 뼈 복합체는 정량화해야 한다. 항아리와 항아리 조각과 마찬가지로 고고학자는 얼마나 많은 뼈보다 얼마나 많은 온전한 (whole) 동물에 더 관심을 가져야 한다. 확인된 종의 수를 간단히 계산하면 매우 편향된 그림을 얻을 수 있지만, 매우 적은 수가 존재하는 경우 적절할 수 있다. 일반적으로 최소 개체수(MNI)를 계산하여 맥락, 시기 및 유적 사이에 종의 풍부함을 비교할 수 있다. MNI는 왼쪽 견갑골과 같이 동물에서 한 번 나타나는 뼈만 세어서 계산된다. 100개의 왼쪽 소 견갑골이 존재하는 경우, 존재하는 최소 황소의 수는 100개이다. 그러면 각 동물로 대표되는 고기 무게를 계산하여 다양한 종을 몰거나 사냥하는 사람들이 사용할 수 있는 단백질로 변환할 수 있다. 동물고고학은 이제 고고학의 중요한 하위 분야이므로 더 복잡한 분석은 일반적으로 야외 고고학자의 전문 지식을 넘어선다(Chaplin 1971). 예를 들어, 동물 사육에 대한 이해에 중요한 유적은 프로젝트의 현장 요소 및 발굴 후 단계뿐만 아니라 초기 계획에 동물고고학자를 거의 확실히 포함시킬 것이다(Reitz and Wing 1999).

인간의 뼈는 인간이 아닌 동물의 뼈보다 연접된 채로 발굴될 가능성이 더 높다. 따라서 인간 유해의 검사는 종종 개별 연구로 수행된다(Cox and Mays 2000). 인간 유해에 대해 묻는 많은 질문들은 나이, 성별, 질병의 증거 등과 같이 동물 유해에 대한 질문과 동일할 수 있다(Mays 1998). 그러나 유골 분석은 종종 더 진행된다. 때때로 개인이 실제로 삶에서 어땠는지 3차원 모델로 재구성하거나 컴퓨터 프로그램을 사용하여 재구성할 수 있다. 매장지에 있는 개인 간의 관계는

DNA를 사용하여 확인될 수 있다. 또한 이것은 두개골과 골반의 표준 뼈 지표가 명확하지 않은 불명확한 개인의 경우, 성별을 결정하는 데 유용할 수 있다(Brothwell and Pollard 2001). 스트론튬(strontium)과 같은 뼈의 미량 원소는 예를 들면, 생선에서 곡물로 식이의 주요 변화를 결정하기 위해 측정할 수 있는데, 그러한 변화는 유적에서 발견되는 음식물 쓰레기의 변화와도 유사하다.

조개껍질 고고학 발굴에서 나온 조개껍질의 예비 분석은 뼈의 분석과 유사한 방식으로 접근할 수 있는데, 패총의 발굴은 작업을 관리할 수 있는 정도로 유지하려면 현장에서 엄밀한 샘플링이 필요하다. 조개껍질은 현저하게 잘 잔존하며, 조개더미에서 석해질 물질을 용해시킬 수 있는 산성 토양에서도 잔존할 수 있다.

특히 해안선이나 강 근처의 많은 시기의 유적은 다른 국내산 쓰레기와 혼합된 조개껍질을 생산한다. 음식 찌꺼기일 수 있는 조개껍질, 사용된 조개껍질(일부는 조개를 먹은 후) 및 다른 방법으로 유적에 도달한 조개껍질을 분류하기 위해서는 주의해야 한다. 예를 들어, 모래톱 위의 유적에는 자연적인 잔류 껍질이 있다. 조개껍질은 해변에서 죽은 채 수집되어 장난감인 장신구로 다시 가져왔을 수 있다. 다른 것들은 소라게에 의해 유적으로 옮겨졌을 수 있다. 착용되거나 마모된 조개껍질은 일반적으로 식이 계산에서 제외되어야 한다. 사실 소라(Strombus gigas)나 대합 조개(Tridacna gigas)를 제외한 조개류는 놀랍게도 칼로리를 거의 제공하지 않기 때문에 어려운 시기나 장소를 제외하면 식이 요법에 크게 기여하지 않았을 것이다. 종종 조개류는 로마 영국의 굴처럼 단순히 추가적인 사치품이다.

작은 조개껍질 복합체의 분석은 먼저 비교 참조용 표본에서 종의 식별을 선호하지만 그렇지 않으면 세계의 일부 지역에서 사용할 수 있는 좋은 삽화가 있는 책의 범위(예를 들어: Humfrey 1975)에서 시도한다. 그 다음 최소 개체수 MNI는 뼈와 유사한 방식으로 계산할 수 있다. 각 복족류에는 꼭지점이 하나 뿐인 반면, 이매패류의 모든 왼쪽 판막을 세면 된다. 세계의 일부 지역에서는 성장선을 세어 조개껍질을 수확한 시기를 정할 수도 있다. 두꺼운 선은 여름에 자라는 반면 가는 선은 겨울 성장을 나타낸다(Reitz and Wing 1999).

종자 및 기타 식물 잔존물 식물은 인간의 주요 식품이었으며 여전히 존재하고 있지만 고고학 기록에 남아있는 잔존물에 대한 강한 편견이 있다. 식물 유체는 물에 잠기거나 건조되거나 단화된 경우에만 잔존한다. 탄화된 식물 유체는 고고학 유적에서 가장 흔하다. 대부분의 식물 유체가 불에 타야만 살아남는다는 사실은 불가피하게 고고학 기록에 편향을 불러일으킨다. 특정 식물 유체는 다른 것보다 화상을 입을 가능성이 더 높다. 아마도 동 서섹스(Drewett 1982)의 블랙 패치(Black Patch)의 후기 청동기시대 구덩이에서 발견된 탄화된 보리가 양조를 위해 준비 중이었을 것이다. 피트 3에서 발견된 21kg 중 96%는 보리였고, 4%만이 밀이었다. 사실, 더 많은 밀이 농장에서 자랄 수 있었지만 아마도 대부분은 밀가루를 위해 성공적으로 갈아졌다. 일부 식물은 수천 개의 작은 씨앗을 생산하는 반면, 다른 것은 적은 수의 더 큰 씨앗을 생산하므로 단순히 식물을 세거나 무게를 잰다는 것이 다른 종의 상대적 중요성을 나타낼 수 있는 것이 아니다.

그러나 씨앗은 먼저 종 수준으로 식별되어야 한다. 이것은 현미경으로 수행되고, 뼈와 조개껍질과 같이 참조용 표본과 비교하면서 이루어진다. 작은 씨앗의 경우, 결과는 아마도 존재 또는 부재의 관점에서만 표현되어야 하며, 큰 복합체의 정량화는 일반적으로 중량 또는 최소개체수로 수행된다. 그러나 설명적인 교재는 이러한 수치가 다양한 요인에 의해 상당히 편향될 수 있으며 반드시 재배 및 / 또는 소비된 식물의 실제 비율을 나타내는 것은 아니라는 점을 강조해야 한다.

고고학 유적에 남아있는 다른 가장 흔한 식물 유체는 목탄이다. 이것은 예를 들어, 장작에 대한 인간 사용에 대한 증거를 제공하고, 지역 환경에 대한 힌트를 제공한다. 그러나 인간은 목재를 선택하므로 환경 복원에 목탄의 활용이 제한된다. 다량의 목탄이 존재하지 않는 한, 목재 샘플(219페이지 참조)과 동일한 방식으로 종 수준(또는 때로는 속만)으로 식별한 다음 그 결과를 단순히 존재 또는 부재로 표현한다. 발견된 목탄을 세거나 무게를 재는 것은 큰 가치가 없다. 왜냐하면 불에 탄 사과나무의 가지 하나가 수천 개의 숯 조각을 생성할 수 있기 때문이다. 사실 그것이 유적에서 가장 일반적인 종이 아니었을 수도 있다.

환경 샘플

고고학 유적과 그 주변에서 수집된 환경 샘플의 분석은 전문 지식이 필요하며 일반적으로 시간과 비용 측면에서 상당한 지출이 필요하다. 프로젝트의 초기 계획부터 분석 및 최종 출판에 이르기까지 환경고고학자가 항상 참여하는 것이 가장 좋다. 특정 유적에서 어떤 환경 지표가 살아남을 것인가 하는 것은 토양이 산성인지 알칼리성인지, 습하거나 건조한지 하는 위치와 퇴적 후 역사에 전적으로 달려있다. 모든 형식의 환경 데이터가 다양한 지역 환경 내에서 살아남을 수는 있지만 한 유적에서 유지되는 경우는 거의 없다(Evans and O'Connor 1999; Wilkinson and Stevens 2003).

꽃가루 분석 꽃가루는 모든 개화 식물에서 추출되며 일반적으로 호기성 박테리아가 없는 모든 조건에서 잘 잔존한다. 그것은 이탄 습지에서 가장 잘 살아남지만, 둥근 무덤(barrows)이나 다른 토루(earthworks) 아래에 묻힌 땅 표면, 축축한 도랑 또는 구덩이, 우물 채움과 같은 다른 많은 고고학 맥락에서도 잘 살아남는다. 샘플은 일반적으로 규칙적인 간격의 세로단(column)에서 채취하고 현대 꽃가루로 인한 오염을 방지하기 위해 즉시 밀봉한다(그림 5.12). 각 샘플 또는 샘플의 일부는 꽃가루의 존재를 추출하고, 확인하기 위하여 현미경으로 검사한다. 이것은 특히 꽃가루가 종보다는 과 또는 고작 속 수준으로 식별될 수 있기 때문에 길고 힘든 작업이다(Dimbleby 1978).

각 과 또는 속의 꽃가루 알갱이를 세고 특정 샘플의 총 알갱이 수에 대한 백분율로 표시한다. 그 다음에 이러한 데이터는 일반적으로 층서적 연속적인 샘플링을 통해 변화를 보여주기 위해 그래픽으로 그려진다. 꽃가루의 식별은 이미 알려진 식물의 꽃가루와 비교하는 본질적으로 기계적인 과정이지만 데이터 해석에는 식물, 특히 꽃가루가 어떻게 분산되는지에 대한 상당한 지식이 필요하다. 소나무와 같이 바람에 분산되는 꽃가루는 먼 거리를 이동할 수 있는 반면 새잡이 끈끈이(lime)와 같이 곤충에 의해 확산된 꽃가루는 더 지역적일 가능성이 높다. 일부 식물은 민달팽이와 달팽이에 의해 수분되기 때문에 꽃가루는 아주 적은 거리만 움직인다(Dimbleby 1978).

육상 달팽이 꽃가루는 알칼리성 조건에서 잘 살아남는 경우가 드물지만 다행히 이 조건에서는 육상 연체동물이 잘 살아남는다. 이들은 많은 환경에서 풍부하게 사는 달팽이들이다. 그들이 죽을 때 그들의 껍질은 경관의 퇴적물과 고고학 유적의 침전물로 통합된다. 많은 종의 육상 달팽이가 있으며 전부는 아니지만 많은 종들이 생태학적 선호를 가지고 있다. 일부는 삼림 지대를 선호하고 다른 일부는 짧은 풀을 선호하고 일부는 경작할 수 있는 조건을 견딜 수 있으며(Evans 1972), 토양 샘플은 봉인된(sealed) 퇴적물에서 채취하고 모든 육상 달팽이는 미세 메쉬 실험실 체를 사용하여 조심스럽게 걸러낸다(그림 8.5). 현장에서 수작업으로 채집한 샘플은 거의 사용되지 않는다. 이것은 단지 특별하고 큰 조개껍질 개체의 존재 유무가 아니라 중요한 것이 다른 종의 비율이기 때문이다. 많은 육상 달팽이가 매우 효율적이기 때문에 계수는 현미경으로 수행된다. 계수 과정은 기본적으로 해양 연체 동물과 동일하다. 중요한 것은 얼마나 많은 조개껍질 조각이 아니라 얼마나 많은 개체가 존재하는지이다. MNI는 각 껍질에 꼭지점이 하나만 있으므로 이를 계산하면 된다.

그림 8.5 환경 실험실에서 육상 달팽이 추출

육상 연체동물 수를 해석하려면 관련된 종의 서식지에 대한 자세한 지식과 변화하는 조건에 적응하는 그들의 속도와 능력이 필요하다. 분석의 결과는 종종 설명문과 함께 다른 생태 그룹의 절대 빈도 및 백분율 빈도로 표시된다.

토양 및 퇴적물 토양과 퇴적물(토양은 식물의 생명을 지탱할 수 있는 유기 원소를 포함하고, 퇴적물은 전적으로 무기물임) 분석은 유적 환경에 대한 상당한 정보를 제공할 수 있다(Rapp and Hill 1998; French 2003). 토양 또는 퇴적물 분석의 첫 번째 단계는 현장에서 이루어지며 색상, 질감, 일관성 및 거친 성분에 대한 기본적인 설명이 포함된다(7장). 그러나 실험실 분석을 통해 훨씬 더 많은 정보를 얻을 수 있다(Cornwall 1958; Limbrey 1975). 모든 고고학 자료의 분석과 마찬가지로 프로젝트 시작시 광범위한 질문이 제기될 것이지만 발굴 중에 새로운 질문, 예를 들면, 이 맥락은 묻힌 토양입니까?가 생길 수 있다.

분석의 기술은 크게 물리적 방법과 화학적 방법으로 나눌 수 있다. 물리적 방법은 침전물을 구성 요소로 분리하고, 크기, 모양 및 유형을 조정하거나 연구용 현미경을 위해 침전물의 얇은 절개부를 준비하는 것을 포함한다. 어느 쪽이든, 목표는 특별히 형성 과정의 특징일 수 있는 요소를 식별하는 것이다. 예를 들어, 둥근 입자는 물속에서 구르는 것을 나타낼 수 있다. 마모가 제한된 각 입자는 결장 침전물을 나타낼 수 있다. 퇴적물의 분리는 2mm부터 0.063mm까지의 체의 둥지를 사용하여 수행할 수 있다.

많은 퇴적물의 큰 비율은 석영과 다른 일반적인 '가벼운'(즉, 2.89 미만의 비중을 차지하는) 광물로 구성된다. 다른 '무거운' 광물은 퇴적물의 출처와 어떻게 유적에 도착했는지를 결정하는 데 도움이 될 수 있다. 그래서 무거운 광물 분석은 퇴적물에 적용되는 주요 물리적 방법이다. 토양의 구성에 대한 더 자세한 내용, 특히 존재하는 요소들이 서로 어떻게 관련되어 있는지는 토기용으로 준비되는 것과 같이 얇은 절개부를 준비하여 얻을 수 있다. 그러나 토양의 경우, 샘플은 유리 슬라이드에 갈아서 올리기 전에 강화처리되어야 한다(Cornwall 1958).

토양의 화학 분석을 위해 광범위한 광학 및 기타 장비를 사용할 수 있다. 그러나 단순히 토양 또는 침전물에 있는 화학 물질을 나열하는 것만으로는 유적의 고고학에 크게 기여할 수 없다. 다시 말하지만, 특정 상황에 대해 구체적인 질문을 해야한다. 예를 들어, 뼈의 생존을 위해 pH가 너무 높기 때문에 무덤 아래에 아무런 무덤도 없는가, 또는 이 문맥의 탄소 또는 인산염 함량이 인간의 활동을 암시하는가?(Goldberg and Macphail 2006)

다른 환경 분석 꽃가루, 육상 달팽이, 토양 및 퇴적물에 대한 연구가 자연 환경 및 특정 고고학 유적을 결정하는 데 가장 일반적으로 사용되는 분석이지만 고고학 유적의 과거 환경을 복원하기 위해서 다른 많은 식물 및 동물 잔존물들은 분석되어야 한다. 규조류와 같은 일부는 특정 지역 조건을 요구하고, 식물석 (Phytoliths)과 같은 다른 일부는 더 널리 퍼져 있다. 규조류는 수역에서 살고 죽는 단세포 조류이다(그림 8.6). 종마다 생태학적 선호도가 다르기 때문에 육상 달팽이와 마찬가지로 즉각적인 환경에 대한 광범위한 그림을 제공할 수 있다. 식물 세포의 실리카 원소인 식물석은 고고학 퇴적물에서 회수할 수 있으며 유적에 대한 환경 지식을 추가할 수 있다. 마지막으로 설치류 및 기타 작은 포유류의 뼈, 벌레 알 사례, 진드기 및 곤충 등의 식별은 환경 그림을 채우거나 발굴에서의 특별한 맥락(specific contexts)에 대한 자세한 통찰력을 제공할 수 있다.

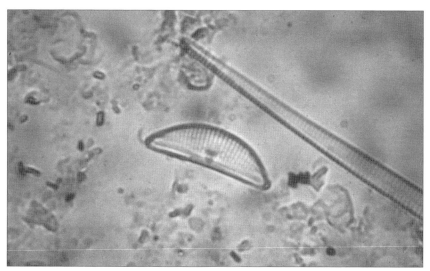

그림 8.6 규조류: 환경 선호도가 높은 단세포 조류

9장

증거의 해석

발굴을 통해 나타난 증거의 해석은 유적을 파고 발견물을 분석한 후에 일어나는 일이 아니라 프로젝트 진행 내내 계속해서 일어나는 과정이다. 이를테면 발굴 과정과 발굴 후의 분석 단계 모두에서 새로운 정보를 얻음에 따라 해석의 변화는 불가피하다. 그러나 프로젝트의 어느 단계에서 수습된 데이터에 대한 해석이나 해석의 범위는 결정되어야 한다. 미가공 자료는 그냥 그것일 뿐이다. 고고학은 단순히 물질적 잔존물을 연구하는 것이 아니라 물질적 잔존물을 통해 과거를 연구하는 학문이다.

과거 물질적 잔존물을 어떻게 해석하는가는 물론 개인의 이론적 관점에 크게 좌우된다. 과거는 지나갔으므로 우리는 그것을 복원할 수 없으며 수습된 물질적 증거에 근거하여 해석을 제시할 뿐이다. 9장의 목적은 야외 고고학자가 발굴한 고고학 유적의 요소들을 해석하는 것이다. 여기에서는 더 넓은 고고학적 해석인 문화사나 문화 과정으로 확대하지 않겠다. 이러한 수준의 해석은 계속해서 증가하고 있는 다른 문헌을 참고하면 된다(예를 들면, Willey와 Phillips 1958; Hodder 1982; Binford 1983; Shanks와 Tilley 1987).

유적의 환경 해석

유적이 과거에 어떻게 작동했는지 이해하려면 유적이 존재했던 환경에 대한 지식이 필요하다(Vita-Finzi 1978). 과거의 환경은 오늘날의 환경과 매우 다를 수 있다. 분명히 빙상의 움직임과 해수면의 상승 또는 하강과 같은 대규모 환경 변화는 전체 경관을 극적으로 바꿀 수 있다. 마찬가지로 인간 또는 자연의 힘에 의한 매우 작은 규모의 변화는 유적의 생애(life) 그리고 폐기된 이후에도 그 지역 경관을 바꿀 수 있다.

대규모 환경 및 기후 변화에 대한 많은 연구가 이루어졌으며 특히 심해 코어에서는 유공충(foraminifera) 연구를 통해 이루어졌다(Butzer 1983). 이 단세포 유기체는 환경적 선호도를 가지고 있어 해수면과 관련 염분 농도가 변동함에 따라 유공충 종의 범위도 변한다. 환경 변화의 결과로 물의 산소 동위원소의 변화는 유공충 칼슘 조개의 차이에도 반영된다. 빙하기 이후의 유적에서 작업할 때 고고학자들은 유적의 지역 환경에 더 많이 관심을 가져야 한다.

유적을 이해하는 데 가장 중요한 영역은 거주자들이 사용하는 영역이다. 그러한 영역을 정의하는 것에는 당연히 많은 어려움이 따른다. 초기 시도는 일반적으로 사냥꾼과 채집자의 경우 거의 10km 내에 있는 영역을 활용하였고, 반면 농민들의 경우 집과 가까운 곳에서 주로 생활하며 5km 이상을 이동하는 경우가 드물다는 민족지 데이터를 사용하였다. 그에 맞춰 유적 주변에 원을 그리고, 원내의 자원이, 예를 들어, 비옥한 땅의 비율이 계산되었다(Higgs 1975). 그러나 곧 거리는 그다지 중요하지 않고 자원 또는 작업 영역에 도달하는 데 걸린 실제 시간이 중요하다는 것을 깨닫게 되었다. 예를 들어, 평탄한 초원을 가로지르는 것보다 거칠거나 기복이 있거나 풀이 많이 자란 땅을 걷는 것이 더 오래 걸린다. 그 후 원은 사냥 및 채집자의 경우 도달하는 데 2시간 걸리는 거리로, 또는 농민의 경우 1시간 걸리는 거리로 유적 주변의 구역을 설정할 수 있도록 수정되었다. 비록 유적 가용 자원 분석(site-catchment analysis) 기법은 한 유적 주변의 잠재력에 대한 좋은 아이디어를 제공하지만 유적에서 실제로 사용된 것이 무엇인지와 실제 증거를 기반으로 한 활용된 영역을 파악하는 것이 더 중요하다

(Flannery 1982).

지역 환경을 규명하는데 있어서 고려 대상 지역이 결정되면 그곳의 환경이 과거에 어땠는지, 그리고 유적의 존속을 통해 어떻게 변했는지에 대한 문제를 답하기 위해 다양한 접근 방식을 가져올 수 있다. 현재 지역 환경을 직접 관찰하는 것이 좋은 출발점이다. 언덕, 계곡 및 단단한 지질은 근래에 많이 변했을 가능성이 낮다. 그러나 강이 범람원을 가로질러 구불구불하게 흐르고 기후 변화 또는 현재의 지역 물 펌프 사용 때문에 샘이 마르면서 수원은 바뀔 수 있다. 무엇보다 가장 큰 변화는 토양, 식물 및 지역 동물군에 있을 것이다. 이것들이 유적의 지역 환경을 재구성하려고 시도할 때 조사해야할 핵심 영역들이다. 유적 자체의 발굴에서 많은 데이터를 얻을 수 있지만 적절한 퇴적물을 찾을 수 있다면 더 넓은 경관에 대한 더 많은 데이터를 얻을 수 있다.

강 충적과 건식 계곡의 붕적 퇴적물(colluviad deposits)은 이전에 퇴적물 위의 경사면에 있던 토양에 대한 정보를 제공한다(그림 9.1). 만약 석회질이라면 우리가 8장에서 보았듯이 넓은 생태학적 그림을 제공하는 육상 달팽이를 포함할 수

그림 9.1 강 계곡 충적 샘플링: 지역 환경사의 주요 원천

도 있다. 지역 식생에 대해 더 상세히 파악하기 위해 꽃가루가 살아남기에 적절한 퇴적물을 찾아야 한다. 이탄(Peat)은 가장 좋은 퇴적물 중 하나이지만 혐기성 퇴적물이나 매장된 토양에서 꽃가루가 살아남았을 수 있다. 이상적으로 유적이 건설된 환경과 유적의 사용으로부터 생긴 지역 환경의 변화를 알아내기 위해 다양한 연구가 적용되어야 한다. 대부분의 환경은 자연스럽게 그리고 인간이 기여하는 요인으로 인해 끊임없이 변화하고, 이러한 변화가 유적이 어떻게 사용되는지 때로는 변화 또는 최종적으로 버려지는데 어떤 영향을 주는지 항상 염두에 두어야 한다.

가구와 활동 영역의 해석

많고 다양한 형태의 가구(household)는 전 세계적으로 인간 사회의 기본 단위이기에 대부분 주거 유적의 고고학 데이터 해석에 필수적인 요소이다. 가구에 대한 증거는 집 자체와 집 안팎의 활동에 대한 증거들로 구성된다. 활동은 유물과 유물의 세트로 표현될 수 있다.

집은 기둥 구멍, 대들보 홈, 석조 벽 또는 약탈된 도굴 트렌치 등의 클러스터(cluster)에서 추정될 수 있다(그림 9.2). 때로는 구조 자체는 흔적을 남기지 않고 유물과 자연유물의 분포를 신중하게 파악하여야 집터를 찾을 수 있다(Bradley 1970). 고고학자들은 일반적으로 지상에서 집의 평면만 복구하므로 지상의 구조에 대해서는 항상 해석의 여지가 있다. 이러한 해석은 알려진 건축 매개 변수(예를 들면: 구조적 요소의 무게 및 응력), 사용 가능한 재료, 민족지적 또는 살아남은 건축적 유사성 그리고 추측의 조합을 기반으로 한다. 제안된 해석이 가능하다는 것을 보여주기 위해 복원을 할 수는 있지만, 그것은 반드시 올바른 해석이라고 할 수는 없다(그림 9.3). 중세 초기 영국의 움푹 팬 건물지의 상부구조(superstructure)에 대해 합의된 해석의 실패는 이 문제를 보여준다.

집의 평면은 일반적으로 기능적 및 사회적 필요성을 고려하여 배치되지만 상징적이며 우주적 해석의 대상이 될 수도 있다(Guidoni 1975). 민족지적 데이터는

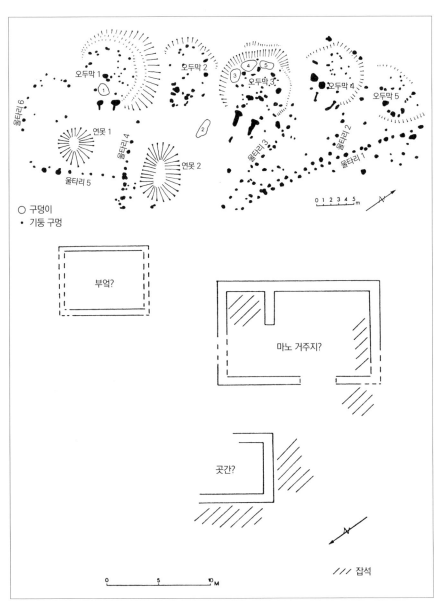

그림 9.2 기둥 구멍 패턴과 벽 기초로 본 집 평면

그림 9.3 실험적 고고학: 집 복원

특정 시간에 특정 사람들이 특별한 상황에서 특정 집 평면과 방향을 사용한 이유에 대한 상세한 통찰력을 제공할 수 있다. 저지대 남미 말로카(Maloca)가 좋은 예이다. 이 타원형 주택은 동서를 축으로 지어져 동쪽 끝에 남자의 문이 있고, 서쪽 끝에 여자의 문이 있다. 지붕을 지탱하는 기둥은 산이고, 지붕 자체는 하늘을 나타내며, 벽에 그려진 언덕은 세계의 가장자리를 나타낸다. 마룻대(ridge pole, 종도리)는 태양의 길이며 상상의 강이 집의 중앙을 통해 흐르는데 이것은 집 아래에서 죽음의 강이 된다(Hugh-Jones 1985). 이러한 신화적 요소들을 신화의 지리적 그리고 시간적 영역 밖에서 적용하는 것은 분명히 받아들이기 어려운 일이지만, 그것이 보여주는 것은 집 평면을 해석할 때조차도 단순히 집의 기능적 측면 이상을 고려해야 한다는 것이다. 활동 영역의 위치도 동일하게 적용될 수 있다. 예를 들면, 말리의 도곤(Dogon)의 집에서 부엌은 머리를, 가운데 방은 몸통을, 식품창고는 팔다리를 나타낸다. 따라서 머리는 항상 양쪽에 팔다리가 있는 몸통 위에 있다(Griaule 1938). 그러므로 활동 영역의 위치는 상징적이고 우주적인 요소가 될 수도 있다.

특정 지역을 특정 활동의 유적으로 해석하는 것은 항상 간단하지 않다. 어떤 활동은 명확한 고고학 흔적을 남기지만, 다른 활동은 그렇지 않기 때문이다. 수면 공간은 흔적을 거의 남기지 않거나 전혀 남기지 않을 수 있지만, 요리용 난로는 명확한 흔적을 남길 수 있다. 활동의 잔여물은 아마도 그 집의 생애 동안은 정기적으로 청소가 될 것이고, 아마도 쓰레기터나 오래된 저장 구덩이에 버려질 것이다. 이러한 2차적 쓰레기는 활동의 범위를 나타내지만 활동이 일어난 곳을 나타내지는 않는다.

가구의 활동 영역은 유물의 확산과 유구의 증거를 결합하고, 이를 가능한 집 자체의 복원에서 수집한 정보와 연관시켰을 때 가장 좋은 해석이 나온다. 예를 들어, 영국의 청동기시대 원형 집에는 종종 바닥에 개별적인 유물들이 펼쳐져

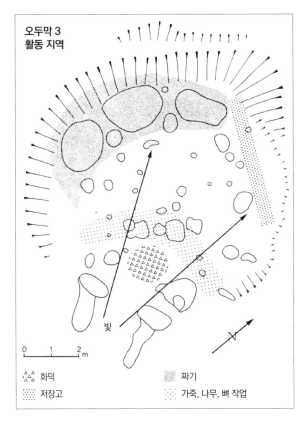

그림 9.4
청동기시대 집의 활동 영역

있다. 이러한 데이터에 대한 하나의 해석은 유적이 버려지기 전에 발생한 최종 활동의 실제 영역을 보여준다는 것이다(그림 9.4). 원형 집에 불을 밝힌 방식을 통해 유물이 될 증거들은 주기적으로 정리되고, 다른 곳에 버려졌을지라도 이 지역에서 항상 동일한 위치에서 유사한 활동을 수행했음을 추측할 수 있다. 이러한 청동기시대 원형 집의 방향이 상징적이거나 우주적인 의미를 지녔을지 모르지만 원형 집은 실용적인 작업장이었다.

어떤 활동은 관련된 유구를 남기지 않지만 특정한 유물이 펼쳐져 있는 패턴을 생성한다. 플린트, 처트, 흑요석 및 석영 제작이 좋은 예이다. 많은 선사 유적은 그러한 활동에 대한 2차 증거를 생성하지만, 제작지가 제자리에 그대로 남겨지고 폐기 후 신속하게 보호되어 보존되는 경우에만 활동의 패턴을 밝혀낼 수 있다. 실리카(silica)로 석기를 제작하는 사람은 일반적으로 바닥에 앉거나 쭈그

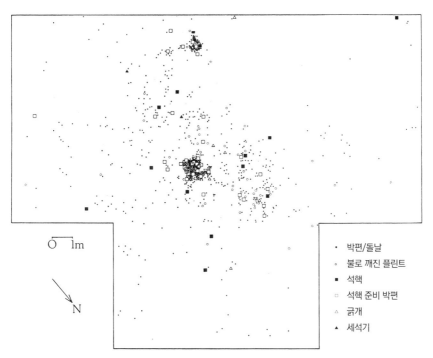

범례:
· 박편/돌날
○ 불로 깨진 플린트
■ 석핵
□ 석핵 준비 박편
△ 긁개
▲ 세석기

O ⎿ 1m

N

그림 9.5 활동 영역: 플린트(flint) 제작 영역(서섹스 야외 고고학 유닛의 D. Gorson)

려 앉는다. 석핵(core)을 준비하기 위해 박편은 뿌리(nodule)에서 떨어져 나온다. 박편은 제작자의 다리 사이와 옆에 있는 땅에 떨어진다. 박편이 없는 부분은 제작자가 앉은 위치와 다리가 있는 위치를 나타낸다(그림 9.5). 도구는 일단 완성되면 사용하기 위해 가져가고, 석핵(core)은 제작지 주변에 버려진다.

고고학자에 의해 발견된 플린트 조각의 특정한 패턴이 제작 사건을 보여준다는 의견은 해석의 과정을 통해 나온 결과이다. 이 사건은 과거에 일어났고, 아무도 이것이 유적의 특정 지점에서 일어난 일이라고 말할 수 없다. 살아있는 과거는 영원히 사라졌기 때문이다. 현재 고고학 발굴 자료와 과거에 실제로 일어난 일 사이의 틈을 넘기 위해서는 현재에서 과거로의 추정이 필요하다. 사회학 용어인 '중범위 이론'을 물질 유적과 그 해석을 연결하는 데 사용되는 이론의 범위를 다루기 위해 미국 고고학자 루이스 빈포드(Lewis Binford)가 처음 채택하였다(Binford 1977).

민족지고고학과 실험고고학은 중범위 이론의 두 핵심 영역이다. 간단히 설명하자면 민족지고고학은 고고학 기록에서 발견되는 여러 종류의 잔류물을 여전히 생성하는 사람들과 함께 사는 고고학자들이 그들의 현대 데이터를 이용하여 과거에 어떤 일이 일어났는지를 연구하는 것이다. 대표적인 연구로 아프리카의 쿵 부시맨(Yellen 1977)과 누나미우트 에스키모(Binford 1978)의 연구가 있다. 목재 원형 집을 짓거나 플린트 도끼를 치는 것과 같은 실험고고학은 과거에 일이 어떻게 일어났을 수 있었는지, 그리고 어떤 일을 하는 특정한 방법이 고고학 발굴에서 발견된 것과 같은 잔류물을 생성할 수 있는지를 보여준다(Coles 1979). 민족지고고학과 실험고고학은 특정 패턴을 보이는 버려진 플린트 조각들을 실제 제작지로 보는 해석이 가장 좋은 해석이라는 것을 확실히 보여준다.

비록 제작지 바닥에는 실제 도구가 거의 또는 전혀 남아있지 않겠지만 유적의 다른 곳에서 찾을 수도 있다. 이러한 도구가 과거에 사용되었을 가능성을 제안하려면 유추의 과정이 필요하다. 유추를 하자면 고고학 발굴에서 발견된 것이 현재 특정 방식으로 사용되는 것과 같은 크기, 모양 및 무게일 경우 과거에도 유사한 방식으로 사용되었을 수 있다고 보는 것이다. 대략적으로 삼각형이나 잎모양의 깨진 플린트 포인트는 현대의 화살촉과 비슷할 수 있으므로 발굴에서

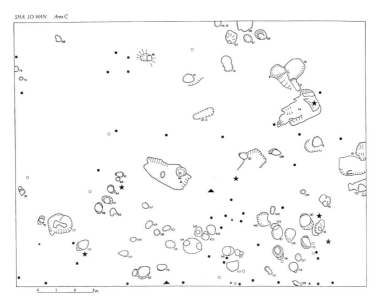

그림 9.6 신석기시대의 가정 쓰레기(깨진 토기와 도끼 조각)

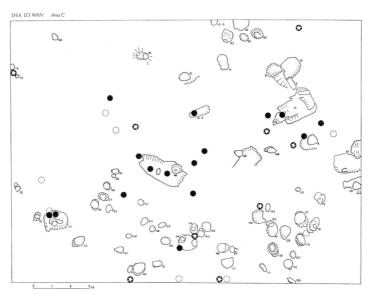

그림 9.7 그림 9.6과 동일한 위치의 신석기시대 의식 퇴적물인 온전한 항아리와 도끼

발견되는 경우 그대로 해석된다.

유추와 실험고고학은 돌도끼의 특정 실용적인 용도를 제안할 때와 같은 상황에서는 도움이 될 수 있지만, 민족지고고학과 광범위한 인류학적 연구는 많은 유물이 상징적 가치를 지니고 있으며, 과거에도 그러했을 수 있음을 보여준다(예: Hodder 1982a). 항아리나 도끼의 발견 맥락은 대상 자체가 상징적 의미를 갖는 것에 더해 퇴적이 상징적 행위였음을 시사할 수 있다. 예를 들어, 홍콩 샤로완(Sha Lo Wan)에 있는 작은 신석기시대의 유적에서는 부서진 토기와 도끼 조각이 거주층(점유층)으로 보이는 곳에서 발견된(그림 9.6) 반면, 유사한 온전한 항아리와 도끼가 포함층에서 발견되었다(그림 9.7). 묻힌 물건의 상징적 의미는 일상적인 가구에서 사용되고 폐기되는 것과 분명히 달랐다(Drewett 1995).

공동체와 활동 영역에 대한 해석

고고학자들이 발굴하는 기본적인 단위가 일반적으로 가구(household)이지만, 이들은 종종 수렵 채집 집단과 같이 몇 가구로 구성되거나 한 도시와 같이 수천 가구로 구성된 공동체(community)로 묶어진다. 개별적인 가구를 해석하는 것 외에도 고고학자는 여러 가구의 배치, 가구들 사이의 공간, 가구들 크기의 차이, 공동 영역, 구조 및 활동을 해석해야 할 수도 있다. 공동체가 커짐에 따라 때때로 고고학 기록에서 발견할 수 있는 사회적 지위의 다양성에 대한 증거와 함께 전문화와 사회적 복잡도의 증가에 대한 증거가 더 많아지는 경향이 있다.

취락의 배치는 경제적, 환경적, 사회적, 종교적 또는 상징적 요소와 같은 여러 요인에 의해 결정되었을 수 있다. 지역 경관, 언덕, 계곡, 강은 취락의 형태를 미리 결정하였던 반면, 취락의 위치는 부분적으로 자원으로의 접근성에 의해 결정되었을 수 있다. 그러나 지역 공동체 내의 요소들은 일반적으로 사회의 구조에 따라 결정된다. 예를 들어, 영국의 후기 색슨 마을은 여러 가구들 외에 교회와 영주 저택을 가진다.

일부 공동체들의 공동체 전체 배치는 예를 들어, 창조 신화를 나타내는 식의 상징성을 가지고 있다. 예를 들어, 도곤(Dogon)의 경우, 취락의 형태가 사람을 상징하기 때문에 가구들은 가슴을 나타내고, 대장장이의 대장간을 머리에, 신전을 발의 위치에 둔다(Griaule and Dieterlen 1954). 창조 신화는 시간과 공간에 의해 정의되겠지만, 야외 고고학자가 발굴한 공동체 내에서 반복되는 패턴은 같은 방식으로 취락을 배치해야 하는 반복의 필요성을 시사한다. 그 이유는 상징적, 우주적, 기능적 또는 여러 이유들의 조합일 수 있다.

대부분의 공동체에는 취락 내부 또는 근처에 공동 활동을 위한 영역이나 영역들이 있기 마련이다. 예를 들어, 영국의 중세 마을에는 일반적으로 교회가 있었고 흔히 마을 녹지가 있었다. 아메리카 대륙에서는 많은 지역 사회에 공공 행사를 위한 중앙 광장이 있었다. 이러한 영역은 특정 유형의 특수 구조 또는 특수 활동을 보여주는 유물적 증거에 의해 정의될 수 있다. 계곡 바닥에 위치한 영국 남부의 신석기시대 취락 위쪽의 언덕 경사면에 둑길로 에워싸인 토지의 경우처럼 때로는 공동체 활동이 정착지 먼 곳에서 일어나기도 했다(Drewett, Rudling와 Gardiner 1988).

공동체 수준의 해석에서 또 다른 중요한 영역은 사회 계급(social ranking)이다. 희귀하거나 이국적인 유물과 연관된 특별하거나 더 큰 가구는 아마도 개인이나 집단이 더 큰 부와 높은 지위를 누렸음을 나타낼 수 있다. 사회 계급은 매장 구조와 무덤 부장품에 반영될 수도 있다(Renfrew 1984).

사람들이 어떻게 살았는지에 대한 해석

가구 공동체 내에서 사람들이 어떻게 살았는지에 대한 해석은 야외 고고학자들이 연구하는 핵심 영역 중 하나이다. 유물과 자연유물은 식생과 생계 패턴, 자원 사용 및 제조, 무역 및 교환, 의식 및 종교를 해석하는 데 사용될 수 있다.

식생과 생계 패턴의 해석은 주로 발굴 중에 발견된 동식물 유해에 대한 연구와 그 관련 유물들로부터 얻어진다. 8장에서 식물과 농불의 유해를 식별하고, 존재하였던 최소 동물 개체수를 계산하는 기본적인 과정에 대해 언급하였다. 이러한 자료 분석은 현장에 살았던 사람들의 식단이 어떻게 반영되었고, 그들이 음식을 어떻게 준비했는지 이해하기 위한 해석을 필요로 한다.

뼈 복합체는 화석학(Taphonomy)의 관점에서 고려되어야 한다. 화석학은 살아있는 동물 군집이 사망하고 지상에서 살아남는 뼈 집합체로의 변화와 실험실에서 동물고고학자가 실제로 연구하게 되는 샘플 집합체에 이르는 변화를 고려한다(Klein and Cruz-Uribe 1984). 예를 들어, 늑대와 하이에나와 같은 야생 동물이 가져온 뼈가 인간이 도살한 동물의 뼈와 혼합할 수 있는 곳과 같이 동굴의 뼈 복합체를 고려할 때 화석학은 어떤 뼈 조합 연구와 마찬가지로 중요하다. 얇고 작고 부드러운 뼈는 크고 튼튼한 다리뼈보다 잔존 가능성이 낮다. 개나 야생 동물이 중간 퇴적물에서 뼈를 빼냈을 수도 있다.

인간 도살 관행이나 금기를 통한 뼈 조합에 편견이 생길 수도 있다. 예를 들어, 야생 동물은 정착지에서 멀리 떨어져 도살되거나 특정 동물의 유해는 다른 종의 유해와 다른 방식으로 처리되었을 수 있다. 고고학자들이 실제로 할 수 있는 일은 고고학적 복합체 즉, 발굴에서 수습할 수 있는 것들을 고려하는 것이다. 이 발견은 연령, 성별, 도살 관행 및 계절에 따라 동물을 사용하는 측면에서 해석될 수 있다. 이 증거로부터 특정 기간 동안 발굴된 특정 지역에서 동물의 음식 및 기타 사용에 대한 추론을 도출할 수 있다. 좋은 과학적 데이터를 기반으로 하기는 하지만, 최종 결론은 결국 사용 가능한 정보를 기반으로 한 해석일 뿐이다. 해석의 질은 부분적으로 해석자의 역량에 달려 있지만, 잔존 요인과 유적을 수습하는 야외 고고학자가 수행한 작업의 질에도 달려 있다.

식생 측면에서 고고학 발굴에서 나온 식물 유적의 해석은 여러 면에서 동물의 유해의 경우보다 훨씬 더 문제가 많다. 증거의 잔존은 식물 가공의 특정 요소의 결과와 생존을 위한 특정 조건에 편향되어 있다. 때때로 특정 식물의 사용에 대한 증거는 오직 특수 가공 또는 조리 유물의 존재로만 추론할 수 있다. 예를 들어, 카사바(Manioc)는 소앤틸리스 제도(Lesser Antilles)의 주요 작물이었지만 그 지역에는 고식물학적 증거가 거의 존재하지 않는다. 고고학 기록으로 살아남은 것은 카사바 강판의 작은 돌 조각과 카사바 빵이 조리된 커다란 납작한 철판(griddle)이다(Drewett 1991).

대부분의 고고학 유적에서 식물은 탄화되었을 때만 잔존한다. 이것은 식물 가공의 특정 단계에서 우연히 발생하는 것이다. 예를 들어, 밀을 빵으로 바꾸는 데 필요한 많은 처리과정의 활동들은 고고학 흔적을 남기지 않을 것이다. 그것들은 알려진 전통적인 가공 방법(Hillman 1981)과 남아있는 종자, 특화된 유물 및 구조에서 추론될 수 있다. 전통적인 과정에는 타작, 갈퀴질, 기르기, 체질, 때로는 굽기 또는 건조, 저장, 제분과 마지막으로 조리가 포함된다. 굽기, 건조 및 요리의 과정은 모두 불을 포함하므로 씨앗이 탄화될 가능성이 가장 높은 단계이다. 저장된 곡물이 우발적이거나 고의적인 화재로 탈 수도 있다. 탄 보리 저장고의 경우와 같은 대량 연소는 식물 사용에 대해 매우 편향된 시각을 제공할 수 있다. 이상적으로는 식생에 사용되는 식물에 대한 해석은 유적 전체의 맥락에서 얻은 많은 작은 샘플을 기반으로 해야 한다. 그렇더라도 이러한 샘플은 보존 측면에서 편향될 것이므로 식생에 남아있는 식물에 대한 해석은 조리 용기 안에서 탄 채 남아있는 실제 음식 잔류물도 고려해야 한다. 식품 잔류물의 화학적 분석은 요리에 사용되는 동식물 지방, 꿀 및 밀가루를 식별하는 데 사용되었다(Hill and Evans 1987).

이제 우리는 식물 잔존물을 자세히 분석할 수 있는 방법들을 가지고 있지만, 특정 유적에서 특정 맥락의 특정 날짜와 관련하여 이러한 잔존물의 의미는 항상 해석의 여지가 있다. 예를 들어, 남부 잉글랜드의 블랙 패취(Black Patch)의 3번 구덩이에서 나온 21kg의 청동기시대의 탄화 곡물이 있다(Drewett 1982). 당시 재배한 작물과 잡초가 무성했다는 사실을 잘 알려 주지만, 실질적으로 맥주를 제조하다가 우연히 태워서 구덩이에 버려졌는지, 상징적인 행위로 태워서 의식적으로 묻혔는지, 아니면 어린 아이가 불을 가지고 놀았는지 알 수가 없다. 야외 고고학자는 데이터를 바탕으로 자신의 이론적 관점을 바탕으로 해석해야 한다. 구덩이가 주로 탄화 보리로 채워졌다는 것은 '사실'이다. 그것이 어떻게 거기에 도달했고, 그것을 거기에 두는 사람들에게 의미하는 바는 영원히 추측으로 남아 있을 것이다.

해석이 필요한 또 다른 영역은 물건 제작, 거래 및 교환이다. 이제 분석 기술이 많이 발전하여 원자재의 정확한 출처와 제조 공정의 세부 사항을 알아낼 수 있다(Parkes 1986; Hodges 1964). 예를 들면, 돌도끼의 출처는 상세한 암석학적 및/혹은 화학적 분석을 통해 확인할 수 있다. 정확한 제조 및 사용 방법은 복제 연구 및 미세 마모 분석을 통해 알아낼 수 있지만, 특정 시간에 특정 방식으로 현장이나 경관의 특정 지점에 배치된 이유는 해석하기 나름이다. 얼마나 깊은 해석을 할 수 있는지는 해석하는 사람의 이론적 관점에 달려 있다(1장).

최근 몇 년 동안 유물의 분포가 어떻게 무역의 관점과 재배포의 방식으로 해석될 수 있는지에 대해 많은 글이 작성되었다(예: Earle and Ericson 1977). 만약 역사 시대를 연구할 경우 예를 들어, 유적에 시장이 있다는 것은 문서 증거를 통해 분명히 알 수 있다. 선사시대의 경우 물체의 분포와 밀도에 의존해야 한다. 민족지학과 역사학으로부터 우리는 물체가 여러 가지 방법으로 배포될 수 있음을 알고 있다: (직접 접근) 원산지로 직접 가서 구해 올 수 있다; (상호성) 당신이 가지고 있는 제품을 당신이 원하지만 다른 사람이 가지고 있는 제품으로 교환할 수 있다; (반복되는 상호 교환) 사람들 사이의 거래가 계속 이어질 수 있다; 또는 시장이 넓은 지역의 사람들이 물건을 가져와 교환할 수 있는 중심 장소의 역할을 할 수 있다(Renfrew 1975).

민족지학과 역사학에서 알려진 여러 형태의 재분배는 모두 명확한 고고학 흔적을 남기지는 않는다. 계속해서 이어지는 거래(trade down the line)는 원산지에 가까울수록 높은 밀도로 발견되고, 중세의 무역 항구인 사우스햄튼(Southampton)에서는 다양한 유럽 수입품이 발견되는 식의 상당히 명확한 패턴을 생성한다. 물론 대부분의 거래와 여러 형태의 재분배는 고운 자기, 흑요석 또는 옥과 같은 이국적인 품목을 다루지 않았고, 고기, 가죽, 지방 및 꿀과 같은 일상적인 상품을 다루었기 때문에 고고학 기록으로 인식되더라도 일반적으로 무역 상품으로 보기에 어려운 경우가 많다.

루이스 빈포드(Lewis Binford)가 대담하게 '전부는 아니더라도 대부분의 사회 문화 시스템 구성 요소와 관련된 데이터가 고고학 기록에 보존되어 있다'(Binford 1968)고 말하기 전까지 소수의 고고학자들만이 자신의 데이터가 사회 조직의 해석에 많은 정보를 제공할 수 있다고 믿었다. 그러나 그 이후로 특정한 방식으로 조직된 사회는 취락 패턴, 물체 및 구조의 형태로 반복되는 물질적 잔존물을 남길 수 있음이 분명해졌다. 그러나 특정 물질적 잔존물과 특정 사회 조직 간의 상관관계는 간단하지 않으며, 단순한 '체크 리스트' 접근 방식은 받아들일 수 없다.

인류학자 엘만 서비스(Service 1971)는 사회조직에 대해 고려할 때 사용할 수 있는 하나의 틀을 제시했다. 서비스가 사회 조직을 무리(band), 부족(tribe), 족장(chiefdom) 및 국가(state)로 구분하는 것은 유용한 근거로 남아 있지만 '자의적인 경직성'으로 인해 비판을 받았다(Fagan 1991a). 그의 단계 중 일부가 수정되었지만, 유연하게 사용되면 사회조직을 고려하는 유익한 시작점으로 남아 있다.

무리(bands)는 야생자원을 얻기 위해 정기적으로 이동하는 수렵 채집 집단이라고도 한다. 때로 그들은 이동하는 수렵채집 집단으로 간단히 언급된다. 이론적으로 그들은 확정된 리더십이 없는 모두 평등한 관계이다. 부족(tribe) 또는 '분절 사회(segmentary society)'는 일반적으로 무리보다 훨씬 더 많은 인원을 포함하며 아마도 최대 천 명에 이른다. 그들은 비록 분리된 농가나 마을에 살더라도 혈연관계를 가지고 있다. 그들은 무리와 같이 평등사회이다. 일반적으로 분절 사회는 정착된 농업가나 이동식 목축가로 구성되어 있다. 고고학적으로 분절 사회와 족장 사회를 구별하기 어렵다. 주된 차이점은 사회적인 세습 장과 같은 사회 계급형태의 존재이다. 족장과 전사와 같은 계급이 높은 사람들은 보통 다른 사람들보다 더 많은 부를 축적하는데 이는 족장의 집 안팎의 유물의 집합과 매장물에 모두 반영될 수 있다. 족장들은 종종 권위적인 구조물, 요새화된 센터 및 의식 센터를 갖춘 권력 센터를 가지고 있다. 족장 사회는 때로는 20,000명 이상까지 되는 연관된 사람들의 수가 많은 결과로 특히 공예 생산에서 전문화가 가능하다.

무리 사회, 분절 사회 및 족장 사회는 모두 국가 이전 사회이다. 초기 국가의 발전은 일반적으로 왕이나 황제 아래 등급 계급의 발전과 함께 근본적인 변화가 생긴다. 성직자 계급과 중앙 관료가 운영하는 궁전, 사원 및 기타 공공건물과 함께 도시와 마을이 발전한다. 공예 전문화를 포함한 전문화는 규범이며 이는 다른 공예 및 기타 활동을 나타내는 취락 내의 개별 활동 영역으로 반영될 수 있다.

서비스의 두 극단적인 분류에 따라, 즉 수렵 채집의 무리(bands) 또는 이집트나 이탈리아에서 발달된 도시 국가를 나타내는 증거들의 해석은 상당히 분명하지만, 분절 사회(부족)와 족장 사회(족장) 사이의 차이는 명확하지 않고, 고고학 기록에서 '족장'의 식별은 종종 논쟁의 여지가 있다. 유적의 분화화 및 계급을 볼 때는 전체 취락 패턴을 고려해야 하므로 단일 취락의 증거로는 충분하지 않다.

야외 고고학자들은 어떤 사람들이 사실이라고 말하는 데이터를 수습한다. 예를 들어, 어떠한 유형의 항아리가 어떠한 유형의 건물 벽 아래에 묻힌 채로 발견되었다고 하자. 항아리가 묻힌 이유와 어떤 사회가 그 매장 행위에 대하여 책임을 졌는지는 해석이고, 당신이 해석하는 방법은 당신의 이론적 관점에 달려 있다. 유적을 파는 '올바른' 방법이 없다는 것과 마찬가지로 옳다는 것을 증명할 수 있는 '올바른' 해석은 없다. 그러나 많은 잘못된 해석이 있다고 의심할 수 있다.

10장

보고서 출판

대부분 야외 프로젝트의 최종 결과물로는 보고서와 함께 물질적 잔존물, 야외 기록 및 물질 분석 아카이브가 있어야 한다. 아카이브는 박물관과 같이 사전에 지정된 기관에 보관되어야 하며 보고서는 출판되어야 하고, 둘 다 공개적으로 이용할 수 있어야 한다. 아카이브는 근본적으로 야외 프로젝트와 관련된 모든 기본 데이터들로 구성된다. 지표 채집과 관련된 야외 조사나 발굴 조사의 경우 유물과 자연 유물 그리고 환경적 표본의 잔존물들이 아카이브의 대부분을 형성하는데 이 자료들은 연관된 아카이브 기록 없이는 거의 무용지물이 된다.

대부분의 박물관은 물질적 잔존물에 따라 보관에 필요한 용기의 크기와 유형, 사용하거나 사용하지 않아야 하는 포장재를 규정하고 있다. 필요한 상자의 크기와 모양은 일반적으로 박물관에서 사용되는 보관 시스템의 유형에 따라 결정된다. 이상적으로는 자료가 최종적으로 보관될 박물관의 학예사와 프로젝트가 시작되기 전에 그리고 진행되는 과정 중에 논의하여야 한다. 박물관들이 보관 공간에 대한 부담이 증가함에 따라 특정 박물관은 당신이 보관하고자 원하는 항목의 전부 또는 일부를 당연히 수용할 것이라고 가정하지 말아야 한다. 장기 보관비용이 너무 높기 때문에 환경 샘플 잔존물이나 탄 플린트와 같은 일부 등급의 자료는 다른 방법 예를 들어, 유적에서 다시 묻는 식으로 처리해야 한다는 견해를 가질 수 있다.

이상적으로 유적에서 온 물질적 잔존품을 맥락(context)이나 물질에 따라 분류하여 저장하는 것이 좋다. 미래의 연구자들은 전체 유적이나 특정 구덩이 또는 특정 유물 형식에 관심을 가질 수 있다. 그러나 재료가 다른 저장 조건을 필요로 한다. 모든 물질은 튼튼한 보관 용기를 필요로 하는데 나무로 만들어진 것을 쓰기도 하지만 많은 박물관에서는 두꺼운 판지로 만들어진 것을 사용한다. 먼지를 막기 위해 뚜껑이 있어야 한다. 작은 물체는 종종 표준 보관 상자 내의 폴리에틸렌 용기에 보관되는데 박물관 등록 번호, 유적 이름, 맥락 번호 및 재료 유형을 명확하게 표시하여야 한다. 대부분의 토기 및 석재 유물은 특별한 조건이 필요하지 않지만 위에 있는 파편들의 무게로 인해 파편들끼리 서로 마찰하거나 심지어 부서지는 것을 방지하기 위해 느슨하게 포장되어야 한다. 유리와 뼈를 감싸는 데는 무산성 포장용지를 사용할 수 있으며 금속은 과도한 수분을 제거하기 위해 실리카겔이 들어있는 푹신한 폴리에틸렌 상자에 고정되어 있어야 한다. 금속 및 유기 물질은 박물관 내에서 세밀하게 환경적 모니터링이 되는 저장 구역에 보관하는 것이 이상적이다.

프로젝트 아카이브의 기록 요소에는 발굴 후 분석 기록과 함께 도면, 노트 및 사진 유적 기록이 포함된다. 이상적으로는 야외 프로젝트와 관련된 모든 문서가 아카이브에 포함되어야 하지만 물질적 잔존물에서와 같이 기록의 장기 저장이 갈수록 문제가 되므로 낮은 등급의 정보를 제거하는 것이 좋다.

원(raw) 데이터 외에도 아카이브에는 유적의 층서 구조에 대한 요약, 맥락 기록, 유물 기록 및 환경 기록 등이 포함되어야 한다. 일부 고고학자들은 아카이브를 단순히 야외에서 얻어져 정리되었지만 수정되지 않는 모든 데이터들인 기본 유적 아카이브와 연구 아카이브로 나눈다(Andrews 1991). 연구 아카이브는 분석 단계에서 얻은 모든 데이터와 유적의 역사에 대한 해석 그리고 모든 유물과 환경 보고서가 포함된다. 이러한 아카이브들은 최종적으로 보관될 때는 사실상 하나가 된다.

아카이브의 장기 저장에는 많은 비용이 들고 물건들과 동일한 방식으로 전문적인 큐레이션(curation)이 필요하다. 장기 저장의 비용과 성공은 여러 기본 규칙을 고수하는 야외 고고학자에게서 상당한 도움을 받을 수 있다. 예를 들어, 도면은 폴리에스테르 봉투나 보관용 중성 폴더에 평평하게 보관하는 것이 평면 보존에 좋다. 만약 도면이 A1(594mm×841mm)보다 크면 이렇게 보관하기가 어려우므로 야외에서 도면을 그릴 때 야외 고고학자는 이러한 점을 고려해야 한다. 원본 그림은 단단한(4H) 연필을 사용하여 폴리에스테르 필름에 그려야 한다. 온도는 13~20℃에 상대 습도가 45~50%인 어두운 곳에 보관하는 것이 가장 좋다. 모든 폴더의 외부에 명확하게 표시해야 연구자들이 불필요하게 도면을 건드릴 필요 없이 원하는 평면으로 바로 찾을 수 있다. 노트 기록도 비슷한 조건으로 보관용 중성 방진 상자에 보관해야 한다. 금속 종이 클립, 스테이플러, 접착테이프 또는 접착제는 장기 보관 시에 문제를 야기하므로 사용하지 않도록 주의해야 한다. 종이를 묶을 필요가 있는 경우 플라스틱 종이 클립을 사용하여야 한다(Fergusond와 Murray 1997).

전통적인 흑백 사진을 찍었다는 가정 하에 아카이브의 사진 요소들도 보관 시 특별한 주의가 필요하다. 네거티브 및 컬러 슬라이드는 인쇄물과 별도로 서늘하고 완전히 어두운 폴리에스테르 슬리브(sleeve)에 보관된다. 항상 재인쇄할 수 있으므로 인쇄된 사진의 보관은 덜 중요하다. 그러나 인쇄된 사진들이 보통 가장 많이 참조되는 아카이브이므로 온도 16~21℃ 및 상대 습도 40~50%의 아카이브 상자에 보관하는 것이 이상적이다(Ferguson와 Murray 1997).

어떤 사람들은 야외 데이터가 디지털로 저장되면 삶이 크게 향상될 것이라고 생각한다. 불행히도 항상 그런 것은 아니다. 자기 저장 장치 및 컴퓨팅 프로그램은 비교적 수명이 짧으며 종이보다 짧을 수도 있고 기록이 유지되려면 포맷을 자주 복사하고 업데이트해야 한다.

고고학 삽화

고고학 삽화는 기록 보관소의 중요한 부분이자 출판된 보고서의 결정적인 부분을 구성한다. 사실 최종 출판된 보고서는 여러 면에서 삽화가 꼭 실려 있어야 한다. 삽화는 지도, 평면 및 단면, 물체 삽화, 사진 및 필요에 따라 복원도로 구성된다. 점점 더 많은 지도, 평면, 단면 및 복원도는 CAD 소프트웨어를 사용하여 컴퓨터로 그려지고, 물체 도면은 평면 스캔이 가능하기는 하지만 일반적으로 제도사의 기술이 필요하다(Houk와 Moses 1998).

많은 고고학자들은 여전히 출판용 유적 평면과 단면을 손으로 그린다. 이 방식으로 그려지면 투명 PET 필름에 튜브 닙(tube nib) 드로잉 펜을 사용하여 야외 드로잉을 추적해 그릴 수 있다. 투명 필름지(tracing paper)는 습도 변화에 따라 팽창과 수축의 정도가 다르기 때문에 적합하지 않다. 연필로 그린 원본 야외 그림은 기본 유적 아카이브의 필수 요소이기 때문에 직접 잉크로 덧그리면 안 된다. 출판을 위해 전통적인 방식으로 그려진 도면의 오류를 수정하는 것은 항상 주요 걱정거리였기 때문에 고도의 기술을 가진 고고학 제도사가 꼭 필요하였다. 그러나 1963년경부터 제도사의 기술이 처음에는 천천히 최근 몇 년 동안에는 매우 빠르게 컴퓨터에 의해 추월당했다. 매사추세츠 공과대학(Massachusetts Institute of Technology)의 아이버 서덜랜드(Ivor Sutherland)가 개발한 스케치패드(SKETCHPAD) 시스템이 그 과정의 시작이었다(Sutherland 1965). 이제는 야외 도면을 컴퓨터로 간단히 스캔하고 이미지를 확대 또는 축소하며 필요에 따라 선을 더 얇거나 두껍게 만들 수 있다. 사용 가능한 하드웨어와 소프트웨어는 모두 매우 빠르게 개발되어 여기에서 어느 특정 시스템을 추천하면 이 책이 출판되기 전에 이미 시대에 뒤떨어지게 될 것이다. 아마도 야외 고고학자들이 유적에 대한 정보를 전달하는데 어떤 삽화와 양식이 필요한지 잘 아는 것이 더 중요할 것이다.

제도사의 영역으로 굳건히 남아있는 고고학 삽화의 한 분야는 물체의 삽화이다. 그 이유는 물체 삽화는 지도를 만드는 것과 같은 순전히 기계적인 과정이 아니라 해석과 어느 정도 선택의 과정을 포함하기 때문이다. 고고학적 물체 삽화는 세계의 각 나라에 따라 그리고 나라에서도 각 지역마다 독립적으로 개발되어 왔다. 따라서 일반적인 지도 원리가 있기는 하지만 보편적 관습이 없다. 기본 목적은 그리는데 사용된 원리를 이해하는 사람이라면 누구나 도면을 이해하고 비교 목적으로 사용할 수 있도록 도면을 제작하는 것이다.

물체를 그리는 첫 번째 단계는 물체를 관찰하고 아마도 전문가와 함께 물체가 무엇인지, 어떻게 사용되었으며 어떻게 만들어졌는지 그리고 무엇으로 만들어졌는지를 이해하는 것이다. 이 수준의 지식 없이도 대상의 예술적 이미지를 생성하는 것은 가능하겠지만 이는 고고학자에게 필요한 도면이 아닐 것이다. 이런 이유로 때때로 예술 교육을 받은 사람들은 고고학 삽화를 만들기 위해 재교육이 필요하다. 목표는 객관적인 도면을 생성하는 것이지만 이것이 얼마나 가능한지는 논쟁의 여지가 있다(Orton et al. 1993, 그림 7.3).

고고학 대상은 항상 3차원이지만, 전자적인 형태 이외의 출판은 모두 2차원이다. 3차원의 느낌을 주기 위해 물체는 보통 그림의 왼쪽 상단 모서리에서 빛이 비추는 것처럼 그려진다. 방향은 역시 중요한 원칙이다. 개체의 세로축은 페이지 측면과 평행해야 하며, 개체의 측면은 90° 회전하여 그린다. 대부분의 개체 도면에는 복원된 개체의 절단면의 그림도 포함되어야 한다(Griffiths와 Jenner 1990).

고고학 삽화에 사용되는 기본 드로잉 도구에는 드로잉 보드, 연필(2H~HB), 지우개, 컴퍼스, 번짐 방지 드로잉 용지 또는 투명 PET 필름, 직각자, 캘리퍼 및 튜브 닙(tube nib) 드로잉 펜이 포함된다. 적절하게 갖추어진 사무실이 없는 경우 삽화 제도사는 높이 조절이 가능한 책상과 의자가 있는 조명이 밝은 공간이 필요하다. 자연광은 책상 램프를 사용하여 왼쪽 상단에서 물체를 비추면 가장 잘 증대된다.

토기의 고고학적 그림은 여러 면에서 고고학 삽화의 가장 전통적인 형태이다. 관례는 조각을 그리기 전에 항아리 전체와 항아리 전체 그림을 보면 가장 잘 이해될 수 있다. 관례에 따르면 항아리가 마치 똑바로 서서 두 개로 잘려 외부와 옆모습은 오른쪽에 단면과 내부는 왼쪽에 그리는 것이다(그림 10.1). 토기는 수직선으로 양분된다. 미국의 관례는 오른쪽에 단면과 내부가 있어 반대이다.

대부분의 삽화가는 항아리 전체를 그리는 방식을 자체적으로 개발하지만 필수적인 기본적 틀은 저부 직경, 구연부 직경 및 용기의 높이이다. 항아리가 바퀴로 회전하면 구연부와 바닥이 대략 원형이고 서로 평행할 수 있고, 손으로 만든 항아리는 기의 규칙적이지 않다. 항아리를 그리려면 항아리 전체를 드로잉 종이

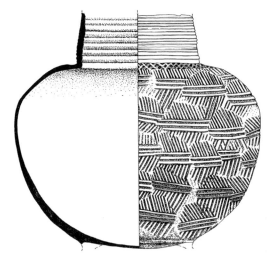

그림 10.1
전통적인 고고학적 토기
그림

위에 옆으로 눕힌다(작은 나무 블록이나 재사용 가능한 접착제로 고정시킬 수 있음). 그 다음 직각자를 가지고 항아리 주변의 지정된 점을 종이 위에 그린다. 이 지점들을 결합하면 항아리 모양이 생긴다. 그 다음 구연부의 중간에서 밑면의 중간까지 선이 그린다.

일부 삽화가가 권장하는 것처럼 직각이 그려진 단단한 틀을 사용하는 것은 일반적으로 불규칙한 모양의 항아리를 균등화시키는 효과를 가지므로 피해야 한다. 대신 윤곽 측정자(profile gauge)를 이용해 항아리의 모양을 등록하는 다음 조심스럽게 주위를 따라 그릴 수 있다. 단면을 그리기 위해서 항아리의 두께는 캘리퍼를 사용하여 측정하면 된다. 항아리의 두께가 항상 일정하지는 않기 때문에 여러 번 측정해야 한다. 항아리가 미세한 축으로 돌려 만들어진 경우 축 돌림의 표시와 모양을 나타내기 위해 다양한 두께의 평행선이 사용된다. 거친 제품의 경우 일반적으로 실제 조직 구성 요소인 그로그(grog) 또는 불탄 플린트와 같은 큰 조각 충진제는 직접 그려 넣는다. 단순하고 반복적인 장식은 항아리 그림에 직접 그릴 수 있지만 복잡하고 반복적이지 않은 장식은 별도로 그려질 필요가 있다(Griffiths와 Jenner 1990).

항아리 파편들은 가능한 경우 전체 항아리 재구성 도면에서 올바른 위치에

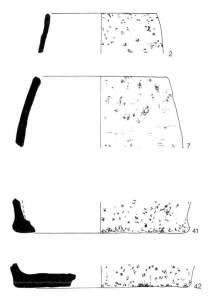

그림 10.2
구연부와 저부 조각의 전통적인
도면(Lys Drewett)

통합되어야 한다. 구연부 조각이 전체 항아리 도면의 상단이 되어야 하고 저부
는 하단이 되어야 한다(그림 10.2). 구연부와 저부의 직경은 1cm 간격으로 그려
진 일련의 동심원이 그려진 반경 차트를 사용하여 계산할 수 있다. 반경 차트에
구연 또는 저부 커브를 배치하면 직경을 쉽게 추정할 수 있다. 특히 구연부 파편
의 각도에 주의를 기울여야 한다. 만약 파편이 회전축을 쓴 항아리로부터 온 것
이면 반경 차트에서 구연부의 상단이 평평하게 배치되어야 한다. 파편 아래로
통과하는 빛이 없게 맞춰졌을 때 각도가 정확하게 맞는 것이다. 동체부 파편의
경우 전체 항아리의 일부인 것처럼 정확하게 맞추기는 더 어렵다. 그러므로 동
체부 파편은 일반적으로 장식에 특별한 관심이 있는 경우에만 그려진다.

삽화를 위한 목적으로 석재 유물은 일반적으로 플린트 및 흑요석과 같은 원
추형(conchoidal)으로 깨진 증거가 있는 것과 사암과 같은 흔적이 없는 것으로
나뉜다. 원추형 깨짐을 보여주는 박편자국(scar)은 표면을 가로지르면서 얇아
지는 대략적으로 평행한 곡선으로 표시하고, 다른 방식으로 가공된 돌은 점으
로 그려진다(그림 10.3). 석기 그림은 크게 표준화가 되지 않았지만 대부분의 박
편 도구는 왼쪽에 등쪽면, 오른쪽에 복부면, 그 사이에 측변 등 세 개의 시각으

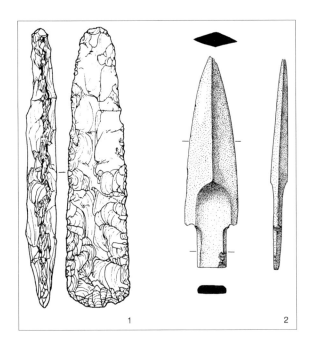

그림 10.3
(1) 박편된 플린트(flint)
도구의 선 그림과
(2) 점각된 마제석기
(Lys Drewett)

로 그려진다. 기본적으로 물체의 크기와 모양 그리고 어떻게 쪼개졌는지 보여주기에 충분하도록 그려준다. 물체를 재사용 가능한 접착제로 도면 용지에 고정하고 삼각자를 사용하여 가장자리를 종이에 조심스럽게 투영하여 윤곽선을 만들 수 있다. 박편 연마면(facet)이 개체의 가장자리가 되는 지점도 같은 방식으로 기록할 수 있다. 그 다음 눈으로 보며 컴퍼스를 이용하여 박편 연마면을 그린다. 박편 정면은 가는 선(hatching)을 사용하여 표시되며, 이는 박편된 방향을 표시할 뿐만 아니라 압력의 강도도 제공한다.

다른 모든 종류의 물체를 그리는 원리도 기본적으로 동일하다. 물체를 이해하고, 필요한 시각의 수를 결정하고, 측정된 윤곽선을 만든 다음 왼쪽 상단 모서리에서의 빛으로 깊이를 표시하는 것을 기억하면서 컴퍼스를 사용하여 세부적으로 측정한다. 그러나 각 종류의 물체마다 그 고유의 문제가 있다. 일반적으로 금속 물체의 부식은 혼동을 일으키고 종종 물체의 원래 모양을 변경하기 때문에 그려 넣지 않는다. 완전히 부식된 경우 물체의 X-ray를 추적해야 실제 모양을 얻을 수 있다. 금속 물체에 그림이 그려진 표면은 일반적으로 평행선으로 표시되는 매끄러운 면이거나 모양이 있는 영역은 평행선 무늬(cross-hatching)로 표시된다. 마찬가지로 연마된 뼈는 매끄럽게 보여야 한다. 뼈 구조의 자연적인 다양성은 일반적으로 표시되지 않는다. 그러나 녹용과 같이 자연적으로 거친 물체의 표면은 점각으로 표시된다. 나무로 된 물체는 일반적으로 선 음영으로 표현하고 가죽은 선 음영 또는 점각으로 표현한다.

대부분의 물체는 1:4로 축소하기 위해 1:1 배율로 그려진다. 그러나 작은 물체는 종종 1:1로 게시되므로 두 배율로 그려야 한다. 최종 게시하는 도면이 축소되는 것을 감안해 줄여도 잘 보이게 두꺼운 잉크 선을 사용하여야 하지만 너무 가깝게 그리면 축소 시 까맣게 보이게 된다. 출판을 위해 개체 도면을 준비하는 전통적인 방법은 흰색 판지에 도면들을 붙이고 각각의 객체에 번호를 매기고 선형눈금자를 추가하는 것이었다. 이제는 그림을 컴퓨터로 스캔하고 자리에 배치하고 번호를 매기고 눈금자를 추가할 수 있다.

많은 사람들은 단순히 사진을 사용하는 대신 고고학 그림에 많은 노력을 기울이는 이유에 대해 의문을 제기한다. 실제로 사진에 비교해 개체 그림의 비율은 전 세계적으로 상당히 다르다. 예를 들어, 영국 고고학자들은 중국 고고학자들보다 그림을 더 많이, 사진을 더 적게 출판하는 경향이 있다. 그림과 사진 모두 장단점이 있다. 좋은 사진은 질감의 미세한 세부와 함께 물체의 '실제' 시각을 제공할 수 있는 반면 그림은 각 부분들을 통합하고 보다 정확한 치수정보를 제공할 수 있다.

강의에 적합한 사진은 디지털 카메라를 사용하여 제작할 수 있지만 간행물 수준의 물체 사진을 제작하는 데는 대형 카메라가 더 나은 경우가 있다. 대형 카메라가 더 미세하고 세부적인 이미지를 담을 수 있고, 카메라 움직임을 사용하여 원근법을 제거할 수도 있다. 만약 5×4인치(12.8×10.2cm) 카메라를 사용하는 경우 표준 150mm 렌즈가 대부분의 작업에 적합하다. 또한 튼튼한 삼각대, 대비 필터, 조도계 및 물체 스탠드가 필요하다(Dorrell 1989, 155-77). 이러한 세밀한 작업에 비싼 디지털 카메라로도 비교적 비슷한 효과를 볼 수 있다. 피사체를 촬영하기에 적합한 배경을 선택하는 데 주의를 기울여야 하며 모든 사진에는 작고 시야를 방해하지 않지만 선명하고 잘 만들어진 눈금자가 포함되어야 한다.

흑백 사진의 경우 색상이 회색 톤으로 나타나기 때문에 일반적으로 흑이나 백의 배경이 가장 좋다. 컬러 사진은 대상을 지배하지 않는 한 색이 있는 배경이 더 좋아 보인다. 물체의 질감을 살리려면 세심한 조명이 필요하다. 연속 텅스텐 조명은 물체 주위로 움직일 수 있고 사진가가 최상의 각도를 볼 수 있다는 장점이 있지만 이러한 조명은 뜨거워져 일부 물체에는 좋지 않을 수 있다. 전자 플래시는 더 안전하지만 완성된 이미지가 어떻게 될지 예측하는 것은 쉽지 않다. 내장 플래시가 있는 카메라는 일반적으로 이미지를 평평하게 만드는 경향이 있기 때문에 기록 촬영을 제외하고는 적합하지 않다. 섬세한 질감을 내기 위해서는 플래시 장치를 물체에 비스듬히 신중히 배치해야 한다.

비록 최근 몇 년 동안 컬러 인쇄의 비용이 상당히 감소하였지만 대부분의 고고학 출판물은 기본적으로 비용상의 이유로 흑백 사진을 사용하고 있다. 디지털 이미지를 사용하지 않는 경우 인쇄물은 광택지에 일반적으로 발행물 크기로 또는 두 배 크기여야 한다(그림 10.4). 사진이 어떻게 보여야 하는지는 편집자 또는 인쇄업자와 정확히 논의하는 것이 중요하다. 모든 사진에는 논문과 저자 이

그림 10.4
출판을 위한 전체 항아리의
사진(사진: C. S. Fung)

름, 그림 또는 도판 번호가 명확하게 표시되어야 한다. 사진 뒷면에 글을 쓰는 경우에는 사진 표면에 눌림을 남길 수 있는 볼펜이 아닌 부드러운 연필이나 펠트펜으로 작성해야 한다. 떨어질 수 있는 부전지는 사용하지 말아야 한다. 또한 사진에서 자를 필요가 있는 부분은 뒷면에 부드러운 연필로 표시한다.

보고서 작성

오늘날 고고학자들이 작성하는 야외 보고서에는 아카이브 보고서, 개발자가 자금을 댄 경우 고고학 기술 보고서 그리고 출판용 보고서 이렇게 세 종류로 나눌 수 있다. 따라서 세 가지 유형은 서로 다른 목적, 독자층, 그리고 내용을 가지고 있다.

아카이브 보고서는 이 장의 앞부분에서 이미 다루었다. 이것은 기본적으로 접근이 쉽도록 정렬된 데이터의 기록으로 유적의 역사에 대한 해석을 담고 있다. 여기에는 상세하고 정량화된 유물 및 환경 보고서가 포함된다. 아카이브 보고서의 실제 구조는 유적의 유형과 기간에 따라 다르지만 여러 면에서 아래에서 고려되는 기존의 출간된 발굴 보고서의 구조와 유사하다. 아카이브 보고서의 목적은 데이터를 장기적으로 보존하는 것이다. 점점 더 아카이브 보고서들이 인터넷에서 이용 가능해지고 있다. 영국에서 고고학에 대한 주요 검색 가능한 디지털 아카이브는 요크 대학에 기반을 둔 고고학 데이터 서비스(ADS)이며 http://ads.ahds.ac.uk에서 접근할 수 있다.

이와는 대조적으로 개발자가 자금을 지원하는 (계약)고고학에서 생성된 기술 보고서는 즉시 사용하기 위한 것이며 고고학자들이 사용하지 않는 경우가 많다. 불행히도 이런 형태가 점점 더 많은 구제고고학의 유일한 기록이 되고 있다. 북아메리카의 문화자원관리(Cultural Resource Management)는 특히 상업고객을 위해 소량으로 전자 출판(desktop publishing)되기 때문에 종종 '회색 문학'이라고도 불리는 형태의 기술 보고서를 엄청나게 많이 만들었다. 특히 군사 지역 내에 대한 작업을 기반으로 한 일부 보고서는 광범위한 일반적 고고학 커뮤니티의 사용이 불가능하다. 이 '회색 문학'의 문제는 PPG 16에 의해 대부분의 발굴 작업이 이제는 개발자 주도로 이루어짐에 따라 영국에서도 문제가 되고 있다. 고고학 팀들은 회색 문학의 문제에 대처하기 위해 점차적으로 팀의 웹 사이트와 같은 온라인을 통해 기술 보고서를 제공하고 있다. 좋은 예로 회색 문학 보고서가 검색 가능한 도서관인 남동고고학(Archeology South East)의 http://www.archaeologyse.co.uk/이 있다.

기술 보고서는 개발자가 평가 발굴 또는 실제 유적 발굴에 자금을 지원할 경우 요구하는 결과물이다. 평가 보고서는 보통 계획 과정의 필수적 요소이기에 신속하게 작성되어야 한다. 평가 보고서는 명확하게 잘 작성되고 설명되어야 하며 전문 용어가 없어야 하는데 계획 실행에 대한 공개 질의에 인용할 필요가 있는 개발자, 계획자 및 변호사가 쉽게 사용할 수 있어야 한다.

이러한 기술 보고서에 대해 합의된 표준은 없지만 대부분은 대략적인 유형을 따른다. 날짜가 표시된 명확한 제목 페이지 다음에 장 제목, 부록, 도면 및 그림, 사진 등의 목차가 나온다. 본문 전에 간단하고 명확하며 비기술적인 요약문으로 시작해야 한다. 여기에서는 무엇을 했고, 무엇을 발견했는지 정확하게 설명해야 한다. 공개 질의나 계획 진행 과정에서 특정 부분들이 언급되어야 하므로 본문 전체에 걸쳐 각 단락에 번호를 매겨야 한다(섹션 1, 1.1. 1.2, 1.3…과 섹션 2, 2.1, 2.2, 2.3 등).

그리고 본문은 유적이 어디에 있었는지, 누가 작업을 시작했는지, 왜 그런지, 이전 지식의 개요, 현재 작업을 확인하고 언제 착수했는지, 마지막으로 야외 작업을 수행하고 보고서를 준비한 사람을 소개하는 것으로 시작한다. 섹션 2는 프로젝트의 목표와 목적을 고려하고, 섹션 3은 사용된 방법론을 설명한다. 섹션 4는 평가 결과 특히 어디에서 유구가 발견되었고 유적의 층서에 대해 명확한 용어로 설명한다. 섹션 5에서는 발견된 유물 및 생태 정보를 요약하고, 마지막 섹션에서는 증거를 논의하고 결론을 도출한다. 이 모든 섹션의 세부 사항들은 부록에 남겨 두는 것이 가장 좋다. 여기에는 전문가 발견 보고서와 함께 발견된 맥락 요약 그리고 유물과 자연 유물을 나열하는 표가 포함될 수 있다. 명확한 층서 모형은 유적의 맥락 순서를 요약하는 좋은 방법이다. 마지막으로 위치를 나타내는 지도, 트랜치 및 맥락 평면과 단면, 유적 사진이 포함된다.

이상적으로 이러한 기술 보고서는 단순한 임시 문서로 간주되어야 하며 모든 야외 프로젝트는 유적 아카이브 및 출판된 보고서를 가져야 한다. 하지만 현재 수행되고 있는 야외 고고학의 막대한 분량과 아주 작은 발굴에서도 얻어지는 구체적인 정보들은 고고학 출판 분야에 심각한 문제를 야기하고 있다. 여기에다 일부 고고학자들은 야외 프로젝트를 서술하는 실제 과정에 대한 우려를 표명하였다(Hodder 1989).

전통적인 발굴 보고서는 본질적으로 미래의 고고학자들이 선택적으로 발견물을 재검토할 때를 제외하고는 기본적으로 아카이브에 의존하지 않고 게시된 데이터에서 유적을 재해석할 수 있도록 설계되었다. 이러한 보고서는 프로젝트와 주요 발견의 중요성을 설명하는 단어 약 200자의 명확한 초록으로 시작해야 한다. 수많은 고고학 출판물들 사이에서 이것이 아마도 보고서에서 가장 많이 읽히는 부분일 것이다. 이상적으로는 유적이 위치한 국가의 언어뿐만 아니라 주요 국제 언어로도 게시된다. 도입부에서는 유적의 위치를 밝히고 환경 및 역사적 맥락에 대해 그리고 발굴 이유와 채택된 방법론을 설명해야 한다. 본문에는 크기, 계층화 및 토양 설명을 포함하여 유적에서 발견된 맥락에 대한 설명이 포함된다. 이어 발견된 유물과 자연 유물에 관한 기록이 뒤따른다. 그러나 세부 사항은 부록으로 넘길 수도 있다. 주 보고서의 마지막 섹션은 유적의 해석과 결론에 대한 논의이다.

각 섹션의 서문에는 삽화, 위치 도면 및 사진이 포함되고, 유적 설명에는 유적 도면, 섹션들 및 사진이, 그리고 발견 보고서에는 발견 물체의 도면과 사진이 들어간다. 대부분의 전문가 데이터는 1960년대 이후로 항상 주요 보고서보다 양이 더 많아진 부록으로 옮겨졌다. 부록을 만든다면 관련성이 있어야 하며 보고서 본문과 명확하게 상호 참조되어야 한다. 마지막으로 모든 보고서에는 기여한 모든 사람에 대한 명확한 확인과 참고 문헌의 출처를 밝혀야 한다.

발굴 보고서의 전통적인 형태(Joukowsky 1980, 457-66)는 피트 리버스(Pitt-Rivers) 장군과 모티머 휠러(Mortimer Wheeler) 경과 같은 야외 고고학의 개척자들에게로 100년 이상 거슬러 올라간다(Grinsell, Rahtz 및 Warhurst 1966). 목표는 미래에 누구나 이해할 수 있고, 확인하고, 필요한 경우 이미 언급한 내용을 재해석할 수 있는 회수한 모든 데이터를 출판하는 것이지만 이러한 유형의 보고서에는 문제가 있다. 사용 가능한 고고학 데이터의 양이 압도적이며 전통적 방식의 출판 비용이 터무니없이 증가해 버렸다. 따라서 출판되지 않은 내용은 아카이브를 참조하는 식으로 넣어주고, 출판되는 보고서 내용은 훨씬 더 선택적이어야 한다. 중요한 발견은 이러한 발견을 뒷받침하기에 충분한 데이터와 함께 출판되어야 한다. 대부분의 발굴은 많은 양의 저급 데이터를 생성하기에 아카이브에 자세히 보고하고, 보고서 게재 시에는 간단히 언급한다. 조사 결과 보고서는 해당 지역에 있는 유사한 유적에서 공통적으로 발견되는 발견물들의 목록이 아니라 해당 유적의 해석과 관련되어야 한다. 이상적으로는 지역 통합 발견 보고서로 보고되어야 하며 출판된 발굴보고서에서 상호 참조할 수 있다. 단순히 자료가 존재한다는 이유만으로 끝없이 출판되는 것은 제한된 자원을 잘 사용하는 것이 아니다.

　고고학 출판의 주요 문제 중 하나는 다양한 독자에게 제공해야 한다는 것이다. 발굴된 유적을 재조사하는 학생 연구원은 특정 주제 또는 지역에 대한 개요 또는 통합적 논문을 준비하는 고고학자보다 더 많은 정보를 필요로 할 수 있는 한편 더 폭넓은 관심을 가진 대중은 접근이 쉽고 잘 쓰여진 흥미로운 것을 원할 것이다(많은 기본 발굴보고서는 분명히 그렇지 못하다). 유적이나 프로젝트가 충분히 중요하고 자금이 조달 가능한 경우 이상적인 모델은 아마도 세 가지 종류의 출판을 고려하는 것이다. 윌트셔(Wiltshire)에 있는 오버턴(Overton)과 파이필드(Fyfield) 구릉지대(Downs)에서 진행된 피터 파울러(Peter Fowler)의 40년에 걸친 야외 프로젝트는 이러한 접근방식의 모델이라 할 수 있다. 주요 아카이브는 온라인 ADS의 http://ads.ahds.ac.uk에서 볼 수 있으며, 많은 양의 데이터를 포함하는 통합적 논문은 고대유물학회(Antiquaries Society)에 '경관의 도면을 그리고 조각들을 맞추다: 윌트셔 주 파이필드와 오버턴의 경관사 및 지역 고고학'으로 출판되었다(Fowler 2000). 더 폭넓은 관심을 가진 대중을 위해 이 프로젝트의 대중적 버전은 '레티스 스위트애플의 땅: 잉글랜드 시골 탐험대'(Fowler와 Blackwell 1998)로 출판되었다.

분명한 것은 하나의 접근 방식이 모든 프로젝트에 알맞는 것은 아니므로 레슬리 그린셀(Leslie Grinsell), 필립 래츠(Philip Rahtz) 및 앨런 워허스트(Alan Warhurst)가 모두 '고고학 보고서의 준비'에 대한 책을 출판할 수 있었던 1966년 과는 달리 이제는 어떤 내용을 출판할 필요가 있고, 어떤 형태로, 어디에서, 어떻게 출판해야 하는지 스스로 결정해야 한다. 그러나 1898년에 피트 리버스(Pitt-Rivers) 장군의 분명한 진술을 기억하는 것이 중요하다. 즉 '발견 연대는 토양에서 발견된 시점이 아니라 기록된 시점이다'

저널에 보고서 게재하기

야외 고고학 프로젝트는 보고서가 출판되기 전까지 완료되지 않는다. 학술지에 보고서를 게재한다는 것은 기술, 신중한 판단과 운의 조합이다. 보고서의 실질적인 제작에는 기술이 필요하고, 적절한 저널을 선택할 때는 신중한 판단이 필요하며 편집자, 심사자 그리고 사용 가능한 공간과 관련해서는 운이 필요하다. 일부 고고학자들은 뭐든 출판하려는 데 큰 어려움을 겪는 반면 어떤 사람들은 좋지 않은 내용으로도 놀랍게도 모든 것을 게재를 하기도 한다.

야외 보고서를 출판하려고 한다면 먼저 올바른 저널을 선택하고, 두 번째로 거의 모든 저널의 편집자가 제공하는 '기고자 노트'를 준수해야 한다. 논문 형식으로 출판하려면 출판하는 기관과 자세한 논의가 되어야 한다. 그러나 대부분 고고학 보고서는 저널에 실린다.

고고학 저널은 국제, 국내 및 지역의 세 가지 기본 단계로 나뉜다. 발굴 보고서를 발간하는 국제 저널은 드물다. '세계고고학(World Archeology)'과 같은 저널은 잠재적인 국제적 관심에 대한 주제의 책을 출판한다. 저널 '고대(Antiquity)'는 주요한 새로운 야외 발견에 대한 짧은 기사를 게시하지만 발굴 보고서를 게시하지 않는다. 대부분의 대륙이나 국가는 그 지역 내 야외 프로젝트에서 파생된 주요 발견을 발표할 저널을 가지고 있지만 대부분 매우 중요한 의미를 갖지 않는 한 직접적인 발굴보고서보다는 통합 기사를 선호한다. 예를 들어, 미국 고고학 협회(Society for American Archaeology)는 북미를 대상으로 '고대 미국 (American Antiquity)'을 출판하고, 남미와 카리브해를 대상으로 '고대 중미(Latin American Antiquity)'를 출판한다.

영국의 주요 국가 저널은 시대에 관심이 있는 사회의 저널로 시대에 기반을 두고 있다. 즉, 선사학회의 회보, 브리타니아(로마시대 영국), 중세 고고학 및 중세 후 고고학 등이 있다. 또한 '고대유물 저널(The Antiquaries Journal)' 및 '고고학 저널(The Archaeological Journal)'과 같은 더 광범위한 기반의 저널도 있다. 모든 저널에서는 국가적 중요성이 분명한 경우에만 영국의 발굴 보고서를 받아들인다. 대부분의 발굴 보고서는 일반적으로 카운티 고고학 협회가 영국에서 현지 차원에서 발행한다. '윌트셔 고고학 잡지(Wiltshire Archaeological Magazine)' 또는 '서섹스 고고학 모음집(Sussex Archaeological Collections)'과 같은 저널은 100년 이상 매년 출판되었다. 미국에서는 아이다호 주립 역사 협회나 미네소타 역사 협회와 같은 주 역사 학회가 영국 카운티 고고학 학회와 유사한 역할을 수행한다.

적절한 저널을 선택한 후에는 편집자와 상의하여 자신의 보고서가 적합하다는 데 동의하는지 여부를 확인해야 한다. 대부분의 저널은 상세한 '기고자를 위한 메모'를 가지고 있는데 기사를 빨리 게시하려면 이를 면밀히 따라야 한다. 또한 동일한 저널에 최근에 게시된 보고서를 모델로 사용한다. 단어 제한이 규정된 경우 이를 준수해야 한다. 많은 저널은 약 8,000단어로 제한된다. 대부분의 저널에는 '하우스 스타일'이 있다. 여기에는 참고 문헌이 어떻게 표시되어야 하는지, 그리고 어쩌면 삽화 스타일도 포함될 수도 있다. 저널이 분명히 허용하지 않는 경우 각주를 사용하지 말아야 한다. 대부분의 편집자는 두 개 이상의 복사본(하드 카피)이 필요하다. 그러나 편집자, 인쇄인 및 우편 배달원 모두 인간이며 때로는 물건을 잃어버릴 수 있으므로 항상 발송된 모든 내용의 백업 사본을 보관해야 한다.

참고문헌

Ainsworth, S. and Thomason, B. 2003. *Where on Earth are we? The global positioning system (GPS) in archaeological field survey.* London: English Heritage.

Andrews, G. 1991. *Management of archaeological projects.* London: English Heritage.

Atkinson, R. J. C. 1953. *Field archaeology* (2nd edn). London: Methuen.

Barker, P. 1977. *Techniques of archaeological excavation.* London: Batsford.

Bender, B., S. Hamilton and C. Tilley. 1997. Leskernick: stone worlds: alternative narratives: nested landscapes. *Proceedings of the Prehistoric Society* **63**, 147–78.

Bender, B., S. Hamilton and C. Tilley. 2007. *Stone Worlds: narrative and reflexivity in landscape archaeology.* University College London: Publications of the Institute of Archaeology.

Bersu, G. 1940. Excavations at Little Woodbury. *Proceedings of the Prehistoric Society* **4**, 30–111.

Binford, L. R. 1968. Archaeological perspectives. In S. R. Binford and L. R. Binford, *New perspectives in archaeology.* Chicago: Aldine.

Binford, L. (ed.) 1977. *For theory building in archaeology.* Orlando, FL: Academic Press.

Binford, L. 1978. *Nunamiut ethnoarchaeology.* Orlando, FL: Academic Press.

Binford, L. R. 1983. *Pursuit of the past.* New York: Thames & Hudson.

Binford, S. R. and L. R. Binford. 1968. *New perspectives in archaeology.* Chicago: Aldine.

Bowden, M. 2002. *With alidade and tape: graphical and planetable surveys of archaeological earthworks.* London: English Heritage.

Bradley, R. 1970. The excavation of a Beaker settlement at Belle Tout, East Sussex, England. *Proceedings of the Prehistoric Society* **36**, 312–79.

Bradley, R. 2000. *An archaeology of natural places.* London: Routledge.

Brothwell, D. and A. M. Pollard (eds). 2001. *Handbook of archaeological sciences.* Chichester: John Wiley & Sons.

Butler, C. 2005. *Prehistoric flintwork.* Stroud: Tempus.

Butzer, K. W. 1983. Global sea-level stratigraphy on appraisal. *Quaternary Science Reviews* **2**, 1–15.

Chaplin, R. E. 1971. *The study of animal bones from archaeological sites.* London and New York: Seminar Press.

Chapman, J. and B. Gaydarska. 2006. *Parts and wholes: fragmentation in prehistoric context.* Oxford: Oxbow Books.

Clark, A. 1990. *Seeing beneath the soil: prospecting methods in archaeology.* London: Batsford.

Coles, J. 1979. *Experimental archaeology.* London: Academic Press.

Collis, J. 2001. *Digging up the past.* Stroud: Sutton Publishing.

Columbus, C. 1960. *The journal of Christopher Columbus.* London: Anthony Blond & The Orion Press.

Colvin, H. M. (ed.). 1963. *The history of the king's works*, London: HMSO.

Connolly, J. and M. Lake. 2006. *Geographical information systems in archaeology.* Cambridge: Cambridge University Press.

Conyers, L. B. and D. Goodman. 1997. *Ground-penetrating radar.* Walnut Creek, CA: Altamira Press.

Cookson, M. B. 1954. *Photography for archaeologists.* London: Max Parrish, p. 13.

Cornwall, I. W. 1958. *Soils for the archaeologist.* London: Phoenix House.

Coventry, W. F. and J. L. Barker. 1981. *Management.* London: Heinemann.

Cox, M. and S. Mays (eds). 2000. *Human osteology in archaeological and forensic science.* London: Greenwich Medical Media.

Crabtree, D. 1972. *An introduction to flintworking.* Pocatello, ID: Idaho State Museum.

Crawford, O. G. S. and A. Keiller. 1928. *Wessex from the air.* Oxford: Oxford University Press.

Cunnington, R. H. 1975. *From antiquary to archaeologist: a biography of William Cunnington, 1754–1810.* Princes Risborough, Bucks: Shire Publications.

Darwin, C. 1881. *The formation of vegetable mould through the action of worms.* London: John Murray.

DCLG (Department of Communities and Local Government) 2007. *Heritage Protection for the 21st century.* London: HMSO.

DCLG (Department of Communities and Local Government) 2010. *Planning Policy Statement 5: planning for the historic environment.* London: TSO.

Dillon, B. D. 1989. The archaeological field vehicle. In Brian D. Dillon (ed.) *Practical archaeology: field and laboratory techniques and archaeological logistics.* Los Angeles: University of California.

Dimbleby, G. W. 1978. *Plants and archaeology.* London: Paladin Books.

DoE (Department of the Environment) 1990. *Planning and Policy Guidance Note 16: archaeology and planning.* London: HMSO.

DoE (Department of the Environment) 1994. *Planning and Policy Guidance Note 15: planning and the historic environment.* London: HMSO.

Donachie, J. D. and D. J. Field. 1994. Cissbury Ring: a survey by the Royal Commission on the Historical Monuments of England. *Sussex Archaeological Collections* **132**, 25–32.

Dorrell, P. 1989. *Photography in archaeology and conservation.* Cambridge: Cambridge University Press.

Dowman, E. 1970. *Conservation in the field.* London: Methuen.

Drewett, P. L. 1975. Excavations at Hadleigh Castle, Essex, 1971–72. *Journal of the British Archaeological Association* **38**, 90–154.

Drewett, P. L. 1982. Later bronze-age downland economy and excavations at Black Patch, East Sussex. *Proceedings of the Prehistoric Society* **48**, 321–409.

Drewett, P. L. 1982a. *The archaeology of Bullock Down, Eastbourne, East Sussex: the development of a landscape.* Lewes: Sussex Archaeological Society, Monograph no. 1.

Drewett, P. L. 1991. *Prehistoric Barbados.* Denbigh: Archetype Publications.

Drewett, P. L. 1995. *Neolithic Sha Lo Wan.* Hong Kong: Antiquities and Monuments Office, Occasional Paper no. 2.

Drewett, P. L., D. Rudling and M. Gardiner. 1988. *The south-east to 1000 A.D.: a regional history of England.* London and New York: Longman.

Drewett, P. L. and S. Hamilton. 1999. Marking time and making space: excavations and landscape studies at the Caburn hillfort, East Sussex, 1996–98. *Sussex Archaeological Collections* **137**, 7–37.

Earle, T. K. and J. E. Ericson (eds). 1977. *Exchange systems in prehistory.* New York: Academic Press.

Eidt, R. C. 1977. Detection and examination of anthrosols by phosphate analysis. *Science* **197**, 1327–33.

Evans, J. G. 1972. *Land snails in archaeology.* London: Seminar Press.

Evans, J. G. and T. O'Connor. 1999. *Environmental archaeology: principles and methods.* Stroud: Sutton Publishing.

Fagan, B. M. 1991. *Ancient North America.* New York: Thames & Hudson.

Fagan, B. M. 1991a. *In the beginning: an introduction to archaeology.* New York: Harper Collins.

Ferguson, L. M. and D. M. Murray. 1997. *Archaeological documentary archives.* Manchester: Institute of Field Archaeologists, Paper no. 1.

Flannery, K. V. (ed.). 1976. *The early Mesoamerican village.* New York: Academic Press.

Flannery, K. V. (ed.). 1982. *Maya subsistence.* New York and London: Academic Press.

Fowler, P. 2000. *Landscape plotted and pieced: landscape history and local archaeology in Fyfield and Overton, Wiltshire.* London: Society of Antiquaries.

Fowler, P. and I. Blackwell. 1998. *The land of Lettice Sweetapple: an English countryside explored.* Stroud: Tempus.

French, C. 2003. *Geoarchaeology in action.* London: Routledge.

Gaffney, C. and J. Gater. 2003. *Revealing the buried past: geophysics for archaeologists.* Stroud: Tempus.

Goldberg, P. and R. I. Macphail. 2006. *Practical and theoretical geoarchaeology.* Oxford: Blackwell Publishing.

Griaule, M. 1938. *Masques Dogons.* Paris: Institut d'Ethnologie.

Griaule, M., and G. Dieterlen. 1954. The Dogon of the French Sudan. In D. Forde (ed.), *African worlds*, 83–110. London: Oxford University Press.

Griffiths, N. and A. Jenner. 1990. *Drawing archaeological finds.* London: Archetype Publications.

Grinsell, L., P. Rahtz and A. Warhurst. 1966. *The preparation of archaeological reports.* London: John Baker.

Guidoni, E. 1975. *Primitive architecture.* Milan: Electa Enditrice.

Haggett, P. 1965. *Locational analysis in human geography.* London: Edward Arnold.

Hamilton, S. 1998. Using elderly databases: Iron Age pit deposits at the Caburn, East Sussex and related sites. *Sussex Archaeological Collections* **136**, 23–39.

Hampton, J. N. 1978. The mapping and analysis of archaeological evidence provided by aerial photographs. *Aerial photography* **2**, 18–24.

Harris, E. C. 1979. *Principles of archaeological stratigraphy.* New York: Academic Press.

Hayden, B. 1979. *Lithic use wear analysis.* New York: Academic.

Higgs, E. S. (ed.). 1975. *Palaeoeconomy.* Cambridge: Cambridge University Press.

Hill, H. E. and J. Evans. 1987. The identification of plants used in prehistory from organic residues. In W. R. Ambrose and J. M. J. Mummery (eds), *Archaeometry: further Australasian studies*, 90–6. Canberra: Australian National University.

Hill, J. D. 1995. *Burial and rubbish in the Iron Age of Wessex: a study on the formation of a specific archaeological record.* Oxford: Tempus Reparatum. British Archaeological Reports 242.

Hillman, G. 1981. Reconstructing crop husbandry practices from charred remains of crops. In R. Mercer (ed.), *Farming practice in British prehistory.* Edinburgh: Edinburgh University Press.

Hodder, I. (ed.) 1982. *Symbolic and structural archaeology.* Cambridge: Cambridge University Press.

Hodder, I. 1982a. *Symbols in action.* Cambridge: Cambridge University Press.

Hodder, I. 1989. Writing archaeology: site reports in context. *Antiquity* **63**, 268–74.

Hodder, I. (ed.) 2000. *Towards a reflexive method in archaeology: the example of Catalhoyuk.* Cambridge: McDonald Institute.

Hodder, I. 2001. *Archaeological theory today.* Cambridge: Polity Press.

Hodges, H. 1964. *Artifacts: An introduction to early materials and technology.* London: John Baker.

Houk, B. A. and B. K. Moses. 1998. Scanning artefacts: using a flat-bed scanner to image three-dimensional objects. *Bulletin of the Society for American Archaeology* **16**(3), 36–9.

Hugh-Jones, S. 1985. The Maloca: a world in house. In E. Carmichael, S. Hugh-Jones, B. Moser and D. Tayler, *The hidden peoples of the Amazon*, 77–93. London: British Museum Publications.

Humfrey, M. 1975. *Sea shells of the West Indies.* London: Collins.

Hunter, J and I. Ralston, 2000. *Archaeological resource management in the UK.* Stroud: History Press Ltd.

Hutt, S., E. W. Jones and M. E. McAllister. 1992. *Archaeological resource protection.* Washington, DC: The Preservation Press.

Jane, F. W. 1956. *The structure of wood.* London: Adam and Charles Black.

Johnson, M. 2009. *Archaeological theory.* 2nd edn. Oxford: Blackwell.

Joukowsky, M. 1980. *A complete manual of field archaeology.* New Jersey: Prentice-Hall.

Keeley, L. H. 1980. *Experimental determination of stone tool uses: a microware analysis.* Chicago: University of Chicago Press.

Kerr, P. F. 1977. *Optical mineralogy.* New York: McGraw-Hill.

Klein, R. G. and K. Cruz-Uribe. 1984. *The analysis of animal bones from archaeological sites.* Chicago: University of Chicago Press.

Langford, M. J. 1986. *Basic photography.* London and Boston: Focal Press.

Ligon, R. 1657. *A true and exact history of the island of Barbadoes.* Reprinted by Frank Cass, London, 1976.

Limbrey, S. 1975. *Soil science and archaeology.* London and New York: Academic Press.

Mays, S. 1998. *The archaeology of human bones.* London: Routledge.

Meighan, C. W. and B. D. Dillon. 1989. Small boats in archaeological exploration. In B. D. Dillon (ed.), *Practical archaeology: field and laboratory techniques and archaeological logistics.* Los Angeles: University of California.

Orton, C. R. 1975. Quantitative pottery studies: some progress, problems and prospects. *Science and Archaeology* **16**, 30–5.

Orton, C. R. 2000. *Sampling in archaeology.* Cambridge: Cambridge University Press.

Orton, C. R., P. Tyers and A. Vince. 1993. *Pottery in archaeology.* Cambridge: Cambridge University Press.

Parkes, P. A. 1986. *Current scientific techniques in archaeology.* London: Croom Helm.

Payton, R. 1992. *Retrieval of objects from archaeological sites.* Denbigh: Archetype Publications.

Pitt-Rivers, A. L. F. 1898. *Excavations in Cranborne Chase.* Dorset: privately printed.

Proudfoot, B. 1976. The analysis and interpretation of soil phosphorus in archaeological contexts. In D. A. Davidson and M. L. Shackley (eds), *Geoarchaeology*, 93–113. London: Duckworth.

Pyddoke, E. 1961. *Stratification for the archaeologist.* London: Phoenix.

Rapp, G. and Hill, C. 1998. *Geoarchaeology: the earth science approach to archaeological interpretation.* London: Yale University Press.

Reid, B. A. 2008. *Archaeology and geoinformatics: case studies from the Caribbean.* University of Alabama Press.

Reitz, E. J. and Wing, E. S. 1999. *Zooarchaeology.* Cambridge: Cambridge University Press.

Renfrew, C. 1975. *The emergence of civilization.* London: Methuen.

Renfrew, C. 1984. *Approaches to social archaeology.* Edinburgh: Edinburgh University Press.

Renfrew, C., and P. Bahn. 2008. *Archaeology: theories, methods and practice* (5th edn). London: Thames and Hudson.

Rhodes, D. 1989. *Clay and glazes for the potter.* London: Adam and Charles Black.

Roskams, S. 2001. *Excavation.* Cambridge: Cambridge University Press.

Roth, W. E. 1970. *An introductory study of the arts, crafts and customs of the Guiana Indians.* New York: Johnson Reprint.

Rouse, I. 1992. *The Tainos.* New Haven, CT: Yale University Press.

Ryder, M. L. 1968. *Animal bones in archaeology.* Oxford: Oxford University Press.

Schiffer, M. B. 1976. *Behavioural archaeology.* New York: Academic Press.

Schiffer, M. B. 1996. *Formation processes in the archaeological record.* Salt Lake City: University of Utah Press.

Semenov, S. A. 1964. *Prehistoric technology.* Bath: Adams & Dart.

Service, E. 1971. *Primitive social organization.* New York: Random House.

Shanks, M. and C. Tilley. 1987. *Social theory and archaeology.* Albuquerque, NM: University of New Mexico Press.

Shepard, A. O. 1956. *Ceramics for the archaeologist.* Washington, DC: Carnegie Institution.

Spence, C. (ed.). 1990. *Archaeological site manual.* London: Museum of London.

Startin, B. 1993. Preservation and the academically viable sample. *Antiquity* **67**, 421–6.

Sutherland, I. E. 1965. SKETCHPAD: a man–machine graphic communications system. *MIT Lincoln Laboratory Technical Report* 296, May 1965.

Sutton, M. and B. Arkush. 1996. *Archaeological laboratory methods.* Dubuque: Kendall/Hunt Publishing Group.

Swadling, M. (ed.) 1992. *Masterworks of man and nature: preserving our world heritage.* Australia: Harper-MacRae.

Taylor, F. W. 1911. *Principles of scientific management.* New York: Harper.

Taylor, M. 1981. *Wood in archaeology.* Princes Risborough, Bucks: Shire Publications.

Trigger, B. G. 1994. *A history of archaeological thought.* Cambridge: Cambridge University Press.

Vita-Finzi, C. 1978. *Archaeological sites in their setting.* London and New York: Thames & Hudson.

Westcott, K. and J. Brandon. 2000. *Practical applications of GIS for archaeologists.* London: Routledge.

Whitley, D. S. 1998. *Reader in archaeological theory: post-processual and cognative approaches.* London: Routledge.

Wilkinson, K. and C. Stevens, 2003. *Environmental archaeology: approaches, techniques and applications.* Stroud: Tempus.

Willey, G. R. and P. Phillips. 1958. *Method and theory in American archaeology.* Chicago: University of Chicago Press.

Williams, D. 1973. Flotation at Siraf. *Antiquity* **47**, 288–92.

Wilson, D. R. 2000. *Air photo interpretation for archaeologists.* Stroud: Tempus.

Yellen, J. E. 1977. *Archaeological approaches to the present: models for predicting the past.* Orlando, FL: Academic Press.

번역 후기

『야외고고학 입문』은 고고학을 시작하는 학생들뿐만 아니라 발굴조사를 직접 담당하는 연구자들이 꼭 읽어볼 가치가 있다. 이 책은 영국의 고고학자인 피터 드리위트 교수의 『Field Archaeology: An Introduction』(2nd ed. 2011, Routledge)을 번역한 것이다. 이 책의 필자는 런던대학 고고학연구소에서 야외고고학을 가르치면서 오랫동안 발굴조사에 참여한 경험이 풍부한 고고학자이다. 이 책에서는 고고학에 대한 기본적인 인식과 더불어 발굴조사 전의 준비과정, 발굴조사의 진행과정, 발굴조사 후 정리과정 등을 소상하게 서술하고 있다. 무엇보다도 고고학자가 유적의 발굴조사에 임하는 기본자세를 잘 서술하고 있다. 번역자도 오랫동안 직접 발굴조사를 담당하였고, 대학에서 고고학을 가르쳤지만 이 책에서와 같이 발굴조사의 모든 진행과정을 자세히 서술하기란 결코 쉬운 일이 아니다.

이 책을 번역하게 된 동기는 우선 고고학을 처음 배우는 학생들에게 고고학 발굴조사의 성격과 그 과정을 전반적으로 소개할 교재가 현재 국내에서 찾아보기 힘들다는 데에 있다. 우리나라 발굴조사의 교재는 주로 각 유적(유구)별 발굴조사의 성격과 유의점에 치중되어 있거나 발굴조사의 허가 절차를 안내해주고 있다. 물론 『야외고고학 입문』은 영국의 발굴 사례와 발굴 제도를 언급하고 있어 많은 부분 우리나라의 현실과 동떨어질 수 있다. 하지만 이러한 점을 감안하더라도 발굴 현장에서 연구자들이 갖추어야 할 기본자세와 지켜야 할 기본 원칙은 결코 다르지 않을 것이다.

얼마 전부터 발굴 현장에 지도위원 혹은 자문위원으로 참여하면서 발굴조사 현장에서 기본적으로 지켜야 할 원칙이 많이 흔들리고 있음을 인식하였다. 특히 1999년 문화재보호법의 개정으로 사전 조사가 의무화되면서 발굴조사가 급격히 늘어났지만 대부분의 구제발굴은 국토개발에 앞선 하나의 과정으로 인식된 채 발굴조사의 기본 원칙과 중요성을 인지하지 못한 면이 없지 않다.

더욱이 이러한 문제를 심각하게 생각한 것은 문화재청 문화재위원으로 활동하는 기간이다. 국가 사적 등 지정문화재에 대한 발굴조사가 별다른 원칙과 기준 없이 진행되고 있음을 실감하였다. 이것은 문화재청의 발굴조사 규정 속에서도 구제발굴과 학술발굴의 구분이 전혀 없기 때문이기도 하다. 이로 인하여 발굴조사를 담당하는 연구원조차도 이를 다르게 구분하려고 하는 노력이 희미하여 학술발굴의 목적이 무엇인지 간과되고 있는 실정이었다.

당연히 문화재청은 현재의 '매장문화재 보호 및 조사에 관한 법률'에서 언급하지 못한 세계유산이나 사적을 비롯한 지정문화재의 학술발굴에 필요한 좀 더 엄격한 발굴조사 지침을 제정하여야 한다. 특히 지정문화재의 경우 뚜렷한 목적을 가진 정밀한 발굴조사의 시행뿐만 아니라 유적의 보존도 강조되어야 한다. 하지만 그러한 지침이 없다고 하더라도 학술발굴에 참여하는 모든 연구자들은 발굴조사에 임하는 기본 원칙을 분명히 인지하여야 할 필요가 있다. 그런 의미에서도 이 책은 발굴조사와 관련되는 모든 사람들이 읽어보아야 할 필독서라 생각한다.

그런데 번역과정에서 어려운 점은 영국 고고학자가 사용하는 고고학 용어들이 다소 생경하여 좀 더 정확한 한글용어를 찾기가 어려운 것도 적지 않아 부득이 영어용어를 병기해 두었다. 이 책만으로 발굴조사의 원칙과 지침이 충분히 소개되었다고 볼 수 없을 것이다. 이 책뿐만 아니라 미국이나 일본에서 출간된 발굴조사와 관련된 교재나 지침서의 번역도 필요하다고 본다. 나아가 국내에서도 독자적인 고고학 발굴조사에 대한 기본 지침서가 만들어지기를 희망한다.

이번 번역을 시작할 수 있도록 적극적으로 지원해주신 한강문화재연구원 신숙정 원장님께 감사드린다. 또 처음해 보는 번역이라 수없이 부딪치는 어렵고 미묘한 부분을 명쾌하게 풀어준 큰 딸 문경이와 교열과정에 참여한 대학원생 복문강, 김세종, 정건주에게도 고마움을 전하고자 한다. 끝으로 이 책을 기꺼이 출판해주신 서경문화사 김선경 대표님과 이 책이 출간되도록 각종 업무를 담당해주신 한강문화재연구원 권도희 선생님께 감사드린다.

2021. 12.

• 지은이 **Peter Drewett**

피터 드리위트(Peter Drewett)는 서섹스 대학의 고고학 명예 교수이다. 그 전에 그는 런던 대학(University College London)의 고고학 연구소에서 야외 고고학을 가르쳤으며, 그곳에서 학부생 현장 교육 발굴을 감독하고 연구소의 야외 고고학 부서를 설립했다. 그의 경력 초기에 그는 특히 사우스 다운(South Downs)의 쟁기로 손상된 유적의 구제발굴에 관여했다. 그는 바르바도스 고고학 조사(Barbados Archaeological Survey)를 설립하고 지도했으며 포르투갈과 홍콩에서 야외 과정(field courses) 및 구제 발굴(rescue excavations)을 운영했다. 드리위트 교수는(Mark Gardiner 및 David Rudling과 함께) 'The South East to AD 1000' (1988) 및 'Prehistoric Barbados'(1991)를 포함하여 100개 이상의 출판물을 보유하고 있다.

• 옮긴이 **최성락**

국립목포대학교의 명예교수이다. 대학에 고고인류학과(현 고고문화인류학과)를 개설하여 후진을 양성하였고, 대학박물관이 설립되자 해남 군곡리 패총을 비롯한 전남 서남부지역의 여러 유적을 발굴조사하였다. 100여 편의 고고학 관련 논문과 '고고학입문', '한국 원삼국문화 연구', '영산강유역 고대사회의 형성과정 연구' 등 10여 권의 고고학 저서를 출간하였다.
경력으로는 한국고고학회, 한국상고사학회, 호남고고학회 등의 학회장과 문화재청 문화재위원, 국사편찬위원회 위원, 전라남도 문화재위원, 광주광역시 문화재위원 등을 역임하였다.

야외 고고학 입문 Field Archaeology : An Introduction

초판발행일　2021년 12월 10일
지 은 이　Peter Drewett
옮 긴 이　최성락
엮 은 이　한강문화재연구원
발 행 인　김선경
책 임 편 집　김소라
발 행 처　서경문화사
　　　　　주소 : 서울시 종로구 이화장길 70-14(204호)
　　　　　전화 : 743-8203, 8205 / 팩스 : 743-8210
　　　　　메일 : sk8203@chol.com
신 고 번 호　제1994-000041호
ISBN　978-89-6062-239-5　93900

※ 파본은 구입처에서 교환하여 드립니다.
　정가 20,000